Matt Galan Abend

Leben Sie statt zu funktionieren

In innerer Ruhe und Souveränität Glück und Wohlstand aufbauen

mvg Verlag

Bibliografische Information der Deutschen Bibliothek
Die Deutsche Bibliothek verzeichnet diese Publikation in der Deutschen Nationalbibliografie; detaillierte bibliografische Daten sind im Internet über http://dnb.ddb.de abrufbar.

Die gebundene Ausgabe erschien unter der ISBN 3-478-73390-1.

Umschlaggestaltung: Vierthaler & Braun Grafikdesign, München
Umschlagfoto: Jerome Tisne, getty images
Satz: Redline GmbH, J. Echter
Druck und Bindearbeiten: Ebner & Spiegel, Ulm
Printed in Germany 07087/060502
ISBN 3-636-07087-8

Inhalt

Teil II

Kleine und grosse Stolpersteine: Die Müllentsorgung

Die wahre Natur des Menschen ist die eines Adlers, ohne Grenzen zwischen Himmel und Erde schwebend, die Fülle der Schöpfung zu seinen Füßen.

TEIL III

DER WEG ZUR MEISTERSCHAFT: DIE GEISTIGEN GESETZE

Nichts geschieht zufällig. Alles geschieht gesetzmäßig.
Wie oben, so unten – Wie innen, so außen –
Wie im Größten, so im Kleinsten

Wie wir diese Gesetze für uns wirken lassen können.

Einführende Gedanken

Was ist „Erfolg“ ? Was ist ein erfolgreiches Leben?

Auf diese Fragen kann es keine allgemeinverbindliche Antwort geben, denn jeder Mensch hat seine eigenen Vorstellungen von seinem Erfolg oder einem erfolgreichen Leben schlechthin.

Diese eigene Vorstellung von Erfolg ist in der Regel sehr eng mit den vergangenen und den augenblicklichen Lebensumständen verknüpft; „Wenn ich das doch endlich erreichen würde ... wenn sich das endlich ändern würde ... wenn ich das endlich hinter mir hätte“ usw. usw.

Oft ist diese Vorstellung auch an Personen geknüpft, die wir aus unserer jetzigen Perspektive als erfolgreich einstufen und denen wir damit so etwas wie eine Vorbildfunktion geben: unser Chef, der Nachbar gegenüber, ein erfolgreicher Sportler, Schauspieler, Politiker, Geschäftsmann, Bildhauer, Arzt oder Wissenschaftler.

Aber bedenken wir dabei: Das, was wir von außen sehen, ist immer nur ein Teil des Lebens, das der Betreffende führt. Es ist nur die begrenzte Rolle des Politikers, Wissenschaftlers oder Geschäftsmannes, die wir sehen. Ein erfolgreiches Leben aber besteht aus sehr viel mehr. Es umfasst alle Bereiche des Lebens und vor allem bedeutet es, Freude an diesem Leben zu haben und auch dann glücklich zu sein, wenn wir nicht gerade verliebt sind.

Die Feststellung von Erfolg oder gar eines erfolgreichen Lebens ist also etwas sehr Relatives. Es ist allein eine Frage des persönlichen Maßstabs sowie des Zeitraums, in dem wir denken.

Nun begann unsere unvermeidliche Erziehung – oder nennen wir es besser unsere Dressur – zu einem „nützlichen Mitglied der menschlichen Gesellschaft" natürlich zunächst einmal damit, dass man uns die Maßstäbe und die Zeiträume von außen setzte. Dagegen konnten wir uns nicht wehren. Wir mussten im Sinne derer, die an uns herumzogen, die uns *er*zogen und zurechtbogen, funktionieren oder wir bekamen Ärger.

Wenn wir nun endlich ins Töpfchen machten oder gelernt hatten, unsere Kinder-Klobrille zu benutzen, statt die Windeln zu beschmutzen, war dies ein Erfolg, der auch von unserem Umfeld gebührend bewundert und gelobt wurde, wobei das Umfeld sich natürlich selbst den größten Anteil an solch fragwürdigen Erfolgen zuschrieb.

Dieses Prinzip änderte sich dann auch so schnell nicht mehr. Es war nun nicht mehr das Töpfchen, nun waren es unsere Zeugnisse, unsere sportlichen und schulischen Leistungen, die beurkundet wurden, unsere bestandene Führerscheinprüfung, unsere Ausbildung oder unser Studium, unser soziales Ansehen und dergleichen, die uns selbst das Gefühl des Erfolgs spüren und uns in den Augen derer, die uns nahe standen, wachsen ließen. Wobei natürlich jeder unserer Wegbegleiter seinen eigenen Anteil nicht vergaß. Unser Sohn … unsere Tochter … haben wir nicht alles für sie getan?

Damit haben wir eine Prägung erhalten, die uns erst dann etwas als Erfolg bewerten lässt, wenn es auch von außen so gesehen wird. Dies ist eine höchst verhängnisvolle Prägung, denn sie hindert uns daran, Zufriedenheit und Anerkennung aus uns selbst heraus zu beziehen. Wir suchen nach Bestätigung und Anerkennung von außen, legen großen Wert darauf, wie wir gesehen werden.

Ich sage Ihnen, wenn die ganze Welt Sie bewundert und für einen erfolgreichen Menschen hält, Sie sich aber in Ihrem Innern einsam und elend fühlen, dann sind Sie keinesfalls erfolgreich – Sie sind ein Narr.
Wenn die ganze Welt Sie belächelt und unterschätzt, Sie sich aber in Ihrem Innern sauwohl, glücklich und zufrieden fühlen und über die Einschätzung der anderen schmunzeln, dann sind Sie erfolgreich. Dann sind Sie ein Weiser.

Wenn wir das System unserer Außenabhängigkeit nicht kritisch hinterfragen und dann auch durchbrechen, werden wir ewig unterwegs sein und nie ankommen.

Mit diesem Buch will ich Ihnen nicht nur den Weg zu einem erfolgreichen Leben, sondern vor allem ein Stück des Weges in die innere Freiheit und Unabhängigkeit aufzeigen, denn beides ist unabdingbar miteinander verbunden.

Unabhängig von unserem persönlichen Maßstab und der erhofften Anerkennung von außen können wir jedoch schon eines am Anfang mit Sicherheit sagen:

Erfolg ist, wie es das Wort ausdrückt, immer die Folge von etwas. Es *er*folgt. Es ist kein Zufall, es hat eine Ursache.

Diese Ursache müssen wir in jedem Fall selber setzen oder schon gesetzt haben, sonst könnte nichts *er*folgen.

Aber wie setzt man die Ursachen zum Erfolg? Worauf ist dabei besonders zu achten? Was macht man dabei richtig und was kann man falsch machen? Wie und wodurch kann man den Weg zu einem erfolgreichen Leben erkennen oder erlernen? Diese Fragen möchte ich euch beantworten.

*

Nun wurden wir ja, wie wir gesehen haben, in unserer Entwicklung nicht ganz alleine gelassen. Wir hatten Eltern, Lehrer und Vorgesetzte, die uns die Maßstäbe setzten, oder wir haben uns sogar selbst jemanden zum Vorbild auserkoren, von dem wir lernen wollten.

Aber all diese wohlmeinenden Stützen hatten eines gemeinsam: Sie sagten und zeigten uns, dass wir es so machen sollten, wie *sie* dachten, dass wir es machen sollten, und das war leider nicht immer das Richtige. Sie haben uns zu Ordnung und Disziplin angehalten, haben uns rechnen, schreiben und lesen gelehrt, haben uns vielleicht sogar studieren lassen oder uns gezeigt, wie man dies oder jenes verrichtet oder erfolgreich erledigt.

Aber haben sie uns auch gesagt oder sogar gezeigt, wie man erfolgreich lebt, oder haben sie uns eher gezeigt, wie man erfolgreich funktioniert? Hat uns irgendjemand „Leben“ gelehrt oder war das, was sie uns vorlebten, eher ein abschreckendes Beispiel?

Ein erfolgreiches Leben, ein Lebens-Erfolg, bedeutet Erfolg in allen oder doch zumindest den meisten Bereichen des Lebens: Beruf, Partnerschaft, Freude, Liebe, Gesundheit, persönliche Erfüllung usw.

Romy Schneider, Elvis Presley, Marilyn Monroe, Roy Black z.B., wenn wir einmal bei den Schauspielern und

Sängern bleiben, waren in ihren Berufen absolut erfolgreich, in ihrem Leben waren sie es leider nicht. Sie haben sich umgebracht. Diesen Beispielen könnten wir noch viele Namen aus anderen Berufsfeldern hinzufügen.

Was nutzt es uns z.B., ein erfolgreicher Geschäftsmann oder Manager zu sein, wenn das Geschäft oder das Unternehmen uns allmählich auffrisst? Wenn das Geschäft *uns hat*, statt dass wir das Geschäft haben? Ist das dann ein erfolgreiches Leben?

Viele werden sagen, dies sei halt der Preis, den man zu zahlen hat. Ich halte diese Behauptung für den Ausdruck tiefster Unwissenheit. Solange Sie für etwas „zu zahlen" haben, machen Sie etwas falsch. Sie sollen nicht zahlen, Sie sollen erlösen. Das geschieht aber keinesfalls dadurch, dass Sie kämpfen. Kampf ist Krampf.

Das Leben ist kein Kampfsport, auch wenn viele das so sehen und täglich in den Kampf ziehen.

In diesem Kampf werden Sie lediglich ausbluten, gewinnen können Sie ihn nicht. Ich erlebe fast täglich die Ausgebrannten, Herz- und Kreislaufgeschädigten, die Magenkranken oder Depressiven so genannten Erfolgreichen. Sie haben alles für ihren vermeintlichen Erfolg gegeben – sogar sich selbst. Welchen Sinn macht das?

Das Erlösen oder Ernten, das ich meine, geschieht durch die richtige Ursachensetzung auf der geistigen Ebene – der elegantere Weg, ein gesetztes Ziel zu erreichen.

Dies ist der Weg zu leben, statt gelebt zu werden – der Weg zu leben, statt zu funktionieren.

Auch wenn Sie so etwas in Ihrem Fall nicht für durchführbar halten, auch wenn Sie glauben, dass die Lebensumstände, die Branche, der Markt usw., in denen Sie stecken, Ihnen gar keine andere Wahl lassen, als zu kämpfen – Sie irren. Sie sind blind.

Ich habe schon mit sehr vielen Menschen gearbeitet, die eine Änderung ihrer Lebensumstände und ihres Engagements zunächst für unmöglich hielten und dann erstaunt waren, wie einfach es doch letztlich ging.

Das einzige Problem dabei ist, dass „Sie" mit der Änderung anfangen müssen, vor allem, dass Sie „jetzt" damit anfangen müssen. Sie müssen nicht erst noch ...

Sie müssen die Änderung allerdings selbst für möglich halten – und an dieser Stelle fängt das Unmögliche meist an. Solange Sie etwas für unmöglich halten, ändert sich nichts. Dies gilt gleichermaßen, ob Sie aus engen Verhältnissen ausbrechen wollen, oder ob Sie sich zu weit aus dem Fenster gelehnt haben und sich nun zurücknehmen möchten.

Wer eine Änderung nicht für möglich hält, sieht natürlich alle Rechtfertigungen für sein Verharren in der schlechten Situation. Natürlich weiß jeder, warum er im Moment nichts ändern kann, warum er da jetzt nicht rauskommt usw.

Wenn dann diese Argumente irgendwann einmal nicht mehr aufrechtzuhalten sind, erklärt er kurzerhand, dass er ja nur noch für eine begrenzte Zeit darin steckt und dass sich ja dann ohnehin alles ändern wird. Spätestens mit 40 ... 50 ... 60 ... usw.

Ich habe leider noch bei keinem Menschen erlebt, dass dies dann auch tatsächlich so eingetroffen wäre, es sei denn, äußere Umstände zwangen ihn dazu. Meist waren es Krankheiten, die die überfällige Kehrtwendung dann erzwangen.

Was ich Ihnen mit diesem Buch nahe bringen möchte, ist ein Weg, der Sie ein in jeder Hinsicht erfolgreiches Leben führen lässt. Der Sie in innerer Ruhe und Gelassenheit über den Dingen stehen und zum Zuschauer der eigenen Komödie werden lässt.

Aber vestehen Sie dies bitte nicht falsch. Dies ist kein Buch zum Aussteigen. Ganz im Gegenteil.

Dies ist ein Buch zum Einstieg in die Fülle der Schöpfung. Dies ist ein Buch zum Einstieg in das Spiel des Lebens, das Sie täglich erfolgreich und mit Freude spielen lässt, statt zu kämpfen.

Wie weit Sie in die Fülle der Schöpfung einsteigen wollen, entscheiden Sie letztlich selbst.

*

Im ersten Teil des Buches biete ich Ihnen ein Handwerkszeug an, das Sie in jedem Fall nutzen sollten. Gleichgültig, wo Sie heute stehen und gleichgültig, wo Sie morgen zu stehen wünschen. Nur wenn Sie diesen ersten Teil nutzen, wenn Sie wirklich damit arbeiten, wird sich in Ihrem Leben etwas ganz Entscheidendes verändern. Was Sie allerdings verändern wollen, entscheiden Sie ganz alleine. Ich unterbreite Ihnen lediglich Vorschläge und zeichne die zur Umsetzung notwendigen Wege auf.

Wenn Sie auch den zweiten Teil des Buches beherzigen, wenn Sie mit dem Müll aufräumen, der sich auch bei Ihnen mit der Zeit angesammelt hat, gewinnen Sie noch ein weiteres Stück Freiheit und Lebensfreude dazu.

Aber dieser Teil ist nicht einfach. Es gilt, mit lieb gewonnenen Gewohnheiten und Ansichten aufzuräumen – und da steht Ihnen Ihr Ego und auch Ihr Umfeld nicht gerade wohlwollend gegenüber. Verhaltensänderungen sind notwendig. Sie werden dadurch einiges verlieren, aber Wertvolleres hinzugewinnen.

Wenn Sie auch den dritten Teil des Buches in Ihr Leben integrieren, begeben Sie sich endgültig auf den Weg zur Meisterschaft des Lebens. Dazu brauchen Sie dann etwas mehr Zeit. Dies ist nicht in wenigen Monaten oder auch Jahren zu erreichen.

Es ist ein Prozess, der innere Weisheit, Ruhe und Gelassenheit wachsen lässt. Denn wer einen weiten Weg vor sich hat, der rennt nicht.

Wenn Sie das Buch nur lesen und dann weglegen, ändert sich allerdings rein gar nichts.

Ich wünsche Ihnen jedenfalls den Erfolg,

den Sie sich wünschen.

Aschau i. Ch., im August 2002

Ihr

Teil I

Die Selbstanalyse

Nur was ich durchschaue, kann ich auch ändern.
Aufdeckung und Abbau unserer Erfolgsbremsen
Die Fülle der Schöpfung als erreichbare Zielsetzung

Vergessen Sie zunächst einmal …

… alles, was Sie über die Erfolgsrezepte anderer Menschen gehört oder gelesen haben. Sollten Sie solchen Rezepten folgen wollen, sollten Sie Ihr eigenes Verhalten danach ausrichten wollen, begeben Sie sich auf sehr brüchiges Eis. Dieses Eis ist schon deshalb brüchig, weil die als Anleitung angebotenen Erfolgsrezepte anderer zwangsläufig immer nur Rezepte von gestern oder vorgestern sein können.

Auch wenn die Lebensgeschichten und die Denk- und Verhaltensweisen zumindest in ihrem beruflichen Leben erfolgreicher Menschen immer wieder als Vorbild herausgestellt werden:

Nicht eines dieser Rezepte, nicht eine dieser Arbeitsweisen lässt sich kopieren. Nicht eine einzige Situation lässt sich wiederholen.

Ja nicht einmal für die Zitierten selbst wäre die eigene Geschichte in gleicher Form wiederholbar. Dies kann ich sehr leicht an mir selbst feststellen. Nicht einer meiner Erfolge könnte heute in der gleichen Weise noch einmal zustande kommen.

Was gestern richtig war, was gestern bei diesem oder jenem so wunderbar funktioniert hat, kann heute das genaue Gegenteil bewirken. Die Schöpfung ist in dauernder Bewegung. Nichts bleibt auch nur eine Sekunde so, wie es ist. Nicht einmal wir selbst.

Während Sie z.B. diesen Absatz lesen, sind einige Zellen Ihres Körpers abgestorben und neue Zellen haben sich gebildet – ein immerwährender Prozess, solange wir leben. Man weiß, dass unser Körper auf diese Weise alle sieben Jahre komplett erneuert wird. Nicht eine einzige der heute vorhandenen Zellen wird auch in sieben Jahren noch vorhanden sein. Nicht einen einzigen Gedanken, den wir heute denken, werden wir auch in sieben Jahren noch völlig unverändert denken. Wir haben uns verändert, die Welt hat sich verändert, unsere Mitmenschen haben sich verändert, ja selbst unser intimster Partner, unsere Kinder usw. haben sich verändert.

Wenn nun eine Strategie, wenn Denk- und Verhaltensmuster, die vor einiger Zeit zum Erfolg geführt haben, auch heute wieder zum Erfolg führen sollen, würde dies voraussetzen, dass die damalige Gesamtkonstellation aller Umstände auch heute wieder die gleiche sein müsste. Und dies ist absolut unmöglich.

Noch einmal: Nichts bleibt auch nur eine Sekunde so, wie es ist! Nicht einmal wir selbst!

Wenn aber etwas, das wir beherrschen und letztlich für uns nutzen und einsetzen wollen, in dauernder Bewegung – und damit ja zwangsläufig auch in dauernder Veränderung – ist, bekommen wir nur dann eine reelle Chance zur Einflussnahme, wenn wir diese Bewegung mitmachen.

Wenn wir auf dem Stand von gestern stehen bleiben, wenn wir das Rezept von gestern anwenden wollen, bewegt „es“ sich an uns vorbei.

Flexibilität und Elastizität sind bei den sich immer schneller wandelnden Gegebenheiten von entscheidender Bedeutung.

Mit dem Nacheifern eines Vorbilds haben wir jedoch eine klare Vorstellung davon im Kopf, auf welchem Weg etwas zu funktionieren hat. Damit laufen wir Gefahr, für alle Varianten eines möglichen anderen und vielleicht sogar richtigeren Verhaltens unerreichbar zu werden. Neue Wege und Lösungen bleiben unerkannt. Wir sind blind. Wir haben ja unsere klare Vorstellung im Kopf, wie etwas zu sein hat.

Die so enorm wichtige Chance des Augenblicks, die darin besteht, im richtigen Moment das Richtige zu tun, auch wenn es nicht mit unserem Vorbild übereinstimmen sollte, könnten wir durch eine solch starre Fixierung verpassen.

Durch das Nacheifern eines Vorbilds blockieren wir das wichtigste Kapital, über das wir verfügen:
unsere Individualität – unsere eigene unverkennbare Duftmarke.

Wir laufen Gefahr, uns durch Kopieren eines fremden Erfolgsrezepts ein Verhalten aufzuerlegen, das unserer eigenen Persönlichkeitsstruktur möglicherweise nicht nur völlig entgegensteht, sondern auch unsere eigenen Stärken ausbremst.

Folglich werden wir unserem Vorbild niemals gerecht werden können, und weil wir ihm niemals gerecht werden können, sind wir dann allzu schnell bereit, daraus den trügerischen Beweis unserer eigenen Unzulänglichkeit zu ziehen, unseres eigenen Versagens oder unserer eigenen Minderbegabung. Eine völlig überflüssige Quadratur des Nonsens.

Glauben Sie mir aufgrund meiner langen Erfahrung und meines täglichen Umgangs mit Menschen aus allen Positionen und Konstellationen:

Es gibt nur einen Weg zum Erfolg Ihres Lebens: Ihren eigenen Weg.

Ich weiß, dass das, was ich hier sage, in krassem Widerspruch zu vielen anderen Büchern steht, die sich im weitesten Sinne mit dem Thema Erfolg beschäftigen. Vor allem amerikanische Autoren haben es nahezu zur Meisterschaft gebracht, unter Aufzählung hunderter Namen aufzuzeigen, wie andere es gemacht haben, und leiten dann aus diesen Geschichten ihre Empfehlungen für das zukünftige eigene Verhalten ab. Für mich ist das absoluter Nonsens.

Das Gestrige kann niemals eine Empfehlung für das Heutige sein – oder die Welt würde still stehen.

Zudem hege ich tiefstes Misstrauen gegen solche Erfolgsstorys, die nur selten mit der exakten Wahrheit übereinstimmen. Das wirkliche Geschehen wird im Nachhinein nur allzu gerne glorifiziert. Schwierigkeiten haben im Rückblick keine Bedeutung mehr. „Er oder sie hatten ihr Ziel immer klar vor Augen, haben niemals gezweifelt, hatten niemals etwas so Banales wie Angst." Was für Übermenschen! Ich glaube so etwas nicht.

Jeder Mensch neigt dazu, die Vergangenheit positiver zu sehen, als sie in Wirklichkeit war. Das ist ein durchaus sinnvoller Schutzmechanismus unseres Unterbewusstseins. Würden wir alle negativen Erfahrungen, alle Blessuren, Irritationen, Selbstzweifel und Misserfolge immer weiter vor uns hertragen, würden sie sich sehr schnell zu einer Last entwickeln, die uns bei jedem Schritt lähmt. Was in Wahrheit purer Zufall, glückliche Umstände oder die Hilfe von Freunden war, wird bei dieser Nachbetrachtung allzu schnell zum unternehmerischen Weitblick, zu einer unbeirrbar durchgesetzten Strategie usw. usw.

Es gibt keine Patentrezepte.

Nach den Millionenauflagen so genannter Erfolgsbücher müsste es z.B. ein Heer von Menschen geben, die sich keine Sorgen mehr machen und nur noch leben. Es scheint mein ganz persönliches Pech zu sein, dass mir trotz der vielen Menschen, die ich beruflich und privat kennen lerne, davon noch niemand begegnet ist. (Dies ist zugegebenermaßen ein etwas schiefes Bild, denn die, die sich tatsächlich keine Sorgen mehr machen und nur noch leben, kommen natürlich nicht zu mir.)

Was heißt es z.B., wenn gesagt wird, dass ein Erfolgreicher (was auch immer wir zunächst als Erfolg bewerten) immer fest an die Erreichung seines Ziel geglaubt und nie gezweifelt hat? Haben wir dann mit dem Faktor „fester Glaube“ ein eindeutiges Erfolgsrezept entdeckt? Ich sage nein.

Was heißt es, wenn wir feststellen, dass ein Erfolgreicher von der Erreichung seines Zieles nahezu besessen war? Haben wir dann mit dem Faktor „Besessenheit“ ein Erfolgsrezept entdeckt? Ich sage wiederum nein.

Die Fragwürdigkeit solcher Beispiele ist schon allein daran zu erkennen, dass wir Tausende andere, die genauso fest geglaubt, nie gezweifelt haben, die von ihrer Idee besessen waren und trotzdem gescheitert sind, weder befragen noch analysieren können. Wir wissen nicht einmal von ihnen. Sie fallen einfach unter den Tisch, bleiben namenlos, obwohl sie mit Sicherheit die überwiegende Mehrheit darstellen würden.

Wie viele Menschen haben schon in Besessenheit und unerschütterlichem Glauben an ihre Idee alles gesetzt und alles verloren? Wer zählt diese namenlos Gebliebenen? Vielleicht kann man sie indirekt aus dem Konkursregister, dem öffentlichen Schuldnerverzeichnis, der Statistik über Ehescheidungen und Suizide ablesen?

Natürlich kann und will ich nicht bestreiten, dass der feste Glaube an die Erreichbarkeit eines Ziels eine nicht zu unterschätzende Kraft entwickelt. Wenn ich von vornherein nicht an die Erreichbarkeit eines Ziels glaube, sollte ich mich erst gar nicht auf den Weg machen.

Aber wie oft standen wir schon staunend da und mussten feststellen, dass wir an das, was sich da im Augenblick zu unseren Gunsten entwickelte, schon längst nicht mehr geglaubt hatten? Ja, dass es sich erstaunlicherweise erst ab dem Zeitpunkt positiv entwickelte, als wir es quasi aufgeben hatten. Mir selbst ist es des Öfteren so ergangen.

Wäre aber der feste Glaube eine unverrückbare Voraussetzung zum Erfolg, dürfte so etwas nicht vorkommen. Aber es kommt vor und darin ist sogar so etwas wie Gesetzmäßigkeit zu erkennen, auf die ich später noch genauer eingehen werde. *Sie hat etwas mit Loslassen, mit Raum lassen zu tun.*

Wenden wir uns also dem alles entscheidenden Faktor eines wirklich erfolgreichen Lebens zu. Dieser Faktor liegt in Ihrer eigenen Persönlichkeitsstruktur, ist Ihre eigene unverkennbare Duftmarke, wie ich es vorhin genannt habe.

Was auch immer Ihnen jemand empfiehlt – es mag im Kern noch so richtig und vernünftig sein – es kann so lange nicht funktionieren, wie es Ihrer eigenen Persönlichkeitsstruktur entgegensteht.

Dabei kann Ihr Verstand durchaus Zustimmung zu einer solchen Empfehlung signalisieren, mag Ihnen der empfohlene Weg durchaus logisch und nachahmenswert erscheinen. Das Problem dabei ist, dass Ihre Persönlichkeitsstruktur nicht auf der Verstandesebene, sondern auf der unbewussten Ebene verankert ist. Diese beiden Ebenen können sich total entgegenstehen.

Nehmen wir als Beispiel einmal die durchaus vernünftige Aufforderung, *positiv* zu denken. Niemand kann und will ernsthaft den Wert positiver Gedanken bestreiten. Aber wie kann ich positiv denken, wenn ich z.B. durch Erziehung oder eigene Erfahrungen genau gegenteilig geprägt wurde?

Vielleicht lebe und erlebe ich täglich eine Wahrheit, die für mein Empfinden alles andere als positiv ist und damit positive Gedanken auch gar nicht erst aufkommen lässt.

Wenn ich mich nun trotz dieser negativen Konditionierung (unbewusste Ebene) willentlich darum bemühe (Verstandesebene), die Dinge positiv zu sehen, wiehert mein Unterbewusstsein vor Vergnügen. Es kann und wird die Verrenkungen der Verstandesebene nicht akzeptieren. Es hat eine ganz andere Wahrheit erfahren und es wird diese Wahrheit durchsetzen.

Für mein Unterbewusstsein wirken solche Verstandesanstrengungen wie ein billiger Witz: im Moment ganz lustig, aber ernsthafte Folgen haben derartige Übungen nicht. Warum ist das so?

Unser Wille liegt auf der bewussten, unsere Konditionierungen aber auf der unbewussten Ebene. Wenn Bewusstsein und Unterbewusstsein gegeneinanderstehen, wenn die vermeintlichen Wahrheiten unvereinbar sind, siegt immer und ausnahmslos das Unterbewusstsein.

Die Empfehlung, positiv zu denken, war durchaus richtig, nur die Durchführung war leider nicht möglich. Wenn Napoleon Hill z.B. sagt, dass das Unterbewusstsein ein williger Diener ist, der unterschiedslos jeden positiven wie negativen Impuls aufnimmt, dann ist dies in meinen Augen einer seiner großen Irrtümer.

Das Unterbewusstsein nimmt nur das bereitwillig auf, was zu seiner Programmierung passt, und boykottiert konsequent alles, was dieser Programmierung entgegensteht.

Aber es gibt eine wunderbare Chance: Die unbewusste Ebene und auch unsere Persönlichkeitsstruktur ist umprogrammierbar. Eine solch mögliche Umprogrammierug, mit der wir uns in diesem Buch ausgiebig befassen werden, ist allerdings ein Weg mühevoller Kleinarbeit. Mit einem „willigen Diener“ haben wir es dabei leider keineswegs zu tun.

Dale Carnegie führt aus, dass wir uns nur das geistige Rüstzeug schaffen müssen, um mit den verschiedensten Arten von Ängsten fertig zu werden: 1. Tatsachen sammeln, 2. Tatsachen analysieren, 3. Entscheidung treffen und danach handeln. Ich bin da allerdings ganz anderer Auffassung.

Auch die Angst ist auf der unbewussten Ebene verankert. Angst ist etwas völlig Unlogisches, dem mit Mitteln der Logik, die hier vorgeschlagen werden, nicht beizukommen ist. Die Ebenen stimmen nicht überein.

Nehmen wir auch dazu ein recht einfaches Beispiel: Wenn Sie die völlig banale Angst haben, mit einer Rolltreppe zu fahren, können Sie zunächst die objektive Tatsache sammeln, dass Tausende Menschen mit genau der Rolltreppe fahren, vor der Sie Angst haben (Schritt 1 nach Carnegie). Sie können ebenso leicht die Tatsache analysieren, dass keinem dieser Menschen auch nur das geringste Unheil passiert (Schritt 2 nach Carnegie). Sie können nun die Entscheidung treffen, dass deshalb auch Sie mit dieser Rolltreppe fahren können und danach handeln (Schritt 3 nach Carnegie).

Wahrscheinlich werden Sie sich nun mutig in Richtung Rolltreppe in Bewegung setzen. Das einzige kleine Problem könnte dabei sein, dass Sie wie angewurzelt vor den unentwegt aus der Tiefe hervorkommenden Stufen stehen, und den entscheidenden Schritt nicht machen können.

Eine Sperre auf der unbewussten Ebene ist stärker und mächtiger als jede unserer „vernünftigen" Erkenntnisse.

Ein untauglicher Versuch, wie das Beispiel der Rolltreppe, produziert eine Negativerfahrung, die dann die Angst noch stärker zementiert.

Statt Ihr Problem zu lösen, sind Sie noch tiefer hineingeraten: Sie haben es wieder einmal nicht geschafft, und diese Erkenntnis ergänzt die negativen Erfahrungen um eine weitere.

Vielleicht kommen solch fragwürdige Empfehlungen dadurch zustande, dass diese seit langem verblichenen Autoren das Wissen von gestern repräsentieren und keine Fachleute auf dem Gebiet der Psychotherapie waren. Wir sind in unseren Kenntnissen heute ein ganzes Stück weiter.

Ich habe dieses Kapitel mit der Zeile: „Vergessen Sie zunächst einmal“ begonnen. Vergessen Sie bitte auch die vielen Definitionen darüber, was ein Erfolg, was ein erfolgreiches Leben ist und was nicht.

Niemand kann Ihnen darauf eine verbindliche Antwort geben. Die Antwort liegt allein in Ihnen. Sie allein bestimmen, was der „Erfolg Ihres Lebens“ ist. Nicht alles, was auf den ersten Blick nach Erfolg aussieht, ist auch in Wahrheit ein Erfolg.

Wenn Sie z.B. die erste Million auf Ihrem Konto oder diese oder jene angestrebte Position endlich erreicht haben, daran aber leider Ihre Ehe zerbrochen ist, Sie von Herzrhythmusstörungen geplagt sind, Ihr Magen nur noch zarte Süpplein verträgt, Ihnen die Arbeit über dem Kopf zusammenbricht und Ihre Kinder inzwischen Sie zu Ihnen sagen, dann waren Sie in meinen Augen keinesfalls erfolgreich. Sie waren ein Narr. Mit Lebenserfolg hat das nichts zu tun.

Was Sie zunächst zu Ihrer eigenen Standortbestimmung und Zielsetzung brauchen, ist eine gesunde Portion innerer Freiheit und Unabhängigkeit von der Meinung anderer. Genau an diesem Punkt beginnt *Ihr* Weg.

Solange Sie den Erwartungen und dem Maßstab anderer gerecht werden wollen, gehören Sie automatisch zu den nie Angekommenen, gehören Sie zu den ewigen Verlierern und Mitläufern.

Schön wäre es, wenn ich Ihnen wie einem Neugeborenen begegnen könnte, so völlig unprogrammiert und offen. Aber unsere Hirne sind voll von „geht nicht, kann nicht, weiß man ja, konnte ich noch nie, tut man nicht, wie sieht das denn aus, usw.“.

So bleibt uns nichts anderes übrig, als miteinander zu versuchen, diesen Müllhaufen, diesen Berg von Begrenzungen und Einschränkungen zunächst ein wenig abzutragen.

Packen wir's an.

Ich möchte Ihnen dabei eine kleine Hilfe geben, indem ich die wichtigsten Punkte eines Kapitels jeweils am Schluss noch einmal zusammenfasse. Ich habe diese Punkte als **PIP's** bezeichnet. ***Dies sind Ihre „Personal Important Points“.***

Weitaus wichtiger für Sie, als alle Very Important Persons dieser Welt zusammen. Diesen **PIP's** können Sie noch weitere, Ihnen wichtig erscheinende **PIP's** hinzufügen, denn für Sie persönlich kann etwas von großer Wichtigkeit sein, was für einen anderen Leser weniger Bedeutung hat. Dazu sind die Leerzeilen am Ende der **PIP's** gedacht.

PIP
Your Personal Important Points

Die Erfolgsgeschichten anderer sind die Wahrheiten von gestern.

*

Jede Nachahmung blockiert mein eigenes Potenzial.

*

Was meiner eigenen Persönlichkeitsstruktur widerspricht, kann ich nicht mit Erfolg durchführen.

*

Ich kann meine eigene Persönlichkeitsstruktur selbst erkennen und ändern.

*

Solange ich die Bewegung der Schöpfung nicht mitmache, werde ich bewegt.

*

Den Vorstellungen anderer zu folgen bedeutet, nie anzukommen.

*

____

____

*

____

____

____

Wie unsere Persönlichkeitsstruktur entstanden ist

Dies ist ein etwas trockener Stoff, den ich Ihnen aber trotzdem nicht ersparen kann. Es ist wichtig, dass Sie eine Vorstellung davon haben, wie unsere Persönlichkeitsstruktur entstanden ist. Warum wir so sind, wie wir nun einmal sind.

Sie werden erkennen, dass unser Verhalten, dass das Bild, das wir von uns selbst und der Welt haben, *erlernt* ist. Erschrecken Sie nicht, denn dies ist eine absolut positive Nachricht.

Alles, was wir erlernt haben, können wir auch wieder verlernen und durch neu Erlerntes ersetzen.

Also fangen wir an. Unsere Prägungen – wir können sie auch als Konditionierungen bezeichnen – beginnen bereits im Mutterleib. Schon an diesem ersten Wohnsitz bekommen wir so ziemlich alles mit, was um uns herum geschieht, und natürlich besonders das, was unsere Mutter, unseren kurzzeitigen Gastgeber, betrifft.

Am Gefühlsleben unserer Mutter, an ihren Sorgen und Ängsten, an ihrer Freude und an ihrem Leid nehmen wir während unseres Heranwachsens im Mutterleib ohne jede Einschränkung teil.

Zwar verstehen wir noch keine Sprache, die lernen wir erst sehr viel später. Unsere Teilnahme am Geschehen geschieht auf dem Weg der Übertragung energetischer Schwingungen.

Wir wissen heute, dass jeder Gedanke, jedes Gefühl eine bestimmte energetische Schwingung erzeugt, die sich – wie die Wellen eines Radiosenders – ausbreitet. Auf dieser Schwingungsebene sind wir mit unserer Mutter verbunden, in ihrem Bauch empfangen wir ihr Sendeprogramm aus erster Hand.

Haben wir z.B. eine Mutter, die das ganze Leben als eine ungeheure Last und die heutige Zeit als nahezu entsetzlich betrachtet, dann nehmen wir uneingeschränkt an dieser lebensverneinenden Grundschwingung teil. Wir können nicht ausweichen. Wir wachsen darin auf, es ist die Schwingung unseres ersten Zuhauses. Es ist die Wahrheit, in die wir hineinwachsen. Wir haben keine Alternative.

Vielleicht haben wir deshalb keine große Lust, diese vermeintlich schreckliche Welt zu betreten, legen uns schon bei unserer Geburt quer oder wickeln uns die Nabelschnur um den Hals. Schwierige Geburten sind nur selten zufällig schwierige Geburten. Versuchen Sie doch einmal herauszufinden, wie Ihre Geburt verlaufen ist. Vielleicht ergibt sich daraus ein erster interessanter Hinweis.

Noch intensiver als die Grundschwingung unserer Mutter nehmen wir natürlich das auf, was unsere eigene Existenz betrifft. Werden wir z.B. mit Freuden erwartet oder werden wir mehr als lästiger Störfaktor angesehen, durch den große Probleme entstehen und der deshalb besser nicht vorhanden wäre? Überlegt man, uns abzutreiben, oder versucht man es sogar?

All dies sind prägende Eindrücke, die auf unserer unbewussten Ebene, die auch dann schon voll funktionsfähig ist, wenn sich unser Körper noch in der Entwicklung befindet, tiefe Spuren hinterlassen. Eine Art Startkapital, mit dem wir geboren werden und das so schnell nicht aufgezehrt werden kann.

Es ist sicher nicht schwierig, sich vorzustellen, dass es ein gewaltiger Unterschied ist, in Liebe und Freude erwartet zu werden oder als lästiges Übel unseren Weg antreten zu müssen, wenn wir einmal bei diesem krassen Beispiel bleiben wollen.

Nehmen wir einmal die so wichtigen Punkte des Selbstvertrauens und der Selbstsicherheit, die für unser späteres Leben von tragender Bedeutung sind. Wie kann ich mir selbst vertrauen, wie kann ich mir meiner selbst sicher sein, wenn ich schon im Mutterleib spüren musste, dass ich ein lästiges Übel bin, das es besser nicht gäbe?

Da wohl kaum anzunehmen ist, dass sich die Grundschwingung der Mutter nach unserer Geburt spontan ändert, sind wir diesem Energiefeld noch eine ganze Weile ausgesetzt, was nicht ohne Folgen für unsere eigene Persönlichkeitsstruktur bleiben kann.

Selbst wenn sich die Einstellung unserer Eltern – oder unserer vielleicht allein erziehenden Mutter – doch allmählich ändert und uns sogar so etwas wie Liebe entgegengebracht wird – was sehr häufig zu beobachten ist: Der so elementare Punkt des Urvertrauens hat in unserer eigenen Persönlichkeitsstruktur einen gewaltigen Knacks bekommen.

Urvertrauen bedeutet die vollkommene Sicherheit, dass alles mit uns in Ordnung ist, dass wir zu Recht da sind, dass wir unseren Platz in dieser Schöpfung haben, dass für uns gesorgt ist und letztlich nichts gegen uns geschieht.

Dies ist eine Lebensbasis von elementarster Bedeutung. Ein Mensch, der hier mit einem Defizit startet, wird voraussichtlich ein Leben lang *unbewusst* versuchen, täglich den Beweis zur Berechtigung seiner Existenz zu erbringen.

Unbewusst versucht er immer etwas mehr zu tun als andere. Mehr zu leisten, bessere Noten zu haben, freundlicher und oft auch angepasster zu sein, um auf diesem Weg Annahme, Liebe und Zuneigung sicherzustellen und sein unbewusst empfundenes Defizit auszugleichen. Wie gesagt – dies alles geschieht *unbewusst*.

Nun ist nicht jeder, der mehr leistet, bessere Noten hat oder freundlicher als andere scheint, ein Mensch mit einem gestörten Urvertrauen. So einfach können wir uns die Sache nicht machen. Dazu ist die Zahl möglicher anderer Ursachenverkettungen zu groß. Ich wollte damit lediglich ein typisches Beispiel von Grundprägung und möglichen späteren Auswirkungen aufzeigen. Diese Auswirkungen können sehr unterschiedlich sein. Sie können sich z.B. auch in Krankheiten manifestieren – diese Erkenntnis wird ja schon lange auch von der Schulmedizin anerkannt.

Gehen wir weiter. Schauen wir uns einmal die ersten sechs bis acht Wochen nach unserer Geburt an. Siegmund Freud, zu dessen Anhängern ich mich nicht unbedingt in allen Dingen zähle, bezeichnet diese Phase in seiner Neurosenlehre als die Intentionalphase.

Haben wir eine Mutter, die emotional offen ist, die uns Gefühle von Liebe und Zärtlichkeit *hautnah* erleben lässt, die unseren Körper liebevoll streichelt und deren Körper wir umgekehrt fühlen dürfen, so werden wir später kaum Schwierigkeiten mit emotionalem Austausch haben.

Ist es eher umgekehrt, haben wir eine emotional arme oder blockierte Mutter, die womöglich nur wenig Zeit für uns hat, die uns zwar korrekt füttert, sauber macht, badet und eincremt, aber trotz aller Bemühungen emotional als Hauptbeziehungsperson nicht zur Verfügung steht, werden in unserem späteren Leben gewisse Nähe-Distanz-Konflikte nicht ausbleiben.

Wir sind für den emotionalen Austausch, für das Zeigen-, Zulassen- und Fließenlassen von Gefühlen und Zärtlichkeiten nicht trainiert. Wir können uns nicht bedingungslos öffnen und fallen lassen. Aus einem unbewussten Schutzbedürfnis heraus werden wir in Gefühlsdingen eher zumachen, abblocken und uns auf die verstandesmäßig kontrollierbare Ebene zurückziehen.

Viele der so genannten harten Männer sind nichts anderes als die Auswirkungen solcher Urschäden. Ich gehörte lange Zeit selbst dazu. Meine Mutter war eine sehr kalte und ich muss leider sagen auch sehr böse Frau. Sie sagte mir wörtlich: „Liebe gibt es nicht, das ist Quatsch." Ein harter Brocken, an dem ich lange zu kauen hatte.

Mit unseren Urinstinkten sehnen wir uns nach Liebe und Zärtlichkeit, nach Streicheln und Gestreicheltwerden. Aber wenn wir dann in der ersehnten Situation sind, können wir durch unsere fehlenden Früherfahrungen damit nicht umgehen. Wir verschließen uns. Die unbewusste Ebene bestimmt unser Verhalten.

Später ärgern wir uns dann über unser eigenes Verhalten und sehnen uns der nächsten Gelegenheit entgegen, bei der wir uns dann – trotz aller guten Vorsätze – wieder genauso verschließen.

Der Mensch verhält sich nicht so, wie er sich verhalten sollte oder es sogar vernünftig wäre, er verhält sich so, wie er sich aufgrund seiner Konditionierungen nur verhalten kann.

Es gibt aber durchaus gangbare Wege, einen derartigen Kreisverkehr aufzulösen, und ich werde diese Wege später aufzeigen.

Gehen wir aber zunächst noch ein Stück weiter durch unsere prägenden Entwicklungsphasen, wobei ich mich auf das Grundsätzliche beschränken will. Denn es ist wichtig, dass Sie zumindest eine Vorstellung von solchen Zusammenhängen haben, die ganz wesentliche Grundlagen von Glück oder Unglück, Erfolg oder Misserfolg, Freude oder Leid, Gesundheit oder auch Krankheit sein können.

Wenn wir der Einfachheit halber weiter der Freud' schen Einteilung folgen, durchleben wir bis etwa zum vierten Lebensjahr zunächst eine orale und danach die so genannte anale Phase.

Die orale Phase ist der Entwicklungsabschnitt, wo sich unser Erleben und Entdecken ausschließlich auf unseren Mund konzentriert. Alles, was wir greifen können, stecken wir in den Mund und natürlich spielt auch die Nahrungsaufnahme dabei eine wesentliche Rolle.

Werden wir später zum übergewichtigen Vielfraß oder plagen uns mit Magen-Darm-Problemen, kann dies seine tiefere Ursache in Störungen innerhalb dieser Phase haben: ungeduldiges Füttern, übermäßiges Hineinstopfen usw. Es sind nicht immer die Gene oder die Drüsen, die so gerne verantwortlich gemacht werden.

In der darauf folgenden analen Phase konzentriert sich unser Erleben und Entdecken auf den analen Bereich. Vielleicht konnten Sie schon einmal beobachten, wie ein – meist gerade frisch gewickeltes – Baby mit größter Wonne seinen Stuhlgang in die Windel presst. Es strahlt über das ganze Gesicht und erlebt dabei größte Glücksgefühle, die dem Reinlichkeitsempfinden seiner Mutter oft völlig entgegenstehen.

In dieser Phase entdecken wir zum ersten Mal, dass wir selbst etwas produzieren und damit auch ein Gefühl herbeiführen können.

Haben wir nun eine Mutter, die ihren Ehrgeiz dareinsetzt, uns so schnell wie möglich sauber zu haben, und uns zur Hergabe unseres Stuhls auf einem Töpfchen abrichtet – „mein Kind war schon mit eineinhalb Jahren sauber" –, dann können daraus zwanghafte Persönlichkeitsmerkmale entstehen, die man mit überpenibel sauber, Reinlichkeitsfanatiker, Ordnungsfanatiker usw. umschreiben würde. Wie gesagt, es kann, aber es muss sich nicht immer so auswirken.

Bis zum sechsten Lebensjahr etwa folgt dann die so genannte ödipale Phase, in der wir unser eigenes Geschlecht entdecken. Wir fühlen uns vom gegengeschlechtlichen Elternteil angezogen, versprechen als kleiner Junge der Mami, dass wir sie heiraten, wenn wir groß sind, oder machen als Mädchen dem Papi einen Heiratsantrag.

Wir lieben es auch, in das Bett der Eltern zu kriechen und mit der Mami oder dem Papi zu kuscheln, und wenn unsere Eltern normal und souverän damit umgehen, bedeutet dies für uns eine elementar wichtige Erfahrung.

Haben wir zerstrittene Eltern oder nur einen Elternteil, sind wir auch hier um eine wichtige Erfahrung ärmer, und spätere Probleme im Umgang mit dem anderen Geschlecht erhalten damit eine gewisse Wahrscheinlichkeit.

Bis zum sechsten Lebensjahr etwa sind die grundsätzlichen Weichenstellungen zu unserer Persönlichkeitsentwicklung abgeschlossen.

Danach erfolgt im Wesentlichen nur noch der weitere Ausbau der vorhandenen Basis. Die Sortiermaschine unseres Unterbewusstseins, wie ich es nenne, beginnt zu arbeiten. Sie addiert fleißig hinzu, was zu unserem einmal gefundenen Fundament passt, und blockiert konsequent alles, was diesen einmal gefundenen Wahrheiten widerspricht.

Die gezeigten Zusammenhänge sind sicher für jeden Leser verständlich, aber es gibt dabei ein Problem: Nur ganz selten tut uns das Leben den Gefallen, sich ausschließlich nach solch wissenschaftlich anerkannten Abläufen zu richten. Es gibt in unserer Entwicklung absolut prägende Grunderfahrungen, die in solche Schemata nicht einzuordnen sind. Auch dazu ein Beispiel:

Eine Klientin von mir, die auf einem Bergbauernhof in Sachrang nahe der Tiroler Grenze aufgewachsen war, berichtete mir von ihrer streng katholischen Erziehung. Ihr Vater muss in dieser Beziehung wirklich extrem gewesen sein. Er drohte den Kindern bei jeder Gelegenheit mit dem strafenden und rächenden Gott, der alles sieht, aufzeichnet, belohnt oder bestraft. Büßen, beten und Gott wohlgefällig sein schien der alleinige Lebensinhalt des Vaters, den er auch auf seine Kinder zu übertragen versuchte. Elementarste Lebensimpulse wurden dabei unterdrückt, Freude und Lachen schienen gar etwas Ungehöriges.

Am Sonntag mussten die Kinder gleich zweimal – am Vormittag und am Nachmittag – von ihrem Berghof in die Dorfkirche hinunter, was für sie jedes Mal eine einstündige Fußwanderung bedeutete. An einem Sonntag waren sie also alleine vier Stunden zur Ehre Gottes unterwegs, sodass der Sonntag mehr Qual als Freude bedeutete.

Wirkliche Freude und überschäumende kindliche Lebensäußerungen, die in der Entwicklung eines Kindes so wichtig sind, waren nach Ansicht des Vaters etwas, was Gott bestrafen würde. Man hatte ruhig, demütig und bescheiden zu sein, alles für die anderen zu geben und nichts für sich selbst zu beanspruchen.

Entsprechend diesen frühkindlichen Konditionierungen verlief dann das Leben dieser zum Zeitpunkt unseres Kennenlernens etwa 55-jährigen Frau. Ihre Erscheinung war klein, gebeugt, grau. Sie war krebskrank, depressiv und ihr Händedruck fühlte sich wie die Berührung mit einem kalten Pudding an.

Sie hatte zwar inzwischen vieles erkannt, hatte sich sogar völlig von der Kirche getrennt, aber sie hatte es nie geschafft, sich wirklich zu befreien. Die Konditionierungen, denen sie in ihrer Kindheit unterworfen gewesen war, waren stärker. Tief in ihr war die Angst vor der Strafe Gottes, die man in sie hineingepflanzt hatte und die auch heute noch jede Lebensfreude verhinderte. Dagegen kam sie trotz aller verstandesmäßigen Erkenntnisse nicht an. Die unbewusste Ebene war stärker.

Warum erzähle ich solch ein extremes Beispiel und was hat dies mit dem Thema dieses Buches zu tun? Mancher wird sagen, dass solche Extreme nur sehr selten vorkommen und dass uns das, was uns nicht umbringt, doch eher hart macht. Nun gibt es in der Tat keine Dummheit, zu der es nicht auch ein entsprechendes Sprichwort gäbe.

Was wir an diesem Extremfall erkennen können, ist etwas ganz Entscheidendes:

Frühkindliche Konditionierungen werden für uns zu fundamentalen Wahrheiten, die wir später trotz aller Erkenntnisse unseres Verstandes kaum noch loswerden. Steht ein solches Programm einem bestimmten Ziel entgegen, werden wir dieses Ziel ohne eine Änderung des behindernden Programms nie erreichen. Die alleinige Erkenntnis auf der Verstandesebene reicht dazu nicht aus.

Kein Buch der Welt mit noch so tollen Tipps und Beispielen, wie andere zu Glück, Reichtum und einem sorgenfreien Leben gekommen sind, kann uns dabei helfen. Wir müssen an unseren eigenen Wurzel ansetzen.

Was wir zunächst dazu brauchen, ist eine Technik, mit der wir unsere behindernden Pseudowahrheiten erkennen und dann in Wahrheiten, die unserer Zielsetzung förderlich sind, umwandeln können.

Auch wenn ich hier die Zusammenhänge an extremen Beispielen deutlich gemacht habe: Mir ist bisher kaum ein Mensch begegnet, der in der frühen Phase seiner Persönlichkeitsentwicklung keine Wunden abbekommen hätte, die ihn noch heute in der einen oder anderen Form behindern.

Nehmen wir noch ein anderes Beispiel, von dem ich selbst zwar nur gehört habe, das aber nicht weniger aussagekräftig ist: In einer Großfamilie mit sieben Kindern war es ehernes Gesetz, dass jeden Abend Punkt sieben Uhr gegessen wurde. Zu diesem Zeitpunkt hatte die Familie vollzählig und ohne jede Ausnahme am Tisch zu sitzen. Üblicherweise bereitet eine solche Regelung den jüngsten Mitgliedern der Familie die größte Schwierigkeit, da ihr Zeitgefühl noch nicht entwickelt ist. Mit Hilfe der älteren Geschwister schaffte es der jüngste Spross der Familie, ein fünfjähriges Mädchen, an diesem Abend gerade noch rechtzeitig an den Tisch zu kommen, und stolz hielt sie ihrem gestrengen Herrn Vater ein Blatt Papier hin, auf dem sie für ihn, in ihrer kindlicher Art, ein Bild gemalt hatte.

„Da Papi, das hab ich für dich gemalt!" Der Vater schaut das Bild nur flüchtig an, schiebt es zur Seite und gibt dem Kind vor der versammelten Familie mit den Worten: „Hab' ich dir nicht gesagt, du hast mit reingewaschenen Fingern am Tisch zu erscheinen, schau dir mal deine schmutzigen Hände an" eine Ohrfeige.

Wenn diese Schilderung bei Ihnen starke Gefühle weckt oder sogar ein paar Tränen hochkommen lässt, dann haben Sie mit Sicherheit einmal ähnliche Verletzungen erlitten. Was das Kind hier erfahren hat, war in der Tat eine so tiefe seelische Verletzung, dass daraus das wurde, was man in der Psychologie als ein Schlüsselerlebnis bezeichnet.

Der im Unterbewusstsein des Kindes gespeicherte Erlebnisinhalt und die damit entstandene Wahrheit war, dass das eigene Tun, das eigene Freude-bereiten-Wollen nichts zählt und das Einhalten von Vorschriften wichtiger ist.

Konditionierungen können durch fortwährende Beeinflussung oder durch so genannte Schlüsselerlebnisse entstehen. Wichtig ist dabei zu wissen, dass sie mit der Zeit allesamt zu unumstößlichen Wahrheiten für uns werden, gegen die wir mit unserem Verstand nicht mehr ankommen.

Wenn eine Mutter z.B. ihrem Kind gegenüber dauernd und unüberlegterweise mit dem Wort „dumm" operiert („Stell dich doch nicht so dumm an, nun sei doch nicht wieder so dumm, bist du aber ein dummes Kind usw."), dann entsteht daraus mit der Zeit für das Kind die unumstößliche Wahrheit, dass es dumm ist. Kommt nun die Großmutter zu Besuch, die das Kind nur selten sieht, das Kind baut irgend etwas mit seinem Baukasten, und die Oma sagt: „Du bist aber ein schlaues Kerlchen", dann ruft diese Bemerkung bei dem Kind keinerlei Irritation hervor. Seine feste Wahrheit ist, dass es dumm ist und die Bemerkung der Großmutter führt höchstens zu seiner Folgerung, dass die Großmutter schon ganz schön blöd sein muss, wenn sie seine Dummheit nicht erkennt.

Ich nenne Ihnen noch ein anderes Beispiel aus meinem eigenen Leben, das auf einer etwas anderen Ebene liegt: Mein Vater war ein ungelernter Fabrikarbeiter, der freitags seine Lohntüte bekam. Ich sehe dies nicht unbedingt als einen Nachteil an, denn alles, was ich geschafft habe, konnte ich somit aus eigener Kraft schaffen.

Wir wohnten in einer Gegend, in der Arbeiter wie er sich in Eigenhilfe und mit finanzieller Unterstützung des Staates kleine Eigenheime erbaut hatten. Ca. 1,5 km entfernt von uns gab es eine Gegend, die man als Millionenhügel bezeichnete und in der ausnahmslos finanziell sehr wohlhabende Leute wohnten. Von diesen Leuten redete mein Vater immer nur als „die Arschlöcher“ (Verzeihung, wenn ich diesen Originalton verwende). Für ihn gab es keine andere Bezeichnung und ich wuchs natürlich mit dieser Bewertung und dem entsprechenden Gefühl der Nichtzugehörigkeit zu diesen Leuten auf.

Diese simple Prägung war anfänglich eines der größten Hindernisse auf meinem eigenen Weg. Reichtum und Wohlstand war für mein Unterbewusstsein nicht nur mit dem Verlust alter Zugehörigkeiten verbunden, nein, es war der Weg zum Arschloch, und wer wollte so etwas schon gerne sein!

Es hat mich eine Menge Zeit und Arbeit gekostet, diese unbewusste Wohlstandsblockade zu erkennen und abzubauen. In letzter Konsequenz führte dies dann zur totalen Trennung von meinen Eltern und meinem damaligen Lebenskreis. Wir konnten uns nicht mehr erreichen. Ich hatte die Fronten gewechselt.

Ein Beispiel dafür, dass das Ausbrechen aus alten Strukturen nicht nur mit konsequenter Arbeit an sich selbst verbunden ist, sondern meist auch nicht ganz schmerzlos vor sich geht. Sie sollten sich darüber im Klaren sein.

So, wie wir uns ändern, ändert sich auch unser Umfeld.

Durch die Änderung in uns ändert sich auch die Schwingung, die wir ausstrahlen, und diese andere Schwingung zieht dann zwangsläufig ein anderes Umfeld an. Ich werde auf die Gesetzmäßigkeit der Schwingung und auf deren Wirkungsweise später noch ausführlicher eingehen.

*

Womit wir uns bisher beschäftigt haben, können wir als die Grundsteinlegung zu unserer Persönlichkeitsstruktur bezeichnen, die in etwa mit dem sechsten Lebensjahr abgeschlossen ist. Auf dieser Basis erfolgt dann der weitere Ausbau.

Dabei ist es wie beim Bau eines Hauses: Die Grundfundamente bestimmen späteres Aussehen und räumliche Aufteilung. In unserer Persönlichkeitsstruktur geschieht dies durch den sehr einfachen Mechanismus, den ich wegen seiner enormen Wichtigkeit noch einmal deutlich machen möchte.

Unser Unterbewusstsein nimmt bereitwillig auf, was zu seinen bisher erfahrenen Wahrheiten passt, und sortiert konsequent aus, was diesen Wahrheiten entgegensteht.

Diesen Mechanismus des Hinzuaddierens oder Blockierens behält unser Unterbewusstsein während unseres ganzen Lebens bei. Wir sehen das Leben durch eine bestimmte Brille, sind Christen oder Moslems, gehören zu den Reichen oder Armen usw. usw. Aus dieser unterschiedlichen Programmierung heraus streiten Menschen miteinander, können sich nicht verstehen, schlagen aufeinander ein, führen Krieg und versuchen ihre Wahrheit durchzusetzen.

Aber stellen wir uns doch einmal vor, wir wären unmittelbar nach unserer Geburt vertauscht worden. Zwei Babys wurden verwechselt und der jeweils falschen Mutter übergeben. Folglich wären wir ganz woanders, in einer ganz anderen Familienkonstruktion, bei ganz anderen Eltern, in einem möglicherweise völlig anderen sozialen Umfeld aufgewachsen.

Wir hätten also ganz andere Konditionierungen erfahren, hätten andere Grundwahrheiten, wären vermutlich ein ganz anderer Mensch, obwohl wir rein physisch immer das Kind unserer wahren leiblichen Eltern geblieben wären. Was sind unsere Wahrheiten also wert?

Von Natur aus gehören wir weder zu den Reichen noch zu den Armen. Von Natur aus gehören wir weder zu den Erfolgreichen noch zu den Versagern, weder zu den Christen noch zu den Moslems. Von Natur aus gehören wir weder zu den Glücklichen noch zu den Unglücklichen. Es sind allein unsere Konditionierungen, die uns dies oder jenes sein lassen.

Aber diese Konditionierungen sind überwindbar. Und nur dann, wenn wir an diesem Schlüssel ansetzen, können wir unser Leben auch grundsätzlich verändern.

Wenn Sie dies wirklich verinnerlicht haben und bereit sind, konsequent an sich zu arbeiten, werden Sie Ihren angestrebten Lebenserfolg verwirklichen können. Und es ist doch besser, Sie arbeiten an sich, als dass andere an Ihnen arbeiten – oder?

PIP
Your Personal Important Points

Die (so genannten) Wahrheiten, in die ich
hineingewachsen bin,
sind nicht meine Wahrheiten.
Ich halte sie nur dafür.

*

Die Sortiermaschine meines Unterbewusstseins
blockiert alles, was diesen vermeintlichen
Wahrheiten entgegensteht.
Ich habe damit meinen vermeintlich
richtigen Standpunkt gefunden
und trete auf der Stelle.

*

Solange ich die Erfolgsbremsen in meinen Wahrheiten
nicht erkenne, komme ich keinen Schritt weiter.

*

Urvertrauen oder Urangst
sind die Konsequenzen meiner Startbedingungen.

*

____

____

*

____

____

____

Wie wir die Struktur unserer Persönlichkeit selbst durchleuchten können

„Ganz einfach" werden Sie wahrscheinlich sagen, „ich weiß doch, wie ich bin." Verzeihung, ganz so einfach ist das nicht. Wer ist z.B. das *Ich*, von dem Sie behaupten, dass es weiß, wie *ich* bin?

Wenn wir das ernst nehmen, was wir im vorherigen Kapitel festgestellt haben, ist doch das, was wir als *Ich* empfinden, im Prinzip nichts anderes als das Ergebnis unserer Konditionierungen und Erfahrungen, wie wir am Beispiel der vertauschten Babys gesehen haben.

Natürlich spielen auch Erbfaktoren eine gewisse Rolle in unserer Gesamtstruktur – z.B. beim Grundbau unseres Körpers. Aber in dem Bereich der Persönlichkeitsstruktur, im Bereich unserer Denk- und Verhaltensmuster, den wir hier behandeln, sind es keine klassischen Erbfaktoren, sind es keine Gene, die weitergegeben wurden.

Was hier weitergegeben wurde, sind vielmehr die ganz alltäglichen Denk- und Verhaltensweisen und das Weltbild derer, die für unsere Erziehung verantwortlich waren oder sich dafür verantwortlich fühlten. Die allen Ehrgeiz darein legten, ein (nach ihren Vorstellungen) nützliches Mitglied der menschlichen Gesellschaft aus uns zu machen.

Einen Nutzmenschen sozusagen. Pflegeleicht, angepasst, nützlich, klaglos, vielseitig einsetzbar und weitere ebenso pflegeleichte Nachkommen produzierend.

Die Konditionierungen, denen wir auf diesem Weg unterworfen waren, sind für unser Unterbewusstsein so etwas wie die Software eines Computers. Was diese Software nicht beinhaltet, kann unser Computer nicht ausführen. Diese Software, die wir uns nicht einmal selbst aussuchen konnten, ist unsere Begrenzung.

Wenn aber nun ein Computer mit einer fehlerhaften oder sagen wir zumindest problematischen Software selbst den Fehler oder das Problem in seiner Software sucht, dann bleibt dies ein relativ aussichtsloses Unterfangen. Kreisverkehr ist angesagt.

Eine Wahrheit – und unsere Konditionierungen sind für unser Unterbewusstsein die Wahrheit – kann sich nicht selbst in Frage stellen.

Ich will aber trotz all dieser Schwierigkeiten versuchen, Ihnen ein geeignetes Werkzeug an die Hand zu geben, mit dem Sie die Aufgabe der Analyse der eigenen Software erstens selbst und zweitens auch mit sehr guten Erfolgsaussichten anpacken können.

Warum ist eine solche Analyse nun so wichtig? Ganz einfach:

Nur an dem, was wir erkannt haben, nur an dem, das wir durchschaut haben, nur an den Mechanismen, die uns klar geworden sind, können wir arbeiten.

Wenn wir also unser Leben auf Erfolgskurs bringen wollen, bleibt uns nichts anderes übrig, als zunächst einmal herauszufinden, was dem angestrebten Erfolg bisher im Weg stand. Und es muss da etwas geben, oder Sie würden dieses Buch nicht lesen.

Ein solcher Grund, eine solche Erfolgsbremse hat in der Regel nichts mit fehlendem Geld oder mangelnder Ausbildung zu tun, den beiden beliebtesten Alibis. Es hat immer etwas mit unseren Denk- und Verhaltensmustern, unserem Sosein, wie wir nun einmal sind, zu tun. In diesem Bereich bremst etwas unseren beruflichen oder privaten Erfolg, den Besitz von Geld, die erfüllte Partnerschaft – oder was immer wir bisher vermissen.

Machen wir uns also an diese unumgängliche Arbeit und beginnen wir diese damit, uns zunächst einmal die Konstruktion Mensch etwas genauer anzusehen.

Die Konstruktion Mensch

> Es ist einfacher, einen Weltkonzern zu durchleuchten und erfolgreich zu führen, als die eigenen Strukturen zu erkennen, sie dann auch in den Griff zu bekommen und in ein erfolgreiches Leben umzuwandeln.

Warum?

Ein Weltkonzern hat keine Gefühle, kein Unterbewusstsein, keinen Bio-Rhythmus, keine tiefen Wunden und Verletzungen, keine Sensibilität usw. Er ist eine relativ nüchterne Angelegenheit, deren Erfolg oder Misserfolg an Zahlen abzulesen ist.

Beim Menschen ist dies weitaus komplizierter, und wird diese Kompliziertheit in einen Weltkonzern hineingetragen, dann wird auch dieser kompliziert. Aber das liegt dann nicht am Wesen eines Konzerns, sondern am Wesen der Menschen innerhalb des Konzerns.

Schauen wir uns den komplizierten Aufbau des Menschen etwas genauer an:

Der Mensch ist ein Wesen auf zwei verschiedenen Ebenen, die wir als die begrenzte materielle und die unbegrenzte geistige Ebene bezeichnen können.

Die materielle Ebene ist dabei mit unserer grobstofflichen Erscheinung – mit unserem Körper also – gleichzusetzen. Die geistige Ebene ist unsere vom Körper unabhängige Existenz – unser Geist, unsere Seele, oder wie Sie es nennen möchten.

Zur Verdeutlichung dieser Unterscheidung ein Beispiel: Sie sitzen in einem bequemen Sessel Ihres Wohnzimmers, schließen die Augen, entspannen vollkommen und tauchen dabei immer tiefer in eine Erinnerung Ihres letzten Urlaubs ein. Dieses Bild entwickelt sich immer deutlicher vor Ihrem geistigen Auge: Der herrlich weiße Sand, das Geräusch der an den Strand schlagenden Wellen, der leichte Wind und die Wärme der Sonne auf Ihrer Haut, die Sie auch jetzt wieder zu spüren glauben.

Wir könnten dieses Bild noch weiter ausmalen, aber ich denke, Sie haben bereits erkannt, was ich damit deutlich machen will. Ihre begrenzte grobstoffliche Erscheinung ist an den Sessel des Wohnzimmers gefesselt, Ihre unbegrenzte geistige Ebene ist davon völlig unabhängig.

Nun ist dies natürlich eine sehr vereinfachte Darstellung, zu der noch weitere Unterteilungen möglich wären, aber ich möchte es nicht unnötig verkomplizieren. Trotzdem muss ich an dieser Stelle noch eine wichtige Klarstellung vorwegnehmen. Unser Verstand gehört im Sinne der hier getroffenen Gliederung zur begrenzten körperlichen Erscheinung und nicht zu unserer unbegrenzten geistigen Ebene.

Sehr oft wird Verstand mit Geist in einen Topf geworfen. Eine sprachliche oder auch gedankliche Ungenauigkeit und sachlich völlig unzutreffend.

Bleiben wir beim Beispiel unseres Wohnzimmersessels: Was da auf Reisen ging, was da den Strand vor Augen hatte, war keinesfalls Ihr Verstand. Ihrem Verstand war sehr wohl bewusst, dass Sie im Sessel Ihres Wohnzimmers sitzen. Was da auf Reisen ging, war jene unbegrenzte Ebene, aus der auch unsere Intuitionen, unsere Ideen, unsere Fantasien, unsere Tagträume usw. kommen. Diese Ebene ist völlig unabhängig von unserem begrenzten Verstand.

Unser Verstand ist auf seine individuellen Erfahrungen und auf das, was wir ihm in diesem Leben mühsam eingepaukt haben, begrenzt. Diesen Rahmen kann er nicht verlassen. So wird es z.B. niemals gelingen, einem Bewohner des tropischen Regenwaldes, der dort geboren wurde und seinen Urwald niemals verlassen hat, zu erklären, dass Wasser bei Frost so hart wie ein Stein werden kann. Seinem Verstand fehlt dazu jegliche Basis. Es ist für ihn im wahrsten Sinne des Wortes *un*denkbar.
Zum besseren Verständnis noch ein anderes Beispiel: Wenn wir z.B. dasitzen und die Baustatik einer Brücke berechnen, dann ist dies eine klassische Leistung unseres Verstandes, dem wir diese Fähigkeit antrainiert haben und der dadurch die notwendige Basis für seine Arbeit besitzt. Wenn wir aber dasitzen und vor unserem geistigen Auge werden uns plötzlich Dinge und Zusammenhänge klar, die wir mit unserem Verstand nie hätten erkennen können – es fällt uns sozusagen wie Schuppen

von den Augen –, dann entspringt diese Erkenntnis unserer unbegrenzten geistigen Ebene.

Einstein erging dies, nach seinen eigenen Aussagen, so bei seiner Relativitätstheorie. Er sagte sinngemäß, dass er seine Erkenntnisse über das All nicht durch logisches Nachdenken gewonnen habe. Es war eine Vision, es war ein Blick hinter die Mauern der Begrenzung. Ihm wurde etwas aus der unbegrenzten Ebene klar, das er nachher mit den Mitteln seines begrenzten Verstandes kaum erklären konnte. Deshalb ist seine Relativitätstheorie so schwer verstehbar.

Was können wir nun mit einer solchen Gliederung zwischen begrenzter und unbegrenzter Ebene in unserem Streben nach einem erfolgreichen Leben anfangen? Eine ganze Menge, ja sogar etwas absolut Entscheidendes, und dies werden Sie jetzt sofort erkennen:

> Es ist ein elementarer Unterschied, ob wir uns mit unserer begrenzten körperlichen Ebene, einschließlich unseres Verstandes, oder mit unserer unbegrenzten geistigen Ebene identifizieren.

Was verstehen wir darunter, wenn wir *Ich* sagen? Wer oder was ist dieses *Ich*? Natürlich sind wir eine Ganzheit aus diesen beiden Ebenen, aber welche der beiden Ebenen gibt den Ton an, welche Ebene führt? Wer hat wen? Wer geht mit wem um?

Nach meiner Erfahrung identifizieren sich ca. 98 Prozent der Menschen ausschließlich mit ihrer begrenzten körperlichen Erscheinung, deren ebenso begrenzte Wahrheit ja nichts anderes als die Summe ihrer Konditionierungen und Erfahrungen ist.

Natürlich können wir versuchen, diesen begrenzten Teil zu ignorieren. Meist steht uns die Begrenzung des Körpers und seines Verstandes ja doch nur im Wege. Aber dies wäre ein völlig aussichtsloser und zudem sinnloser Versuch. Was wir tun können, ist etwas sehr viel Entscheidenderes: Wir können beginnen, ganz anders mit dem Teil unserer begrenzten Existenz umzugehen, und dies beginnt damit, dass wir uns dieser Begrenzung zunächst einmal bewusst werden.

Wir können beginnen, unsere begrenzte Ebene als etwas zu betrachten, das wir haben und über das wir verfügen, durch das wir uns ausdrücken und durch das wir handeln.

Etwas zu haben oder etwas zu sein, macht dabei den alles entscheidenden Unterschied.

Wir *haben* die begrenzte körperliche Ebene, aber wir *sind* die unbegrenzte geistige Ebene – die Führungsmacht.

Wir haben ein Haus, wir haben ein Auto, wir besitzen Werkzeuge usw., aber wir sind nicht dieses Haus, wir sind nicht dieses Auto und wir sind ebenso wenig diese Werkzeuge. Wir benutzen dies lediglich. Wir verfügen darüber. Zumindest sollte es so sein, wenn es auch oft umgekehrt ist. Viele Menschen, die z.B. behaupten, eine Firma zu besitzen, sagen die Unwahrheit. Nicht sie haben die Firma, die Firma hat sie.

Sobald wir beginnen, uns fälschlicherweise mit dem, was wir haben, zu identifizieren, geraten wir in Abhängigkeit und Begrenzung.

Wenn wir aber auf das, was wir da haben, von außen draufschauen, schaffen wir damit jenen entscheidenden Abstand, der es uns erlaubt, auch draußen zu bleiben und nicht vereinnahmt zu werden. Uns nicht in Emotionen, Ängste und Sorgen aller Art hineinziehen zu lassen. Habe ich den Verstand oder hat der Verstand mich? Habe ich das Gefühl oder hat das Gefühl mich? Wer bestimmt über wen? Wer geht mit wem um?

Dies ist im ersten Moment sicher nicht ganz einfach zu verstehen, aber machen Sie sich keine Sorgen, ich werde es noch mehrmals erklären und dabei immer mehr vertiefen.

Wenn ich es z.B. schaffe, in dem Moment, wo eine spontane Reaktion, ein Gefühl, Unlust, Resignation usw. in mir hochkommt, wie unbeteiligt von außen draufzuschauen und zu registrieren, was da auf der begrenzten Ebene vorgeht, bekomme ich damit die Chance, bewusst zu entscheiden, wie *ich* nun damit umgehe. Versäume ich es, diesen Abstand herzustellen, geht *es* mit mir um.

Wenn Sie die Tragweite dieser wenigen Sätze verinnerlichen, haben Sie einen Schlüssel in der Hand, mit dem Sie Ihr Leben vollkommen verändern können. Sie werden zum Beobachter der eigenen Komödie. Sie übernehmen das Zepter.

Aber dies setzt ein anderes „Bewusst-Sein" voraus. Wir haben gelernt, uns mit dem Bild, das wir von uns selbst und der Welt haben, zu identifizieren, es zu verteidigen und abzusichern, unseren Standpunkt mit Nachdruck zu vertreten usw., und nun empfehle ich Ihnen dringend, dazu auf Distanz zu gehen und es wie etwas außerhalb von uns zu betrachten. Und dies ist absolut notwendig. Die verhängnisvolle Identifikation mit unserer begrenzten Ebene, der Glaube, dass wir so sind, wie wir glauben zu sein, hat uns ja letztendlich in die Begrenzungen gebracht, in denen wir stecken.

Beginnen wir also damit, auf unser begrenztes Ich draufzuschauen wie auf ein Kind, das wir haben. Nehmen wir es liebevoll an die Hand, zeigen wir Verständnis, führen wir es, aber identifizieren wir uns keinesfalls mit diesem Kind.

Wir kennen unser Kind in- und auswendig – schließlich haben wir es ja großgezogen, und wenn wir die Technik des Draufschauens konsequent anwenden, lernen wir es täglich noch besser kennen. Wir wissen, was es möchte und nicht möchte, kennen all seine Stärken und Schwächen, wissen, wo es ausweichen und sich am liebsten verleugnen lassen möchte usw.
Dieses Kind – unser Kind – kann nicht anders. Es hat die entsprechenden Erfahrungen gemacht, es ist entsprechend konditioniert, und es konnte sich nicht dagegen wehren. Wir haben also keinerlei Grund, diesem Kind böse zu sein. Im Gegenteil, nehmen wir es liebevoll an die Hand und führen wir es dann schrittweise in eine neue Richtung.

Dazu brauchen wir viel Geduld und Verständnis, es geht nicht von heute auf morgen. Diese Wandlung dauert etwas länger.

Gehen Sie ruhig so weit, Ihr Kind, Ihr begrenztes Ego-Ich, wie ich es ab hier nennen möchte, mit Ihrem Vornamen zu belegen. Schließlich ist Ihr Vorname etwas, das sich ausschließlich auf Ihre begrenzte körperliche

Ebene bezieht. Sie tragen diesen Namen von Geburt bis Tod. Er repräsentiert ausschließlich die begrenzte Ebene Ihrer Erscheinung.

Reden Sie mit Ihrem Tom oder Ihrer Tina, wenn wir einmal diese beiden Namen als Beispiel wählen, und tun Sie dies bitte nicht nur in Gedanken. Sprechen Sie laut und deutlich mit Tom oder Tina, wenn nicht gerade jemand neben Ihnen steht, der Sie für verrückt erklärt, obwohl Ihnen auch dies letztlich gleichgültig sein sollte. Es geht um mehr, als um das, was jemand von Ihnen denkt. Es hat mehr Kraft, wenn Sie auf drei Schienen – Denken, Sprechen, Hören – arbeiten, als wenn Sie ausschließlich Ihren Gedankenapparat bewegen.

Am Anfang dieser neuen Sichtweise sollten Sie sich zunächst auf das Beobachten und Analysieren von Tom oder Tina beschränken. Das Korrigieren beginnt erst dann, wenn Ihre Zielsetzung absolut klar ist. Eine solche Zielsetzung werden wir im Anschluss behandeln. Wir wollen ja nur das ändern, was innerhalb unserer Persönlichkeitsstruktur dem angestrebten Ziel entgegensteht.

Die Selbstanalyse

Diesen wichtigen Absatz möchte ich damit beginnen, dass ich Sie zunächst noch etwas mehr verwirre. Eine Dame, die ein Seminar bei mir besucht hatte und dann vor der gleichen Aufgabe der Selbstanalyse stand, vor der Sie jetzt auch stehen, schrieb mir nachfolgende Zeilen. Ihr war wirklich klar geworden, dass das Bild, das sie bislang von sich selbst und der Welt hatte, ja nichts anderes als das Ergebnis ihrer Konditionierungen war. Ein Bild ohne großen Wahrheitsgehalt also. Sie schrieb:

Nichts ist wirklich so, wie ich es sehe.
Nichts ist so, wie ich es wirklich sehe.
Wirklich, nichts ist so, wie ich es sehe.
So, wie ich es sehe, ist wirklich nichts.
Ist es wirklich so, wie ich es sehe?
Seh' ich es wirklich nicht so?
Wirklich ist nichts so, wie ich es sehe.
Da ist wirklich nichts, wie ich es sehe.
Da ist nichts wirklich, wie ich es sehe.
Ich sehe es nicht so wirklich ...
wirklich ... wirklich ...

Lassen Sie sich nicht beirren. Gerade weil in Wirklichkeit nichts so ist, wie Sie es sehen, ist es ja änderbar. Wären es tatsächlich unverrückbare Wahrheiten, hätten wir keine Chance zur Änderung.

Nicht Ihr wahres Ich, die unbegrenzte geistige Ebene, hat z.B. Angst. Angst kann nur Ihre begrenzte Ebene haben. Unbegrenzter Geist kennt keine Angst, sie ist eine Illusion des Ego-Ichs. Sie, die unbegrenzte geistige Ebene, können das Ego-Ich ebenso führen, wie Sie ein Kind führen können, das Angst hat.

Die Chance zur Änderung beginnt damit, dass wir völlige Klarheit über die Struktur unseres begrenzten Ego-Ichs bekommen. Sie müssen Ihrer Tina oder Ihrem Tom auf die Schliche kommen, um korrigierend eingreifen zu können.

Es ist dabei unerlässlich, dass Sie sich schriftliche Aufzeichnungen über Ihre analytische Arbeit machen. Wenn Sie alles nur im Kopf bewegen, sind Sie am Ende wieder da, wo Sie angefangen haben.

Sie können sich diese Arbeit erleichtern, indem Sie Tom oder Tina zunächst in zwei große Teilbereiche aufgliedern, es wird dann etwas übersichtlicher. Mein Vorschlag wäre: Privat – Beruf.
Vielleicht werden Sie festellen, dass sich Tom oder Tina im Privaten und Beruflichen – oder wir könnten es auch als internen und externen Bereich bezeichnen – völlig unterschiedlich verhalten und dass Sie demzufolge in beiden Bereichen auch ganz unterschiedliche Probleme haben.

Gliedern Sie, wenn nötig, jeden dieser Bereiche in weitere Untergruppierungen, im privaten Bereich z.B.: Eltern, Sexualität, Kommunikation, Selbstwert, Lebensfreude, usw. Eine solche Gliederung sollte Ihren ganz persönlichen Problemstellungen gerecht werden. Vielleicht können Sie auf die eine oder andere Untergliederung verzichten und müssen dafür einen bestimmten Bereich detaillierter ausbauen. Meine Stichworte sollen ja nur Anregungen sein.

Ich möchte Ihnen für diese wichtige Analysearbeit keinen Vordruck und kein Schema zur Verfügung stellen, da jeder Mensch so einmalig wie der Abdruck seines Daumens ist. Jedes Hineinpressen in ein Schema wäre deshalb völlig falsch.

Wenden Sie sich dann dem beruflichen Bereich zu. Einige der Stichworte können Sie vielleicht auch hier einsetzen. Andere kommen wahrscheinlich neu dazu: zwischenmenschliche Beziehungen, Kollegen, Kommunikation, Durchsetzungsvermögen, Anerkennung usw.

Beobachten Sie Tom oder Tina genau, schauen Sie vorurteilsfrei und völlig emotionslos von außen auf diese Figur, so, wie wir dies besprochen haben, und notieren Sie sich, was Ihnen auffällt.

Es genügt dazu ein kurzes Stichwort, z. B. „schnell beleidigt, nachtragend, häufig unkonzentriert“ usw. Bitte keine ganzen Sätze aufschreiben, denn dadurch verlieren Sie sehr schnell die Übersicht – denn es wird ja doch so einiges zusammenkommen. Dieses Stadium Ihrer Arbeit ist so etwas wie eine absolut nüchterne und emotionslose Buchhaltung. Ob Sie dabei bestimmte Positionen mögen oder nicht mögen, akzeptieren oder nicht akzeptieren, spielt in dieser Buchhaltungsphase keine Rolle.

Hüten Sie sich davor, etwas so zu sehen, wie Sie es gerne sehen möchten, färben Sie nichts zum Positiven oder Negativen. Sie betrügen sich damit selbst und Ihre spätere, auf dieser Analyse aufbauende Arbeit, kann keinen Erfolg haben.

Die ganz normalen Schwierigkeiten …

… beginnen dann damit, dass Ihr begrenztes Ego-Ich, Ihr Tom oder Ihre Tina von Ihrem Vorhaben keineswegs begeistert sind. Ganz im Gegenteil: Sie werden alles tun um Ihre Selbstanalyse zu blockieren. Warum?

Etwas, das bisher geherrscht hat, das bisher den Ton angegeben hat, das bisher entschieden hat, was richtig und was falsch ist, lässt sich nur ungern in die Karten schauen und sich dann seinerseits beherrschen. Dies können und dürfen Sie nicht erwarten.

Denken Sie daran, dass Ihr Ego-Ich, Ihr Tom oder Ihre Tina, sich im Besitz der Wahrheit wähnen. Sie meinen zu wissen, was für Sie gut ist, und was nicht. Tom oder Tina haben es schließlich bis jetzt so erlebt, sie kennen ihren vermeintlichen Platz in diesem Leben und können sich keinesfalls vorstellen, dass es auch ein ganz anderer Platz sein könnte. Tom oder Tina repräsentieren exakt jene

Begrenzung, aus der Sie beschlossen haben auszubrechen.

Typische Blockadespielchen Ihres Ego-Ichs erkennen Sie z.B. daran, dass Sie den Zettel, auf dem Sie sich gerade Notizen gemacht hatten, verlegt haben und nicht mehr wiederfinden. Auch wenn Sie heute an der Richtigkeit Ihrer Notizen von gestern zweifeln und empfinden, dass Ihr Verhalten doch völlig normal und in Ordnung war, und Ihre Notizen in den Papierkorb wandern, hat Ihr Ego-Ich ganz offensichtlich seine Hand im Spiel: „Es ist doch alles in Ordnung bei uns – was soll das eigentlich?“

Eine Entkrampfung dieser unumgänglichen Konfrontation schaffen Sie nur durch liebevolle Zuwendung und Verständnis. Wenn Sie kämpfen, haben Sie den Kampf in sich – und Sie wollten doch Frieden.

Schließlich wissen Sie doch, warum Ihr Kind so ist. Es hat sich nicht selbst so gemacht, wie es nun einmal ist, und Sie haben keinen Grund, ungehalten zu sein und auch noch draufzuprügeln.

Damit Ihnen dieses Kind aber nicht allzu oft entwischt und seine Blockadestrategie durchsetzt, richten Sie es so ein, dass Sie während Ihrer Analysephase mindestens einmal pro Stunde so etwas wie einen Stop einrichten, so als würden Sie die Zeit anhalten.

Kontrollieren und beobachten Sie dabei Folgendes:

1. Was ist in der letzten Stunde abgelaufen?
2. Wie fühlt sich Ihr Tom oder Ihre Tina in diesem Moment?
3. Was haben Sie in der nächsten Stunde vor?

Aber auch dies bitte wieder nur als völlig emotionslose Buchhaltung, zu der Sie sich entsprechende Notizen machen. Sie, das unbegrenzte geistige Wesen, die Führungsmacht beobachtet – nicht mehr und nicht weniger. Noch mischen Sie sich nicht ein.

Würden Sie sich z.B. über etwas ärgern, was in der letzten Stunde abgelaufen ist, wären Sie unzufrieden, weil Sie sich doch vorgenommen hatten, ganz anders zu reagieren, würden Sie damit automatisch Ihren Beobachterstatus aufgeben und wieder voll vereinnahmt werden. Sie würden schon wieder drinstecken, statt draufzuschauen.

Dieses stündliche Draufschauen sollten Sie unbedingt durch ein Erinnerungssystem absichern.

Wenn Sie sich diese Kontrollen lediglich vornehmen, wird es Tage geben, an denen Sie feststellen müssen, dass Sie sie nicht ein einziges Mal durchgeführt haben. Der Tag ist abgelaufen, ohne dass Sie jemals daran gedacht haben. Auch dies gehört zur Blockadestrategie Ihres Ego-Ichs.

Schaffen Sie sich deshalb etwas, was Sie in einem ungefähr stündlichen Abstand an Ihre geplanten Stopps erinnert, z.B. ein roter Zettel auf der Klobrille, an der Türklinke, am Telefon, in der Schublade usw. Nach einiger Zeit sollten Sie diese Erinnerungshilfen gegen etwas anderes austauschen. Sie haben sich sonst daran gewöhnt und übersehen die Zettel.

Dies mag kompliziert klingen – ist es aber nicht. Ich will schließlich Ihren Erfolg, und den werden Sie nur haben, wenn Sie die Sache ernsthaft und vor allem systematisch anpacken. Wenn Sie dieses Buch nur lesen, vielleicht sogar zustimmend mit dem Kopf nicken und es dann ins Regal stellen, wird sich nichts ändern. Es ist wie bei einer Medizin: Nicht ihr Besitz, allein die Einnahme der Medizin kann zur Besserung führen.

Trotz aller anfänglichen Schwierigkeiten können Sie diese Auseinandersetzung nicht verlieren, denn Geist steht über Materie.

Sie, die unbegrenzte geistige Ebene, hat die Kraft, Ihre begrenzte materielle Ebene zu beherrschen. Dies ist eine Gesetzmäßigkeit der Schöpfung. Geist steht über Materie. Es gibt keinen Menschen, in dem diese Kraft nicht vorhanden wäre. Wir haben sie nur nicht trainiert oder glauben nicht einmal daran.

Sollte Ihr Tom oder Ihre Tina trotzdem einen Grund finden, warum diese Fähigkeit ausgerechnet bei Ihnen nicht vorhanden sein sollte, lachen Sie einfach darüber. Und machen Sie sich wieder an die Arbeit.

Das Ergebnis Ihrer Selbstanalyse

Das, was ich bis jetzt beschrieben habe, sollten Sie ca. zwei Wochen lang durchführen. Dies müsste genügen, um ein einigermaßen klares Bild zu bekommen.

Sie fangen ja nicht bei null an. So ganz unbekannt ist Ihnen Ihr Tom oder Ihre Tina ja nicht. Trotzdem werden Sie überrascht sein, was Ihnen bei dieser systematischen Arbeit noch alles zusätzlich klar wird. Sie werden dabei z.B. auch Mechanismen erkennen, die etwas Bestimmtes auslösen, was dann in einer exakt vorhersehbaren Weise abläuft. Ein Stichwort oder ein Thema z.B., das bei Tom oder Tina Traurigkeit, Wut, Angst oder Selbstzweifel auslöst.

Welcher kritische Punkt wurde dabei berührt? Welche Bedeutung hat dieser Punkt in der Struktur Ihres Ego-Ichs? Wo liegt der mögliche Ursprung dieser Verletzlichkeit usw.?

Wenn Sie z.B. bei Ihrer stündlichen Kontrolle um 10 Uhr noch feststellen konnten, dass alles in Ordnung ist, und Sie dann bei Ihrer 11-Uhr-Kontrolle entdecken, dass nun Traurigkeit und Pessimismus die Szene beherrschen, dann kann dies nicht zufällig geschehen sein.

Es muss einen Auslöser gegeben haben, einen Gedanken, ein Wort, eine Melodie. Vielleicht haben Sie auch etwas gesehen oder gelesen.

Solche Zusammenhänge zu erkennen ist die Voraussetzung dafür, diese unerwünschten emotionalen Schwankungen beim nächsten Mal rechtzeitig zu umgehen. Sie kennen dann diesen Mechanismus, und bestimmte Berührungspunkte lassen bei Ihnen sofort die entsprechenden Warnlampen aufblinken.

Mit der Technik des Draufschauens und des liebevollen Annehmens können Sie dann Ihren Tom oder Ihre Tina behutsam aus dieser Situation herausführen, was ich Ihnen später noch genauer erklären werde.

Wenn Sie Ihre Beobachtungszeit von ca. zwei Wochen beendet haben, beginnen Sie damit, Ihre Aufzeichnungen zu sortieren.

Sicher haben Sie einiges doppelt notiert oder verschiedene Notizen ergeben den gleichen Sinn, berühren womöglich denselben Schwachpunkt. Bereinigen Sie in diesem Sinne Ihre Aufzeichnungen.

Erstellen Sie eine Liste, in der Sie – zunächst ohne jeden Zusammenhang – alle Eigenschaften oder Stichworte, die Ihnen bei Tom oder Tina aufgefallen sind, oder die Sie auch schon vorher erkannt hatten, aufschreiben.

Etwa so:

ängstlich	ungehorsam	aufgesetzt
hilfsbereit	kämpferisch	arrogant
ordentlich	unsicher	ausgeglichen
umsichtig	provozierend	boshafte Zunge
besserwissend	pedantisch	witzig/charmant
extrovertiert	pessimistisch	freiheitsliebend
bemutternd	beschützend	optimistisch
launisch	rechthaberisch	distanziert
feige	streng/ernst	sparsam
nachgiebig	verantwortungs-bewusst	gerecht
selbstbewusst	pflichtbewusst	gewandt/Clown
verständnisvoll	kompromisslos	souverän
umsichtig	sparsam	
liebenswürdig	ruhig	

In dieser Auflistung sollten Sie wirklich alles unterbringen, was Ihnen aufgefallen ist. Es ist völlig normal, wenn Sie dabei auf weitaus mehr Begriffe und Eigenschaften kommen, als ich hier beispielhaft aufgeführt habe. Sie können dabei auf bis zu zwei Seiten DIN A 4 kommen. Nachher werden Sie dann sicher wieder einiges wegstreichen können.

Scheinbare Widersprüche wie „optimistisch" und „pessimistisch" sind dabei zunächst ohne jede Bedeutung. Es ist durchaus möglich, in einer bestimmten Situation so, und in einer anderen Situation genau gegenteilig zu reagieren.

Wenn Sie Ihre Liste erstellt haben, wenden Sie bitte folgende Technik an, um Ordnung in das scheinbare Chaos zu bringen: Suchen Sie die Begriffe heraus, die auf den ersten Blick zusammenpassen, und markieren Sie diese mit einem jeweils besonderen Zeichen oder einer Farbe, sodass Sie die sich dabei bildenden Gruppen klar erkennen können. Etwa so:

ängstlich	ungehorsam	aufgesetzt ×
hilfsbereit Ø	kämpferisch	arrogant
ordentlich	unsicher	ausgeglichen ✔
umsichtig	provozierend	boshafte Zunge
besserwissend	pedantisch	witzig/ charmant ×
extrovertiert ×	pessimistisch	freiheitsliebend
bemutternd Ø	beschützend Ø	optimistisch ×
launisch ×	rechthaberisch	distanziert ✔
feige	streng/ernst	sparsam
nachgiebig	verantwortungs-bewusst Ø	gerecht
selbstbewusst ✔	pflichtbewusst	gewandt/ Clown ×
verständnisvoll Ø	kompromisslos	souverän ✔
umsichtig Ø ✔	sparsam	
liebenswürdig Ø	ruhig ✔	

Arbeiten Sie die gesamte Liste durch, bis Sie alle Merkmale in einzelne Gruppen geordnet haben. Dabei kann es durchaus sein, dass ein Begriff in mehrere Gruppen passt. Ihr Tom oder Ihre Tina besitzen immer Anteile aus mehreren Richtungen. Die jeweilige Situation bestimmt dann, welche Anteile überwiegen. So kann z.B. in Liebesangelegenheiten die draufgängerische und in finanziellen Dingen die eher ängstliche Richtung dominieren, oder Sie können auch zwischen beiden Tendenzen hin- und herschwanken. Dann würde sich daraus eine neue Typisierung ergeben, die man in der Richtung unsicher, schwankend, entscheidungsschwach usw. ansiedeln müsste.

Fest steht jedenfalls, dass Ihr Tom oder Ihre Tina nicht ausschließlich das eine oder nur das andere ist. Sie können sehr konträre Programme haben, was es nicht unbedingt leichter macht, sie zu durchschauen und später zielbewusst zu führen.

Nehmen Sie nun die Gruppierungen Ihrer Liste und geben Sie jeder dieser Gruppen einen typischen Namen für das, was sie repräsentieren. Diese Namen können durchaus witziger oder auch ironischer Natur sein. So habe ich in meinem Beispiel den mutterhaften Trieb der Dame, deren Selbstanalyse ich hier als authentisches Beispiel ausgewählt habe, als „Mutter Theresa die Jüngere“ bezeichnet.

Zeichnen Sie für jede der Gruppen ein Feld in einen Kreis. Diese Felder können und sollten von unterschiedlicher Größe sein, so wie es dem Gewicht einer Gruppe in Ihrer Persönlichkeitsstruktur entspricht.

Wenn Sie auf mehr als sechs bis sieben Gruppen kommen, haben Sie einen Fehler gemacht und müssen die Gruppen weiter reduzieren. Es widerspricht jeder Erfahrung, dass ein Mensch mehr als sechs bis sieben Aspekte einer Persönlichkeitsstruktur aufweist. Versuchen Sie in diesem Falle so lange zuzuordnen, bis Sie auf maximal sieben Gruppen gekommen sind.

Sie wissen, auch Mehrfachzuordnungen sind möglich, und manchmal gehört scheinbar nicht Zusammenhängendes letztlich doch zusammen. Der Teilaspekt Hochstapler kann z.B durchaus einen gehörigen Anteil Unsicherheit in sich tragen.

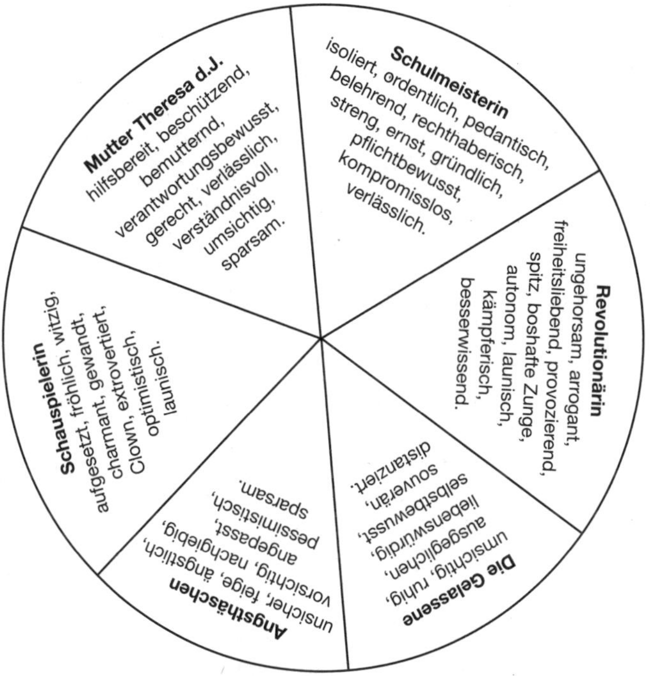

Wenn Sie diese Aufgabe erledigt haben, haben Sie ein erstes Bild davon, was Ihren Tom oder Ihre Tina bewegt, was in ihnen vorgeht, wie sie konstruiert sind.

Jeder dieser Teilaspekte zieht sich durch Ihre gesamte Persönlichkeitsstruktur, wobei – abhängig von der jeweiligen Situation – mal dieser, mal jener Aspekt dominiert.

Diese Vielschichtigkeit ist das, was uns hin und her wirft, was uns mal so und mal so sein, fühlen und denken lässt. Was uns sicher oder unsicher, mal pessimistisch oder optimistisch, mal fröhlich oder traurig, mal draufgängerisch oder zurückhaltend erscheinen lässt.

Es fällt ein Stichwort, Sie lesen etwas, Sie sehen etwas, jemand macht eine Bemerkung, und schon reagiert der sich angesprochen fühlende Aspekt Ihres Tom oder Ihrer Tina mit Angriff, Rechtfertigung, Rückzug, Traurigkeit, Selbstzweifel, Angst usw.

Sie werden verstehen, dass Sie wenig Aussicht haben, ein erfolgreiches Leben zu führen, wenn es z.B. der Angsthase schafft, Sie immer wieder zu vereinnahmen. Auch die Position „Schulmeister“ aus unserem Beispiel könnte dabei sehr hinderlich sein.

Sie sehen z.B., wie ein Kind eine Ohrfeige bekommt. Wie reagieren Sie? Was geht in Ihnen vor? Die Art Ihrer Reaktion entspricht dabei exakt den individuellen Aufzeichnungen Ihres Ego-Ichs. Ihr Ego-Ich reagiert reflexartig mit seiner vermeintlichen Wahrheit. An der Art der Reaktion ist Ihre eigene Programmierung erkennbar. Genau diese Reaktionen sollen Sie auf allen Ebenen beobachten, um später sofort ein Abgleiten in eine unerwünschte Richtung verhindern zu können.

Hier setzt die hohe Kunst des Draufschauens ein, die ich Ihnen mit nachfolgender Abbildung verdeutlichen möchte. Diese Technik ist in ihrem Grundkonzept an ein Denkmodell angelehnt, das ursprünglich von den beiden italienischen Psychologen Assagioli und Ferrucci unter dem Begriff der Psychosynthese verbreitet wurde, aber leider kaum Eingang in die tägliche Praxis fand.

Das Bild auf Seite 71 ist das Bild eines Menschen, der sich seiner beiden Ebenen aus begrenzter Materie und unbegrenztem geistigem Sein nicht bewusst ist. Die Aspekte seines Ego-Ichs durchziehen seine gesamte Persönlichkeit. Er hat keine Chance des Abstandnehmens und Draufschauens.

Das Bild auf Seite 74 hingegen zeigt die vollzogene Differenzierung der beiden Ebenen. Der Kern, die Mitte unseres Wesens, ist die unbegrenzte geistige Ebene. Von hier aus beobachten wir die uns umkreisenden Figuren, denen wir einen Namen gegeben haben und zu denen wir durch die neutrale Zone einen gewissen Abstand geschaffen haben.

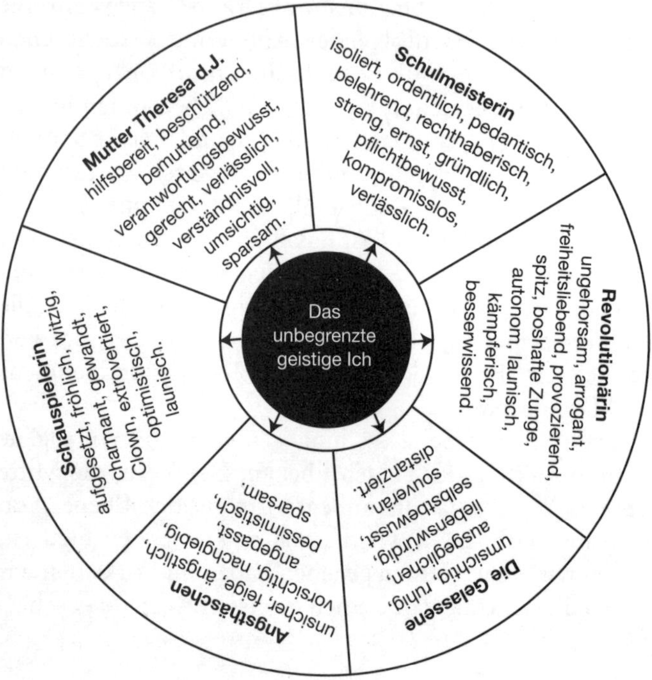

Wir schauen mit Abstand dem Treiben dieser Figuren, die lediglich Teilaspekte unseres Tom oder unserer Tina sind, liebevoll, ja sogar belustigt zu und korrigieren Tom oder Tina, wenn sie uns wieder einmal vereinnahmen wollen. Wir bleiben in unserer Mitte und gehen nicht auf deren Angebote ein. Unsere Herrschaft hat begonnen.

Es tut mir leid, dass ich Ihnen diese Arbeit machen musste, aber mit einer Art Trivialpsychologie, die lediglich allgemeine Tipps zu Glück und Wohlstand verbreitet und Beispiele aufzählt, wie andere es gemacht haben, würden Sie nicht weiterkommen.

Die Erreichung des Ziels bedarf konsequenter Arbeit und auch etwas Geduld. Dies ist eine Investition, es ist die Investition in Ihr Leben und Investitionen benötigen nun mal ein wenig Zeit, bevor sie sich auszahlen.

PIP
Your Personal Important Points

Ich bin ein Wesen auf zwei verschiedenen Ebenen: der begrenzten körperlichen Ebene und der unbegrenzten geistigen Ebene.

*

Mein Geist steht über der Materie meines Körpers.

*

Mein Verstand, meine Gedanken und meine Gefühle sind Teil meiner begrenzten körperlichen Ebene.

*

Meine neue Ich-Identifikation: „Ich bin der unbegrenzte Geist in diesem Körper". Ich bin das, was meinen Körper, meine Gedanken und meine Gefühle wahrnimmt.

*

Ich analysiere und führe meine begrenzte Ebene. Ich bin die Führungsmacht.

*

Ich nehme Abstand und werde Zuschauer meiner eigenen Komödie.

*

____

____

*

____

____

____

Der rote Faden

Aus dem Material, das Sie bisher erarbeitet haben, können Sie die wesentlichen Strukturen Ihrer begrenzten Ego-Persönlichkeit klar erkennen. Aber ich möchte Sie noch ein kleines Stück weiter führen, bevor wir uns dann an eine konkrete Zielsetzung wagen.

In meiner täglichen Praxis mache ich immer wieder die Erfahrung, dass in jedem menschlichen Leben so etwas wie ein *Generalthema* – oder nennen wir es eine zentrale Lebenslernaufgabe – erkennbar ist. Dieses zentrale Thema kann ein Leben lang gleich bleiben oder auch in bestimmten Lebensabschnitten wechseln.

Ich erlebe Menschen, die immer wieder in den gleichen Problemen stecken, die immer wieder die gleichen Erfahrungen machen, um dann ohne große Umwege sofort wieder in den gleichen Schwierigkeiten zu stecken. So als gäbe es so etwas wie eine innerliche Weigerung, bestimmte Dinge anzunehmen, bestimmte Lernerfahrungen zu verarbeiten und deren Ergebnisse zu akzeptieren.

Solche Gereralthemen ziehen sich dann wie ein roter Faden durch alle Lebensbereiche und sind im Größten wie im Kleinsten erkennbar. Nehmen wir dazu ein recht einfaches Beispiel: Es gibt Menschen, die unentwegt etwas verlieren. Sie werden weitaus häufiger als andere mit Verlustsituationen auf allen Ebenen konfrontiert. Nicht nur der Schlüsselbund oder die Geldbörse, die verloren gingen, nein, auch der Arbeitsplatz, der Partner, die Wohnung, das Auto, das gestohlen oder zu Schrott gefahren wurde, zählen zu solchen Verlustsituationen.

Andere wiederum machen immer wieder die gleichen Erfahrungen im zwischenmenschlichen Bereich. Sie werden geschieden, heiraten wieder einen Partner gleichen Typs, scheitern auch dabei wieder an den gleichen Problemen und landen wieder bei einem Partner, mit dem der gleiche Kreisverkehr beginnt. Ein Extrem, mögen Sie sagen. Aber glauben Sie mir, es geschieht weitaus häufiger, als Sie es für möglich halten.

Man kann solche Beispiele beliebig fortsetzen. Die entscheidende Frage bei solchen Beobachtungen ist: Wie ist so etwas möglich? Welchen Sinn kann so etwas machen? Und wie kann man einen solchen Kreisverkehr unterbrechen?

Lassen Sie mich dies in der Reihenfolge der Fragestellung beantworten und nehmen wir dazu das Beispiel der häufigen Verlustsituationen. Also, wie ist so etwas möglich? Die Lösung wird sicher überraschend für Sie sein.

Natürlich wird jemand, der häufig mit Verlustsituationen konfrontiert wird, sich normalerweise weitaus mehr als andere darum bemühen, diese Serie zu beenden, nun endlich nichts mehr zu verlieren. Es sei denn, es handelt sich um einen völlig gleichgültigen Menschen, wobei solche Menschen seltsamerweise kaum mit Verlustsituationen konfrontiert werden – oder ist das etwa gar nicht so seltsam?

Normalerweise wird doch derjenige, der Verluste vermeiden will, ganz besonders aufpassen. Er vergewissert sich dreimal, dass das Auto oder die Wohnung abgeschlossen sind, und tut darüber hinaus auch alles, um seinen Partner, seinen Arbeitsplatz usw. nicht zu verlieren.

Seine Gedanken kreisen um Absichern und Nichtverlieren. Die Angst vor weiteren oder erneuten Verlusten bestimmt sein Handeln, und genau darin liegt die Ursache für seine nächsten Verluste.

Das, worauf wir unsere geistige Energie richten (Gedanken, Vorstellungen, Erwartungen usw.), das ziehen wir an.

Unlogisch, werden Sie vielleicht sofort einwenden, denn wenn ich meine Energie auf „Nicht“Verlieren richte und es richtig ist, dass ich das anziehe, worauf ich meine geistige Energie richte, dann müsste doch gerade die Ausrichtung auf Nichtverlieren den Verlust verhindern. Ihrer bestechenden Logik steht ein ganz entscheidendes Schöpfungsprinzip entgegen:

In der Schöpfung gibt es keine Verneinung. Schöpfung ist *er*schaffen – nicht „ab“schaffen.

Die Ausrichtung unserer Gedanken und Vorstellungen, also unserer geistigen Schöpferkraft, auf Verhindern, bewirkt das genaue Gegenteil dessen, was wir verhindern wollen. Es ist, wie wenn Sie in den Wald gehen und dauernd vor sich hersagen, dass Sie keine Angst haben. Sie ziehen die Angst damit magisch an. Ihr Unterbewusstsein, das keine Verneinung kennt, reagiert nur auf das Wort „Angst“.

„Keine“ hat im wahrsten Sinne des Wortes keine Bedeutung. Warum gebrauchen Sie einen Ausdruck, dessen Inhalt Sie doch gerade vermeiden wollen? Richten Sie Ihre Energie doch auf das, was Sie wollen und nicht auf das, was Sie nicht wollen.

Sie werden doch auch keinem Kellner zurufen „Herr Ober, zwei Bier bitte nicht“. Er wird Ihnen mit Sicherheit zwei Bier bringen. Das ist das, was er gehört hat, denn warum sollten Sie das Wort Bier benutzen, wenn Sie keines wollen? Die Schöpfungsgeschichte sagt: „Es werde Licht“ und nicht etwa „Die Dunkelheit soll aufhören.“ Ein feiner, aber alles entscheidender Unterschied.

Allein wenn Ihnen dieser Mechanismus klar wird, können Sie eine Menge unerwünschter Ereignisse aus Ihrem Leben ausklammern.

Damit wäre die rein technische Frage, wie immer wiederkehrende Problemsituationen, wie unser Beispiel vom Verlust, überhaupt möglich sind, zunächst einmal beantwortet. Es ist das dauernde Verursachen des gleichen Problems durch eine falsche Ausrichtung der geistigen Schöpferkraft.

Aber beantworten wir nun die Frage, warum es in jedem Leben bzw. in bestimmten Lebensabschnitten so etwas wie ein Generalthema gibt. Auch in dieser Antwort liegt noch ein Stück möglicher Erklärung für die vorhergehende Fragestellung und dies hat etwas mit der Frage nach dem Sinn unseres Lebens zu tun.

Ich denke, dass der Sinn eines jeden menschlichen Lebens darin besteht, ein Stück weiterzukommen, ein wenig weiser zu werden, die Schöpfung und ihre Gesetzmäßigkeiten immer mehr zu durchschauen und zum bewussten Schöpfer seines eigenen Schicksals zu werden.

Wenn wir dann am Ende unseres Lebens sagen können: Danke, es war ein schönes und interessantes Spiel, ich hatte viel Freude daran und habe viel dabei gelernt – dann können wir mit dem Ergebnis ganz zufrieden sein.

Auf diesem Weg steht jeder Mensch an einer anderen Stelle und damit stehen für jeden Menschen auch andere Lernschritte an. Wir können dies mit einem Schulsystem vergleichen, in dem wir Klasse für Klasse zu durchlaufen haben. Solange wir den z.Zt. anstehenden Lernstoff nicht beherrschen, solange wird er uns immer wieder serviert. Wir werden so lange und in allen Variationen mit dem Stoff konfrontiert, bis wir endlich begriffen haben – bis wir das Klassenziel erreicht haben. Haben wir dann endlich verstanden, ist das Thema für uns erledigt. Die dauernde Konfrontation damit wird überflüssig.

Bleiben wir auch hier beim Beispiel unserer Verlustsituationen. Was könnte der dahinter stehende Lerninhalt sein? Was sollen wir dabei erkennen? Was soll uns dabei weiterbringen? Versuchen Sie zunächst selbst eine Antwort zu finden.

Die Lösung ist recht einfach: Wir werden so lange mit Verlustsituationen konfrontiert, bis wir bereit sind loszulassen, bis wir nicht mehr anhaften. Die zu bewältigende Lernaufgabe heißt in diesem Fall: *Loslassen.*

Alles, was wir bereit sind loszulassen, werden wir wahrscheinlich behalten können. Alles, was wir behalten wollen, werden wir wahrscheinlich loslassen müssen. Ein unumgänglicher Lernprozess.

Nun waren die Beispiele des Loslassens, die ich bisher genannt habe, ausschließlich auf der materiellen Ebene angesiedelt. Ein solch generelles Lernthema berührt aber ebenso die geistige Ebene.

Auch das Anhaften an unseren Ideen und unseren Vorstellungen, auch das Anhaften an dem Bild, das wir von uns selbst und der Welt haben, wird mit Sicherheit in die Loslassübungen mit einbezogen.

Auch hier werden wir so lange schmerzhafte Erfahrungen machen müssen, bis wir endlich begriffen haben. Sind wir dann bereit loszulassen, haften wir nicht mehr an, macht die Übung des Loslassens für uns keinen Sinn mehr – wir können endlich behalten. Damit habe ich auch gleichzeitig die dritte Frage, wie wir den Kreisverkehr beenden können, beantwortet.

Nun bitte ich Sie, einmal sorgfältig zu prüfen, ob in Ihrer jetzigen Lebensphase so etwas wie ein Generalthema erkennbar ist. Sie können dazu die Unterlagen mit zu Rate ziehen, die Sie bereits erstellt haben. In diesen Aufzeichnungen könnte ein solches Thema erkennbar sein, muss es aber nicht unbedingt.

Damit Ihnen die Spurensuche ein wenig leichter fällt, nenne ich Ihnen noch einige typische Generalthemen, auf die ich immer wieder in meiner Praxis stoße. Neben dem Loslassen ist das *Annehmen* ein verwandtes und nicht minder häufig anzutreffendes Thema, zu dem auch die Selbstannahme gehört. Vertrauen, Demut, Sichöffnen, Dienen, Wahrhaftigkeit usw. sind ebenfalls recht häufig anzutreffende Lernthemen.

Warum mute ich Ihnen nun auch noch diese Arbeit zu?

Nun, wenn im Moment ein unerledigtes Generalthema bei Ihnen ansteht, macht es wenig Sinn, eine Zielsetzung vorzunehmen, die dieses Thema nicht berücksichtigt. Es wird Ihnen sonst immer und überall im Wege stehen. Egal, was Sie machen. Ein unerledigtes Generalthema hat immer Vorfahrt. Sie kommen keinen entscheidenden Schritt weiter.

Nicht selten aber lässt sich ein erkanntes und noch unerledigtes Generalthema problemlos in eine neue Zielsetzung integrieren. Dies wäre dann nicht nur die eleganteste Lösung, sie ergäbe sogar noch eine besondere Schubkraft, da Sie Ihre Energie jetzt bündeln und nicht auf zwei Fronten verteilen müssen.

Also, auch diese Nachforschungen lohnen sich. An dieser Stelle, an der wir nun unsere Selbstanalyse beenden können, möchte ich noch eines klarstellen:
Wenn ich aufgezeigt habe, wie unsere Persönlichkeitsstruktur entstanden ist, dann diente dies keineswegs dazu, ein bequemes Alibi für unsere Probleme zu schaffen.

Unsere frühen Lebensumstände, unsere Eltern und alle, die zu unserer Prägung beigetragen haben, sind nicht schuld an unseren Problemen. Sie haben uns lediglich eine Aufgabenstellung serviert, die wir zu lösen haben. Schuld sind nur wir, wenn wir die Lösung nicht anpacken.

PIP
Your Personal Important Points

Der rote Faden, der sich durch mein Leben zieht, ist eine zentrale Lernaufgabe, die ich zu bewältigen habe.

*

Ich werde so lange mit dem Lernstoff konfrontiert, bis ich die Aufgabe erkannt und gelöst habe.

*

Das, worauf ich meine geistige Energie richte (mit meinen Gedanken, Vorstellungen, Erwartungen), das ziehe ich an.

*

Schöpfung ist *er*-schaffen,
nicht *ab*-schaffen.
Was ich verhindern will, ziehe ich an.

*

____
____
____

*

____
____
____

Die Zielsetzung

Vermutlich halten Sie die Zielsetzung für das Einfachste. Schließlich wissen Sie ja, was Ihnen fehlt und was Sie somit dringend ändern wollen. Sie wissen – oder glauben zu wissen –, wann es Ihnen so richtig gut gehen würde. Und trotzdem werden Sie im Laufe dieses Kapitels feststellen, dass eine verbindliche Zielsetzung gar nicht so einfach ist.

Machen Sie selbst ein Experiment: Fragen Sie einen Menschen, den Sie gut kennen, einmal danach, was er denn nun *genau* will. Sie werden dabei eine verblüffende Feststellung machen. Auf Ihre doch so klare Frage, *was er will*, wird er Ihnen vermutlich zunächst einmal erklären, was er *nicht* will. Ein Phänomen, das ich immer wieder beobachten kann:

„Also so einen Partner wie den vorherigen auf gar keinen Fall mehr, und noch mal eine Wohnung mit so viel Lärm, nein danke. Und die Firma reicht mir nun wirklich, das tue ich mir nicht noch einmal an, und meine Freizeit lasse ich mir auch nicht mehr stehlen".

Es ist ein erstaunlich, dass die meisten Menschen zwar genau formulieren können, was sie *nicht* wollen, aber große Schwierigkeiten damit haben, exakt auszudrücken, was sie denn nun wirklich erreichen wollen. Ist es nun nur die Unsicherheit, sich festlegen zu müssen, oder haben sie wirklich keine klaren Vorstellungen?

Ich denke, es hat etwas mit den Aufzeichnungen unseres Unterbewusstseins zu tun. Die unbefriedigende Situation der Vergangenheit ist natürlich vielfältig aufgezeichnet und hat damit Kraft und Realität. Über das, was sich in der Zukunft ändern soll, gibt es, mit Ausnahme der Negativ-Variante, dass ich es ja bisher nicht erreichen konnte, noch keine Aufzeichnungen.

Die Zukunft ist also noch ein sehr zartes Pflänzchen, zu dem die entsprechenden Erfahrungen erst noch hinzuaddiert werden müssen. So bedient sich unser Verstand beim Nachdenken über die Frage, was wir nun wirklich wollen, zunächst einmal der vorhandenen Aufzeichnungen, um daraus zu erklären, was wir nicht wollen.

Sie wissen inzwischen um die Gefährlichkeit einer solchen Ausrichtung – Herr Ober, zwei Bier, bitte nicht –, deshalb brauchen wir auf diesen Fallstrick hier nicht mehr näher einzugehen.

Nun möchte ich das Phänomen der meist unpräzisen Zielvorstellung trotzdem zunächst einmal völlig wertfrei lassen. Man kann durchaus geteilter Meinung darüber sein, ob eine exakte Zielvorstellung nun eher förderlich oder eher hinderlich ist.

Andere Autoren, die ich schon beispielhaft zitiert habe, schwören darauf, dass es wichtig sei, eine Zielvorstellung möglichst genau vor Augen zu haben, ja schon im so genannten Endergebnis zu leben. Das heißt, das Ziel, das ich erreichen will, muss für mich schon zur Wahrheit geworden sein. Erst dann – so die Meinung der Verkünder dieser Heilslehre – entwickelt es auch jene Kraft, die mich dort hinführt.

Alles ist möglich – alles ist erreichbar – ich kann – ich will – ich werde. Dies muss meine unumstößliche Wahrheit sein und dann bringt sie mich – zumindest nach Aussage dieser Verkünder – zum gewünschten Ziel.

Natürlich entwickeln solche Vorstellungen eine gewisse Kraft. Sie bedeuten Aufbruch, sie geben Mut, sie schieben ein Stück in die gewünschte Richtung. Aber sie sind trotzdem nichts anderes als Filmkulissen, die beim ersten Sturm umfallen. Nichts anderes als das Angstkläffen eines Hundes. Wenn Sie auf ihn zugehen und ihn scharf anschauen, kneift er den Schwanz ein und verschwindet.

Solange die Basis nicht stimmt, solange unser Unterbewusstsein der Zielsetzung entgegensteht, solange unsere Persönlichkeitsstruktur das nicht hergibt, was wir vorhaben, bleibt es beim zwar sehr beeindruckenden, aber leider effektlosen Angstkläffen.

Ich bezeichne diese Technik als die uneleganteste Ochsentour, auf die ein Mensch sich einlassen kann. Durch die totale Fixierung auf eine Zielvorstellung, die dann – aus vorgenannten Gründen – meist doch nicht erreicht werden kann, entsteht jene geistige Enge, die zwangsläufig an der Fülle der Schöpfung vorbeiführt.

Diese Technik macht blind und stumpf – aber auch blinde Hühner finden bekanntlich ein Korn, wenn sie nur lange genug danach picken – und so lautet dann auch die dazugehörende Empfehlung: nur nicht aufgeben, immer weiter fest daran glauben.

Wie kann ich Ihnen diese verhängnisvolle Enge noch deutlicher machen? Stellen Sie sich vor, dass Sie zum Bahnhof einer Großstadt fahren, um dort einen Menschen abzuholen, der um 16.30 Uhr mit dem Zug ankommen soll.

Sie stehen auf dem richtigen Bahnsteig, der Zug läuft mit zehn Minuten Verspätung ein, die Türen öffnen sich, einige hundert Menschen verlassen den Zug und streben – meist eilig – in Richtung Ausgang. Sie starren in diese Menschenmenge und sind ausschließlich darauf fixiert, das Gesicht des Menschen zu entdecken, den Sie abholen wollen.

Den alten Schulfreund, der vorübereilt und von dem Sie wissen, dass er bei einer Bank beschäftigt ist, und der Ihnen bei einer anstehenden Finanzierung sicher helfen könnte, sehen Sie nicht. Obwohl Sie sich vorgenommen hatten, ihn wegen der Finanzierung einmal anzurufen. Ein paar brauchbare Tipps wären sicher auch auf die Schnelle abgefallen.

Er sieht Sie auch nicht, denn er fixiert die Bahnhofsuhr und rechnet sich in Gedanken aus, dass er wegen der Zugverspätung nun seinerseits zu spät kommt. Auch andere Menschen, die an Ihnen vorübergehen, nehmen Sie nicht war – den bekannten Schauspieler z.B.. Auch die witzigen Versuche einer Dame, zwei Koffer und drei Taschen mit zwei Armen tragen zu wollen, nehmen Sie nicht wahr, obwohl Sie dabei vielleicht eine interessante Bekanntschaft hätten machen können.

Keine Sorge, Ihre Zielperson hätten Sie deswegen nicht verpasst, denn die hätte genauso Ausschau nach Ihnen gehalten und wäre unter den wenigen Menschen, die nach einer Weile auf dem Bahnsteig übrig geblieben wären, nicht zu verfehlen gewesen.

Ich weiß, alle Beispiele hinken, aber ich denke, Sie verstehen, was ich meine. Jede starre Fixierung auf ein Ziel macht für alles andere blind. Ich bezeichne diese Blindheit als das *Bahnsteigsyndrom*. Deshalb diese kleine Story.

Nehmen wir noch ein weiteres recht einfaches Beispiel von Blindheit und Enge: Ein etwa 36-jähriger Mann will – wie er es selber ausdrückt – endlich den Durchbruch schaffen. Wenn er älter wird, meint er, könnte es leicht zu spät sein. Er hat es satt, wie bisher Fernsehgeräte, Videorecorder, Kameras, Audioanlagen und dergleichen in einem Kaufhaus zu verkaufen und sich dabei noch die Unverschämtheiten seines ehrgeizigen Chefs gefallen zu lassen.

Er will sein eigenes Geschäft. Basta. Er weiß auch schon genau wo. Zwar ist in dieser Straße im Moment noch kein Laden frei – er muss halt etwas warten –, aber dort wäre der optimale Standort, dort müsste es klappen. Er hat diesen Standort sehr sorgfältig untersucht, so, wie er es in einem Buch über Existenzgründungen gelesen hat, die vorbeigehenden Fußgänger pro Stunde gezählt, und ein ähnlicher Mitbewerber wäre – außer dem Kaufhaus – weit und breit nicht vorhanden.

Auch finanziell wäre sein Plan realisierbar. Er hat für sein Ziel gespart, sich lange Zeit wenig gegönnt, und mit dem, was ihm seine Eltern hinterlassen haben und den zur Zeit angebotenen staatlichen Förderungen für Existenzgründer müsste die Anlaufphase, von der man ja weiß, dass sie die schwierigste Zeit ist, problemlos zu überstehen sein.

Er sieht sich schon jeden Morgen die Ladentüre öffnen, und vor allem sieht er seinen jetzigen Chef neidisch vorübergehen, denn dessen täglicher Weg zum Kaufhaus würde dann direkt an seinem Geschäft vorbeiführen.

Es ist wirklich „sein“ Geschäft. Er sieht dieses Bild ganz deutlich vor sich. Sein Name steht groß über den Schaufenstern, und ein ähnlich beschrifteter Liefer- und Servicewagen, zu dem er sich schon alle Informationen beim zuständigen Händler eingeholt hat, steht vor der Tür. Die fertigen Entwürfe für den Namenszug und die Lieferwagenbeschriftung liegen bereits in der Schublade und können sofort ausgeführt werden.

Er hat vorgesorgt. Natürlich wird er diesen Wagen leasen, um sein Kapital nicht zu beanspruchen, und

Leasingkosten werden ja ohnehin steuerlich günstiger behandelt.

Ja, der Service wird es sein, den er groß herausstellen will, denn die Verkaufspreise des Kaufhauses wird er wohl nicht unterbieten können. Er wird sich auch nicht zu schade sein, abends und an Wochenenden zu reparieren, wenn bei seinen Kunden ein technisches Problem auftauchen sollte, und viele der Kunden, die er bis jetzt im Kaufhaus gut – wenn auch nicht immer im Sinne seines Chefs – beraten hat, werden dann sicher zu ihm wechseln. Er wusste schon immer warum.

Seine Frau wird sich um Buchhaltung, Dekoration und dergleichen kümmern, denn schließlich ist er dann der Unternehmer und muss seinen Kopf freihalten. Mit Angestellten wird er zunächst vorsichtig sein, denn man weiß ja, dass einen diese nur ausplündern wollen, und wenn sie sich bei den Kunden eingeschmeichelt haben, gehen auch sie dann womöglich ihre eigenen Wege. Aber er wird wachsam sein, nichts kann ihn aufhalten. Er weiß, es wird und kann nur so sein, und dies gibt ihm die Kraft, seine restlichen Tage im ungeliebten Kaufhaus durchzustehen.

Lächeln Sie nicht, wenn Ihnen diese Geschichte zu einfach ist oder sich das, was Sie vorhaben, nach Ihrer Meinung auf einem ganz anderen Niveau, in einer ganz anderen Größenordnung abspielen wird. Die in solchen Beispielen erkennbaren Fehler und die dahinter stehenden Gesetzmäßigkeiten sind immer gleich. Sie gelten für eine Würstchenbude ebenso wie für ein Toprestaurant oder eine ganze Restaurantkette. Wie innen – so außen, wie oben – so unten, wie im Größten – so im Kleinsten. Wir werden das später noch vertiefen.

Also schauen wir uns dieses Beispiel etwas näher an. Es enthält alle empfohlenen Zutaten eines so genannten

Lebens im Endergebnis. Das Bild, das dieser Mann von seiner Zukunft hat, hat den geforderten Wahrheitscharakter. Er lebt bereits in dieser Wahrheit.

Damit müsste sein Bild jene Kraft entwickeln, die nach den Expertenaussagen zum gewünschten Erfolg führen muss. Nur Geduld muss er haben, sich nicht beirren lassen und hartnäckig sein Ziel verfolgen. Sie erinnern sich.

Nun, auch ich denke, dass der Mann früher oder später sein Ziel erreichen wird. Aber ich weiß nicht, ob er sich nicht irgendwann in seinem späteren Leben wünscht, dieses Ziel nie verfolgt zu haben.

Nun werden Sie sagen, dass ein solches Risiko natürlich immer besteht. Niemand kann in die Zukunft schauen. Das ist richtig. Aber der Held unserer Geschichte begeht einige ganz entscheidende Fehler. Er konzentriert seine Energie auf ein Ziel, das, wenn wir einmal genauer hinschauen, zunächst einmal keinesfalls ein Endergebnis, sondern bestenfalls ein Zwischenergebnis sein kann.

Ein solches Zwischenergebnis kann zu positiven wie zu negativen Endergebnissen führen, und im negativen Fall steht er wieder da, wo er vorher stand, oder steckt in noch weitaus größeren Problemen. Der vorliegende Fall ist außerdem ein Beispiel absoluter Ego-Ich Begrenzung.

Die Enge seines Denkens wird die Enge des Resultats nach sich ziehen. Für die Fülle der Schöpfung ist unser Mann nicht erreichbar. Er steckt hoffnungslos in der Blindheit des Bahnsteigs.

Vielleicht wäre in einer anderen Straße, zu einem günstigeren Zeitpunkt, vielleicht sogar unter günstigeren Konditionen ein Ladengeschäft zu mieten? Vielleicht wäre sogar eine andere Stadt wesentlich besser für sein Vorhaben? Aber er ist starr auf eine bestimmte Straße fixiert, in der er die pro Stunde vorübergehenden Leute gezählt hat.

Vielleicht gäbe es sogar in einer anderen, wesentlich erfolgversprechenderen Branche ein weitaus lukrativeres Angebot, für das seine Ersparnisse ebenfalls reichen würden. Aber ein solches Angebot wird ihn nicht erreichen können, er ist fixiert.

Vielleicht wäre eine Geschäftspartnerschaft oder die Teilnahme an einem Franchise-System wesentlich vernünftiger und risikoloser. Aber er ist fixiert, sein Name steht über der Tür, und sein ehemaliger Chef soll diesen Namen jeden Morgen lesen müssen. Dies ist absolute Enge.

Seine Frau macht die Dekoration und die Buchhaltung. Wenn seine Ehe bis jetzt noch in Ordnung war, erhält sie vielleicht dadurch den entscheidenden Knacks, denn zusammen leben und zusätzlich auch noch zusammen arbeiten kann eine Verbindung überlasten und sprengen.

Die Schöpfung ist vergleichbar mit einem unendlichen Strom, der jeden Moment alle möglichen Dinge, Angebote und Chancen auf uns zutreibt. Wir sitzen mitten in diesem Strom.
Wir brauchen nur aufmerksam hinzuschauen und aufnahmefähig zu sein. Wir müssen offen sein und die Hände frei haben. Solange aber unsere Hände etwas festhalten – Idee, Vorstellung, Materie –, können wir nichts aufnehmen.

Wenn wir ein festes Bild von dem im Kopf haben, was da auf uns zugetrieben werden soll, und nur danach Ausschau halten, sind wir für die Fülle der Schöpfung nicht erreichbar. Wir haben ja exakt bestimmt, wie unser Glück auszusehen hat.

„Lieber Gott, mach mich erfolgreich, glücklich und zufrieden, aber bitte genau so ... 1. – 2. – 3.“ Gott wird nur milde lächeln.

Der Kardinalfehler besteht auch hier wieder darin, dass sich unser wackerer Existenzgründer total mit seiner Ego-Ich-Ebene identifiziert hat. Sie werden das längst erkannt haben.

Wie wir wissen, besteht diese Ebene ausschließlich aus unseren Erfahrungen und Konditionierungen, sie repräsentiert unsere Begrenzungen, unseren Tom, unsere Tina und eine kleinkarierte Struktur, wie sie in unserem Beispiel zu beobachten ist, bringt auch nur Kleinkariertes zustande.

Aber wir können unsere Struktur ganz bewusst ändern. Dies ist der effektivste Weg und die ersten Schritte dazu haben Sie bereits gemacht.

Die Schöpfung ist ein unendliches Spiel. Wenn wir den Spielfaktor aus unserem Leben herausnehmen und in unseren Vorstellungen alles genau festlegen, nehmen wir uns selbst aus dem Spiel.

Das Spiel läuft an uns vorbei und wir haben keinen Anlass, uns darüber auch noch zu beschweren.

Wir können und sollen uns ein „globales Ziel" setzen, aber den Weg dorthin sollten wir klugerweise offen halten.

Manchmal führen Wege zu unserem Ziel, die wir uns selbst nie hätten ausdenken können. Ja, wir hätten uns mit einer exakten Vorstellung davon, wie der Weg auszusehen hat, nur selbst behindert, hätten diese oder jene unerwartete Lösung blockiert.

Ich nenne Ihnen dazu ein Beispiel aus meinem eigenen Leben: Nachdem ich im Zuge einer Scheidung von meiner Exehefrau zum Offenbarungseid gezwungen wurde, dies war vor ca. 34 Jahren, entschloss ich mich, mit meiner neuen Familie ins Ausland zu gehen und dort neu zu beginnen. Es war so ziemlich das Einzige, was mir in dieser Situation blieb.

Ein Freund von mir besaß ein Haus in der Republik Irland, das er wenig nutzte, und so bot er mir an, dort zunächst einmal einige Monate zu verbringen und dann weiter zu sehen. Irland war mir bis dahin völlig unbekannt, aber es war ein Gefühl der absoluten Sicherheit in mir, dass – egal wohin es mich treiben würde – etwas Interessantes auf mich warten würde. Ich lebte im absoluten Urvertrauen. Diese Basis war absolut echt und keine aufgesetzte Schreierei.

Ich war dabei so offen wie ein Kind, hatte keinerlei Vorstellung davon, wie ich dort meine Familie würde ernähren können, was mancher sicher spontan als unverantwortlich einstufen würde. Aber ich war offen, das

Spiel der Schöpfung konnte mich erreichen, ich war in keiner Weise blockiert.

Nun, zunächst einmal tat sich in Irland gar nichts und wir zehrten bei diesem äußerst spannenden Garnichts unsere letzten Reserven auf. Allerdings baten mich einige meiner alten Freunde und Bekannten darum, mich doch einmal umzusehen, ob es dort nicht auch ein interessantes Haus für sie gäbe.

Sie hatten gehört, dass Irland sehr schön und vor allem auch noch sehr preiswert sein sollte. Also schaute ich mich um, ich hatte ja genügend Zeit. Ich fotografierte Häuser, redete mit Auktionatoren, denn in Irland bedarf es einer Lizenz als „Auctioneer“, um Häuser und Grundstücke im freien Verkauf oder über den Weg der Auktion anbieten zu können, und verschickte diese Unterlagen an besagte Freunde ... bis ..., ja, bis mir plötzlich klar wurde, dass dies ja durchaus eine interessante Einnahmequelle für mich sein könnte.

Ich arbeitete zunächst mit einem irischen Auctioneer zusammen, der mir geeignete Objekte an die Hand gab, für die ich dann in Deutschland inserierte. Sollten wir etwas verkaufen, wollten wir uns die Provision teilen.

Ich will die Geschichte abkürzen. Ich erwarb nach einiger Zeit selbst die Auctioneerslicence, was für mich als Ausländer relativ kompliziert war, denn man braucht dazu einen untadeligen Leumund, Bürgen, relativ teure Versicherungen, bis dann in öffentlicher Gerichtsverhandlung die Vergabe einer Lizenz, über die jährlich neu entschieden wird, verhandelt wird. Aber ich schaffte es und war sicher der einzige jemals lizensierte deutsche Auctioneer in Irland.

Wenn ich heute daran denke, wie ich so manches Haus samt seinem Inhalt verauktioniert habe – jedes einzelne Möbelstück musste dabei aus dem Haus getragen und durfte nur vor der Tür angeboten werden –, dann laufen mir auch heute noch manchmal ein paar Tränchen der Erheiterung über meine Wangen. Es gab wirklich die komischsten Situationen.

„Ladies and Gentlemen, please look at this real outstanding, magnificent, beautiful Mahogany Table – you never will find this marvels Quality at any onther Auction. Take the Chance – how gives me 100 Punt – I ask 100 punt ... 110 ... 120 ..."

Nie hätte ich in Deutschland, und dazu noch bei meinem finanziellen Aus, so etwas denken oder planen können, aber ich war offen geblieben, hatte das Spiel angenommen und hatte Erfolg.

Ich erwarb mir mit der Zeit einen sehr guten Ruf, kannte mich in den entsprechenden Gesetzgebungen des Landes bestens aus und bewahrte so manchen ausländischen Käufer vor Schaden. Ich verkaufte große Objekte, Landsitze, Herrensitze, Schlösser und sogar eine 200.000 qm Insel und organisierte auch Um- und Ausbau oder Renovierung der Objekte. Dazu beschäftigte ich eine Menge einheimischer Handwerker, was wiederum zu meinem Ansehen beitrug.

Einer Industriellenfamilie aus Lichtenstein verkaufte ich – mit Hilfe ihres deutschen Geschäftsführers, dem ich schon zuvor ein Haus verkauft hatte – einen Landsitz mit einem subtropischen Waldstück an der milden Südwestküste, ohne dass sie das Objekt vorher gesehen hatten. Sie lernten ihren neuen Besitz erst nach der Renovierung kennen.

Ich erwarb natürlich auch selbst einen wunderbaren Sitz mit ca. 30.000 qm Park in einer geschützten Bucht an der Südwestküste und besaß schon sehr schnell eine hochseetaugliche 30-Tonnen-Motoryacht, bis ... ja bis dieser wunderbare Abschnitt meines Lebens dadurch beendet wurde, dass die Bank bei der Einlösung eines Schecks von mir den Kopf schüttelte. Was war passiert?

Ich hatte mich kaum um die Finanzen gekümmert, und dies meiner neuen Ehefrau überlassen, die irgendwann die Übersicht zwischen Fremd- und Eigengeldern verloren haben muss. Zudem musste ich feststellen, dass sie das Geld, das für den Lebensmittelhändler bestimmt war, im örtlichen Pub in Alkohol umsetzte, bis mir der Lebensmittelhändler unter tausend Versicherungen, wie peinlich ihm dies sei, von umgerechnet 2000,– Punt (damals 6000,– DM) Schulden bei ihm berichtete. Dies war leider nicht die einzige Entdeckung dieser Art, die ich machen musste, und Irland war damit zu Ende. Ich ging wieder zurück nach Deutschland. Wie es dort weiterging, erzähle ich Ihnen an anderer Stelle.

Vergleichen wir zunächst einmal diese Episode aus meinem Leben mit dem Beispiel unseres TV und Radiohändlers, das ich vorher aufgezeigt habe.

Hätte ich in der Enge seines Denkens gelebt, hätte ich gar nicht erst nach Irland gehen können. Wie hätte ich in einem fremdsprachigen Land mein Geld verdienen, wo vielleicht eine Anstellung bekommen sollen? Irland war zu dieser Zeit ein Auswanderungs-, aber kein Einwanderungsland.

Wie hätte ich – in der Enge des Denkens unseres TV-Händlers – ohne entsprechenden finanziellen Hintergrund, dazu aber mit einer neuen Familie, in ein fremdes Ausland gehen können? In Deutschland hätte doch zumindest das Sozialamt einspringen müssen? Dort wären wir doch abgesichert gewesen.

Ich versichere Ihnen, unser TV-Mann wäre eines solchen Verhaltens nie fähig gewesen, er wäre zum Sozialamt gegangen und hätte sich wahrscheinlich den Rest seines Lebens darüber beklagt, dass er nie mehr eine richtige Chance bekommen hat. Schließlich hat er ja Frau und Kinder – ja, wenn er alleine wäre, ja dann …

Es gibt niemanden, der keine Chance bekommt, aber es gibt Millionen Menschen mit Bahnsteigsyndrom, die ihre Chance nicht sehen, die ihre Hände nicht offen haben.

Denn schauen wir uns den Fall unseres TV-Händlers noch etwas gründlicher an. Hat unser Mann wirklich ein „End-Ergebnis" programmiert? Kann er sicher sein, dass es ihm nach Erreichen seines Zieles besser geht oder geht es ihm womöglich sogar schlechter? Zwar hat er die Vorstellung, dass es ihm dann besser geht, aber diese Vorstellung entspringt allein seinem begrenzten Ego-Ich.

Es ist nur allzu menschlich, wenn er seinem jetzigen Chef imponieren will: „Er muss an meinem Geschäft vorübergehen, er, der weiterhin Angestellte, und ich, der Unternehmer, dessen Name ihn dann jeden Morgen und Abend anschaut".

Das ist ein Gedanke, der eine innere Befriedigung ausstrahlt, die man durchaus nachvollziehen kann. Aber vielleicht wird sein ehemaliger Chef schon bald in die Filiale einer anderen Stadt versetzt, und dann ist diese scheinbare Befriedigung dahin. War es das dann wert?

Solche Gedanken sind nichts als Ego-Befriedigung, und hätte unser Freund die Arbeit gemacht, die Sie bereits hinter sich haben –, seine eigene Persönlichkeitsstruktur analysiert – würde er den entsprechenden Teilaspekt seiner Persönlichkeit, der ihn da vollkommen vereinnahmt hat, sehr schnell durchschauen und solche Fallstricke umgehen können.

Unser Freund hat in seiner Zielsetzung einen ganz entscheidenden Fehler gemacht. Er hat z.B. völlig übersehen, „Erfolg“ zu programmieren. Vielleicht haben Sie das selbst schon bemerkt. Erinnern wir uns:

Ein eigenes Geschäft in dieser Straße, sein Name, sein Auto. Die Ersparnisse, das Geerbte, die Förderungsmittel. Seine Frau macht die Dekoration und die Buchhaltung, mit Angestellten ist er vorsichtig. Spüren Sie die Schwingung dieser Festlegungen?

Dies kann keinen Erfolg haben, was er da programmiert hat, ist Enge und Begrenzung, ist die *Verwaltung von Mangel* und somit wird er auch nur Mangel anziehen. Von der Fülle ist er meilenweit entfernt.

Er fährt mit angezogener Handbremse und sein Fahrzeug wird über kurz oder lang stehen bleiben. Also lernen wir daraus. Ein Endergebnis muss wirklich ein Endergebnis sein.

Aber was könnte ein solches Endergebnis sein? Was für ein Ziel möchten Sie sich setzen? Machen wir uns an die Arbeit und fangen wir mit den selbstverständlichsten Dingen an.

Zunächst einmal möchten Sie doch sicher, dass es Ihnen gut geht – oder? Also programmieren Sie den ersten Satz der Beschreibung Ihres Endergebnisses – und eine solche Beschreibung sollten Sie unbedingt machen – vielleicht wie folgt:

„Es geht mir gut“ (saugut, hervorragend oder welchen Ausdruck Sie auch immer bevorzugen).

Da dies alleine aber ziemlich substanzlos ist, sollten Sie schon sagen, warum es Ihnen gut geht. Zum Beispiel:

> Ich freue mich auf jeden Tag meines Lebens.

Na also, wenn Sie sich auf jeden Tag Ihres Lebens freuen, geht es Ihnen tatsächlich gut. Aber warum freuen Sie sich auf jeden Tag Ihres Lebens? Was sind für Sie die wichtigsten Zutaten, die eine solche Freude aufkommen lassen? Dies gehört in die Formulierung einer solchen Zielvorstellung und ich mache dazu einmal folgenden Vorschlag:

> Ich bin vollkommen gesund und lebe in einer harmonischen Beziehung.

Gesundheit ist etwas absolut Elementares, ohne Gesundheit ist alles nichts. Sie kennen diesen berühmten Satz. Leider hat unser wackerer TV-Händler völlig vergessen, ein so wichtiges Element in seine Zukunftsvorstellung aufzunehmen. Auch die Entwicklung seiner Partnerschaft wäre in die Vorstellung mit aufzunehmen gewesen. Schließlich plant er ja seine Frau fest ein. Sie erinnern sich … sie macht die Buchhaltung usw.

Aber womöglich formulieren Sie den zweiten Teil dieses Satzes ganz anders, wenn Ihnen in Ihrer persönlichen Planung an einer harmonischen Beziehung weniger gelegen ist. Es ist ja nur ein Vorschlag.

Entscheidend ist, dass Sie diese Grundrichtung, die wie eine Präambel über Ihrer gesamten Planung steht, von nun an zum übergeordneten Maßstab Ihres gesamten Denkens und Handelns machen. Oberflächliche Lippenbekenntnisse haben keine Wirkung.

Im Klartext heißt dies dann: Sie vermeiden von nun an alles, was Ihnen nicht gut tut, was Ihnen die Freude nimmt, was Ihrer Gesundheit nicht förderlich ist und ordnen den Stellenwert Ihrer Beziehung noch vor Beruf, Finanzen und dergleichen ein.

Sie müssen schon ernst meinen, was Sie sagen, und auch etwas dafür tun.

Es klingt so einfach: „Sie vermeiden von nun an alles, was Ihnen nicht gut tut usw. …“, aber leider ist dies nicht so einfach.

Jedes Lebewesen – außer dem Menschen – lebt nach diesem Prinzip. Kein Tier tut sich selbst etwas an, was ihm nicht gut tut. Jeder Regenwurm ist in dieser Beziehung klüger als ein Mensch. Jede Pflanze sucht sich den Lebensraum, der ihr gut tut, reckt sich zum Licht oder wendet sich zum Schatten.

Nur der Mensch, das so genannte vernunftbegabte Wesen, schadet sich unentwegt selbst und beklagt sich dann darüber.
Wir tun dies, weil wir in Zwängen stecken, von denen wir glauben, dass wir sie nicht abschütteln können. Wir haben uns selbst in ein Gefängnis gesteckt, aus dem uns kein Entrinnen möglich scheint.

Da müssen wir doch hingehen, da können wir doch nicht absagen, Mutter freut sich doch schon so, wie sieht das denn aus? usw. usw. Aber wir können dieses Gefängnis verlassen, und dazu möchte ich Sie ermutigen. Bleiben wir aber zunächst noch bei unserer Zielsetzung. Was könnte oder müsste noch hinzukommen?

Es geht Ihnen gut (materiell und geistig-seelisch), Sie haben Freude an Ihrem Leben, sind gesund und leben in einer harmonischen Beziehung. Diesem Fundament ist auf den ersten Blick nicht mehr viel hinzuzufügen. Trotzdem hätte ich noch einen weiteren Vorschlag:

„Ich lebe in der Fülle der Schöpfung und genieße das Spiel des Lebens."

Stören Sie sich nicht daran, dass Sie im Moment noch nicht in der Fülle der Schöpfung leben und das Leben eher mit Ihnen spielt. Das wollen wir ja erst umdrehen. Was wir hier machen, ist keine Bestandsaufnahme, es ist eine Zielsetzung, und dabei sollten wir nicht zu bescheiden sein.

Sie haben einen Anspruch auf die Fülle der Schöpfung, es ist Ihr Geburtsrecht, wenn – ja wenn Sie dieses Recht auch beanspruchen.

Wenn Sie sich freiwillig zu den so genannten kleinen Leuten zählen, die ja schon zufrieden sind, wenn ... und vor allem möchten, dass es wenigstens den Kindern einmal besser geht, dann stellen Sie sich selber vor die Tür, und wundern sich womöglich noch darüber, dass Sie vor der Tür stehen.

Was könnte noch zur Planung eines annehmbaren Endergebnisses zählen? Ich hätte da noch einen weiteren Vorschlag:

„Alles, was ich beginne, entwickelt sich zum Segen für mich. Ich werde zum richtigen Zeitpunkt die richtigen Entscheidungen treffen. Ich lasse los und vertraue auf meine unbegrenzte geistige Natur."

Vorsicht, diese Festlegung hat ihre Tücken. Was zum Segen für uns ist, ist nicht unbedingt immer das, was unser Ego-Ich sich als Segen vorstellt.

Manchmal sind es gerade die schmerzhaften Ereignisse, die zum Segen für uns werden, und dies vermag unser Ego-Ich nur selten einzusehen. Aber gerade schmerzhafte Ereignisse bringen uns ein Stück weiter, bedeuten eine wichtige Erfahrung, die uns zu besseren und reiferen Spielern macht. Wenn ich auf mein Leben zurückblicke, waren die wichtigsten Weichenstellungen immer mit schmerzhaften Einschnitten verbunden. Einen dieser Einschnitte haben Sie bereits kennen gelernt.

Inzwischen hat sich mein Umgang mit solchen Ereignissen völlig geändert. Ich lasse geschehen, schaue schmunzelnd zu, und nehme auf diese Weise den Schmerz aus der Sache. Aber es dauert eine Weile, dort hinzukommen, und ich hoffe, Sie können diesen Weg durch die Arbeit mit diesem Buch ein wenig abkürzen.

Wichtig ist das unbedingte Vertrauen, dass wir zum richtigen Zeitpunkt das Richtige tun werden. Was das dann sein wird, können wir heute noch nicht sagen.

Wir müssen lernen, unsere Intuition, unser spontanes Gefühl, das wir von einer Sache haben, wieder mehr zuzulassen. Unser Ego-Ich plappert durch unseren begrenzten Verstand. Unsere unbegrenzte geistige Ebene äußert sich über die Intuition. Wir müssen lernen hinzuhören.

Mit aller Hartnäckigkeit erinnere ich noch einmal daran. Unser Verstand arbeitet ausschließlich auf der Basis unserer Erfahrungen. Wenn wir uns allein von unserem Verstand leiten lassen, können wir die Begrenzungen nicht durchbrechen. Wir bewegen uns im Kreis. Wir transferieren die Vergangenheit in die Zukunft.

Wir müssen unser Ich mit unserer unbegrenzten geistigen Ebene identifizieren. Nur von dort lässt sich das Gefängnis unserer Begrenzungen sprengen.

Aber schauen wir uns unsere bisherigen Ziel-Formulierung einmal im Ganzen an:

„Es geht mir gut, ich bin vollkommen gesund und lebe in einer harmonischen Beziehung. Ich lebe in der Fülle der Schöpfung und genieße das Spiel des Lebens. Alles, was ich beginne, entwickelt sich zum Segen für mich. Ich werde zum richtigen Zeitpunkt die richtigen Entscheidungen treffen. Ich lasse los und vertraue auf meine unbegrenzte geistige Natur."

Nun, wie fühlt sich das für Sie an? Könnten Sie so etwas als Generalklausel, der Sie noch spezielle Punkte hinzufügen können, unterschreiben?

Für mich läuft einiges noch nicht so ganz rund, scheint mir im Eifer des Gefechts doppelt gemoppelt, und auch in der Reihenfolge nicht ganz logisch. Ich schlage Ihnen deshalb folgende Endfassung Ihrer globalen Zielsetzung vor:

Ich lebe in der Fülle der Schöpfung und genieße
das Spiel des Lebens.
Alles, was ich beginne, entwickelt sich zum Segen für mich.
Zum richtigen Zeitpunkt treffe ich die richtigen Entscheidungen.
Ich lasse los und vertraue auf meine unbegrenzte geistige Natur.

Wenn Sie dies als große Überschrift über Ihr persönliches Lebensziel setzen, können Sie nicht mehr viel falsch machen.

Zwischenziele und individuelle Ausrichtungen können Sie selbstverständlich hinzufügen, solange Sie Ihren Generalkurs damit nicht einengen. Aber seien Sie sparsam mit Zwischenzielen, lassen Sie jenen entscheidenden Raum, den das Leben braucht, um etwas für Sie tun zu können.

Behalten Sie die Hände offen, verfallen Sie nicht in das Bahnsteigsyndrom! Ich denke, wir haben uns verstanden.

Aber wie arbeiten Sie nun mit einer solchen Formulierung? Wozu soll sie von Nutzen sein? Lassen Sie uns dies im nächsten Kapitel behandeln.

PIP
Your Personal Important Points

Ich freue mich auf jeden Tag meines Lebens.

*

Ich lasse genügend Raum und bin erreichbar für die Fülle der Schöpfung.

*

Ich vermeide die Gefahr des Bahnsteigsyndroms.

*

Ich vertraue der Intuition der unbegrenzten Ebene und werde zum richtigen Zeitpunkt das Richtige tun.

*

Es geht mir gut.

*

____

____

____

*

____

____

____

Die Aufdeckung unserer Erfolgsbremsen und ihre Umpolung

Schauen wir zunächst noch einmal an, was wir bisher miteinander entwickelt haben.

1. Sie kennen die Konstellation Ihrer Persönlichkeitsaspekte.
2. Sie kennen ebenfalls Ihre aktuelle Lernaufgabe, wenn eine solche im Moment ansteht (roter Faden).
3. Sie haben die Präambel Ihrer Zielvorstellung entwickelt.

Sie wissen also, wo und auch wie Sie dastehen, und Sie kennen das übergeordnete Ziel, das Sie erreichen wollen. Dies sind die beiden Pole, zwischen denen Sie nun Ihre nächsten Schritte setzen müssen.

Wenn Sie einen der vorstehenden Punkte noch nicht oder noch nicht vollständig erarbeitet haben, sollten Sie dies jetzt bitte sofort nacholen. Es hat keinen Sinn, dass Sie an dieser Stelle ohne dieses Basismaterial weiterarbeiten. Das Fundament würde fehlen, und Sie würden zwangsläufig nur Luftschlösser bauen. Auch wenn Ihr Ego-Ich schon an dieser Stelle anderer Meinung sein sollte. (Wir können ja erst mal schauen, dann können wir ja immer noch …)

Vergleichen Sie zunächst einmal die Präambel Ihrer Zielsetzung mit dem Bild Ihrer Persönlichkeitsaspekte.

Welcher Aspekt Ihres Ego-Ichs oder welche Eigenschaften Ihrer Tina oder Ihres Tom stehen Ihrer Zielsetzung am deutlichsten entgegen?

Wenn Sie tatsächlich beschlossen haben, in der Fülle der Schöpfung zu leben und das Spiel des Lebens zu genießen, wie es der erste Satz aussagt, und dabei im Bild Ihrer Persönlichkeitsaspekte Figuren entdecken müssen, wie ich sie auf Seite 71 beispielhaft entwickelt habe, dann sehen Sie mehr als deutlich, an was Sie zu arbeiten haben. Sie sehen, was Sie von Ihrem Ziel fern hält oder die Erreichung Ihres Zieles gar unmöglich erscheinen lässt.

Eine Teilpersönlichkeit, wie ich sie in diesem Muster z.B. als Angsthäschen bezeichnet habe, ist von der Fülle der Schöpfung meilenweit entfernt. Angst bedeutet Enge, bedeutet Beschränkung. Angst bedeutet auch, nicht loslassen zu können, bedeutet außerhalb eines gesunden Urvertrauens zu stehen. Ihre Zielsetzung aber lautet: „Ich lebe in der Fülle der Schöpfung und genieße das Spiel des Lebens." Wie soll aber so etwas mit einem Persönlichkeitsanteil wie dem Angsthäschen möglich sein? Wenn Sie einen solchen Persönlichkeitsanteil nicht systematisch umwandeln, werden Sie Ihr Ziel niemals erreichen.

Auch der Aspekt der Schulmeisterin – isoliert, pedantisch, rechthaberisch usw. – dürfte im Sinne Ihrer Zielsetzung ein nicht gerade förderlicher Aspekt sein. In der Isolation werden Sie die angestrebte Fülle nicht erreichen. Mit Pedanterie werden Sie wohl kaum jenen Raum lassen können, der nötig ist, damit das Leben etwas für Sie tun kann. Sie verhindern den Fluss der Dinge. Sie wollen genau festlegen, kontrollieren, Ordnung und Übersicht schaffen. Alles hat seinen bestimmten Platz. Wie ein Pedant halt so ist.

Mit Rechthaberei stehen Sie Ihrer Zielsetzung ebenfalls im Wege. Sie haben ja Recht. Sie wissen ja, wie es ist und wie es zu sein hat. Sie haben Ihren Standpunkt und den wollen Sie wohl auch so schnell nicht aufgeben. Sie sind für etwas, das außerhalb Ihres Standpunktes liegt, nicht erreichbar. Das Bahnsteigsyndrom.

Wogegen der Aspekt, den ich als „Die Gelassene" bezeichnet habe, wunderbar in Ihre Zielsetzung passt. Dies ist z.B. ein Fundament, auf dem sich etwas Großartiges aufbauen lässt, und seien Sie sicher, auch in Ihrer ganz persönlichen Struktur gibt es solche, Ihre Zielsetzung unterstützenden Ansätze.

Der nächste Schritt ist also klar:

Sie müssen die der Zielsetzung entgegenstehenden Persönlichkeitsanteile umformen, während Sie gleichzeitig die förderlichen Aspekte ausbauen.

Wenn Sie dies nicht tun, kommen Sie in der gewünschten Richtung keinen Schritt weiter. Aber wie fangen Sie das nun an? Es sind ja Teile „Ihrer Persönlichkeitsstruktur", Ihres Sosein, wie Sie nun einmal sind. Und zwar sehr mächtige Teile, die sich nicht einfach verneinen lassen. Sie sind da und äußerst wirksam. Gleichgültig, ob Sie sie haben wollen oder nicht.

Im Prinzip habe ich den Einstieg in die zur Umformung eines Persönlichkeitsaspekts notwendige Technik, die ich *Galanisieren* nenne, schon aufgezeigt. Sie erinnern sich: *in der Mitte bleiben und draufschauen.* Aber dies ist natürlich nicht alles. Fangen wir mit dem wichtigsten und vielleicht sogar schwersten Punkt an.

> „Du musst die Menschen lieben, die du ändern willst" (Pestalozzi)

Dies scheint zunächst widersinnig. Wie soll und kann ich etwas lieben, das mich behindert und das ich deshalb ändern will? Sie haben Recht, wenn Sie dies spontan so empfinden – aber was wäre die Alternative? Hassen?

Wenn wir uns selbst einschließlich unserer Persönlichkeitsstruktur nicht lieben und annehmen können, heißt dies doch im Klartext, dass wir uns nicht mögen und ablehnen. Aber wie wollen wir an etwas herankommen, das wir nicht mögen und ablehnen? Es besteht doch eine Kluft zwischen uns.

> Durch Ablehnung befinden wir uns automatisch auf Konfrontationskurs, und jede Konfrontation bringt eine Verhärtung der Positionen mit sich.

Erinnern Sie sich, Ihr Tom oder Ihre Tina mit ihren verschiedenen Teilaspekten fühlen sich ja im Besitz der Wahrheit und wollen Sie vor vermeintlichen Fehlern schützen. Von dort bekommen Sie keine Hilfe. Was wir also dringend brauchen, ist eine Aufweichung der Positionen, also das genaue Gegenteil einer Konfrontation. Wenn wir nachdenken, haben wir ja auch gar keinen rechten Grund zu Konfrontation und Ablehnung.

Unser Tom oder unsere Tina sind ja nicht freiwillig so geworden, wie sie sind. Sie sind nicht freiwillig zu den vermeintlichen Wahrheiten gekommen, in denen sie heute stecken. Sie haben sie im wahrsten Sinne des Wortes erlebt, haben sie erfahren müssen. Es ist also nichts, womit sie uns ärgern oder unseren Erfolg verhindern wollen. Sie sind keine Feinde. Sie haben nur eine andere Vorstellung von dem, was für uns richtig ist.

Ich möchte Ihnen den elementar wichtigen Punkt des liebevollen Annehmens an einem simplen Beispiel verdeutlichen: Nehmen wir einmal an, wir haben ein Kind, das Angst hat, in den Keller zu gehen.

Die Rollenübersetzung ist in diesem Beispiel sicher jedem Leser klar. *Wir*, das ist die unbegrenzte geistige Ebene, und das Kind ist unser Tom oder unsere Tina – unser Ego-Ich.

Unser Kind lebt nun leider in Sachen Keller in einer anderen Wahrheit als wir. Wir wissen, dass es keinen Grund gibt, Angst vor dem Keller zu haben, aber das Kind teilt unser Wissen nicht. *Es* hat diese Angst und diese Angst ist erlernt.

Es macht wenig Sinn, nun unbedingt herausfinden zu wollen, warum unser Kind diese Angst hat. Ein nicht unbeliebtes, zeit- und auch kostenaufwändiges Spiel vieler Therapeuten. Es macht keinen Unterschied, ob diese Angst aus einer Geschichte im Märchenbuch, einem Video oder vom Reden der Nachbarskinder herrührt. Die Angst ist da, und wir müssen *jetzt* etwas tun, um diese Angst *jetzt* abzubauen. Wir (die geistige Ebene) wissen, dass das Kind eines Tages ohne jedes Angstgefühl im Keller stehen wird (unsere Zielvorstellung). Aber das Kind (die begrenzte Ebene) weiß es nicht und will es sich nicht einmal vorstellen. Bei jeder Annäherung an das Thema macht es einfach zu und bleibt unerreichbar.

Wie können wir nun diese Konditionierung unseres Kindes, wie können wir seine völlig unlogische Angst vor dem Keller umpolen? Wie können wir die Sperre lösen? Wo können wir ansetzen?

Nun, wir können es zunächst einmal mit der berühmten Logik versuchen, die wir bereits am Anfang des

Buches beim Thema Angst als unsinnige Empfehlung entlarvt haben. Wir können unserem Kind erklären, dass der Keller der sicherste Raum im ganzen Haus ist. Wenn wir einmal die Situation eines Einfamilienhauses als Basis nehmen, können wir ihm klar machen, dass niemand in den Keller gelangen kann, ohne Hauseingang und Flur passiert zu haben.

Wir können unserem Kind auch erklären, dass der Keller die kleinsten Fenster hat, die auch noch vergittert sind, sodass dort niemand hindurchkann, dass Mami und Papi oder evtl. auch Geschwister in den Keller gehen, ohne dass ihnen je etwas passiert ist, usw. usw. Wir können auch anführen, dass die Menschen bei Gefahr immer in den Keller gehen (Krieg, Unwetter usw.), weil dies der sicherste Ort im Haus ist.

Was auch immer wir uns an logischen Argumenten einfallen lassen, das Kind wird uns zwar nicht widersprechen können, wir sind ihm argumentativ überlegen, aber es geht trotzdem nicht in den Keller.

Wie ich schon deutlich gemacht habe, die Ebenen stimmen nicht überein. Logik und Unlogik sind füreinander nicht erreichbar.

Die Angst sitzt auf der unbewussten Ebene, aber wir argumentieren auf der bewussten Ebene. Wir sind im falschen Stockwerk. Ein sinnloses Unterfangen.

Nun können wir es natürlich auch mit Gewalt versuchen. Schließlich sind wir stärker. Wir können uns das Kind nehmen und es mit Gewalt in den Keller schaffen, um ihm zu beweisen, dass es dort nichts gibt, wovor es Angst haben müsste.

Das Kind wird die Augen verschließen und schreien und toben, als ginge es zum Galgen. Vom Keller wird es rein gar nichts wahrnehmen und schneller die Treppe wieder hinauf sein, als wir es auf den Boden gestellt haben.

Statt seine Angst abzubauen, haben wir sie durch diese Aktion nur noch vergrößert. Das Kind hat jetzt nicht nur Angst vor dem Keller, es hat nun auch noch Angst davor, dass wir es wieder in den Keller hinuntertragen. Eine absolute Nonsensaktion. Gewalt ist auch hier kein Weg.

Versuchen Sie nun – im Gegensatz zu den bisher geschilderten Maßnahmen – einmal die Schwingung des folgenden Satzes zu erfühlen:

„Ich versteh' dich, ich mag dich, du musst nicht in den Keller."

Hier versteht mich jemand, hier mag mich jemand, hier kann ich mich öffnen, mich anvertrauen. Hier muss ich nicht kämpfen, abwehren, verteidigen. Dies ist die Arbeitsbasis, die wir brauchen. *Ich versteh' dich, ich mag dich* ist der entscheidende Türöffner zu unserem Ego-Ich. Schließlich wollen wir keinen Krieg in unserer Ganzheit aus Geist und Ego-Ich entfesseln. Wollen im Gegenteil zu innerer Ruhe und Harmonie finden. Aber wie gehen wir nun weiter?

Wir haben zwar gesagt: „Ich versteh' dich, ich mag dich, du musst nicht in den Keller", aber schließlich ist es ja doch unser Ziel, die Angst des Kindes (Konditionierung) abzubauen, sodass es angstfrei in den Keller geht. Ist dies nicht ein völliger Widerspruch?

Keine Sorge, wir stellen damit nicht unser Ziel in Frage. Wir schaffen mit unserer Aussage lediglich eine erfolgversprechende Ausgangsbasis, auf der wir dann ein gezieltes Trainingsprogramm zur Überwindung der Angst vor dem Keller aufbauen.

Wenn wir z.B. von der Diele aus in den Keller gehen, sagen wir dem Kind, dass wir jetzt in den Keller gehen, dass es natürlich nicht mitgehen muss, dass wir aber die Tür zum Keller offen lassen und nach oben rufen, wenn wir etwas wissen wollen. Zum Beispiel, ob noch genug Kartoffeln in der Küche sind usw.

Gesagt getan, im Keller angelangt lassen wir uns etwas einfallen und bitten das Kind durch Zuruf aus dem Keller, in der Küche nachzusehen ob noch genügend Zwiebeln da sind.

Das Kind rennt in die Küche, schaut nach und ruft in der Diele, dass noch genügend Zwiebeln da sind. Natürlich wussten wir dies auch vorher. Es sollte ja nur eine Übung sein.

Das erste Teilergebnis: Die Tür zum Keller stand offen, das Kind hatte keine Angst vor der offenen Kellertür und hat auf unsere Frage geantwortet. Ein durchaus brauchbarer, wenn auch noch relativ bescheidener Anfang.

Wenn wir dieses Ritual einige Male wiederholt haben, die offene Kellertür und das Hinauf- und Hinunterrufen keinerlei Angst mehr auslöst, verschärfen wir das Training. Vielleicht rufen wir plötzlich: „Schau mal, willst du die oder die Marmelade." Nun ist Marmelade im Leben eines Kindes etwas durchaus Wichtiges. Eine Woche lang die Lieblingsmarmelade oder eine andere essen zu müssen, ist ein gewaltiger Unterschied. Aber dazu müsste es dann schon einen kurzen Blick in den Keller werfen.

Vielleicht gelingt dieser Versuch ohne Probleme, oder wir kommen dem Kind so lange ein paar Treppenstufen nach oben entgegen, bis der erste kurze Blick gelingt.

Das zweite Teilergebnis: Die Kellertür war offen, das Kind hat hineingerufen und auch erstmals hinuntergeschaut.

Wenn wir auch dies – mit unterschiedlichen Themen – einige Male geübt haben, versuchen wir das Kind dazu zu bringen, sich auf die erste Stufe der Kellertreppe zu setzen, damit es nicht immer hin und her rennen muss, wenn wir etwas wissen oder ihm zeigen wollen. Wir können ihm dabei erklären, dass wir ganz viel Licht machen, und dass es dann von der ersten Stufe aus genau sehen kann, wo die Kartoffeln lagern, und schließlich kann es ja sicher sein, dass es nicht in den Keller runter muss. Versprochen ist versprochen.Wenn die vorherigen Übungen funktioniert haben, müsste auch dieser Schritt problemlos gelingen.

Das dritte Teilergebnis: Das Kind saß auf der ersten Stufe der Kellertreppe und hat vertrauensvoll und angstfrei in den Keller geschaut.

Vielleicht bringen wir es nach ein paar Tagen dazu, sich noch eine Stufe tiefer hinzusetzen, da es von dort aus um die Ecke schauen kann, wo sein Fahrrad steht oder was auch immer wir uns einfallen lassen.

Ich garantiere Ihnen, dass das Kind in absehbarer Zeit völlig angstfrei im Keller steht und sich selbst nicht erklären kann, warum es Angst hatte, dort hinzugehen.

Dies ist der sicherste Weg, jede Konditionierung abzubauen und umzuwandeln. Dies ist der Weg, auf dem Sie auch mit den behindernden Teilaspekten Ihres Tom oder Ihrer Tina erfolgreich arbeiten werden:

1. Liebevolle Annahme
2. Verständnis signalisieren
3. Systematische Teilschritte ohne Überforderung
4. Geduldiges Verzeihen bei Misserfolgen
5. Keine Gewaltlösungen

Nun betrifft das Beispiel der kindlichen Angst vor dem Keller ein recht banales Thema. Aber es verdeutlicht in einfacher Weise das Arbeitsprinzip, das ich Ihnen vermitteln will.

Auch Sie haben keine andere Wahl, als alle Teile Ihrer Gesamtstruktur zunächst liebevoll anzunehmen und Verständnis zu signalisieren. Sie müssen sie unbedingt ruhig stellen und in Sicherheit wiegen. Auch – oder sogar gerade deshalb – weil Sie Ihnen bei Ihrer Zielsetzung im Moment noch entgegenstehen. Tun Sie das Gegenteil, lösen Sie Krieg und Konfrontation in sich aus, bringt Sie dies ganz gewiss nicht zum Ziel.

Reden Sie mit Tom oder Tina:

„Ich versteh' dich, ich mag dich. Ich weiß, du möchtest jetzt wieder alles aufschieben und auf morgen vertagen. Aber schau, diese erste kleine Entscheidung treffen wir jetzt und auf der Stelle. Na, wie fühlt sich das an für dich? Ich weiß, du zuckst zusammen und zählst wieder alle Bedenken auf. Also, zwei Minuten geb ich dir für deine Aufzählung, tob dich mal richtig aus, danach habe ich was anderes zu tun."

Dies wäre ein Beispiel für den Umgang mit der Figur des Angsthäschens aus meinem Musterbeispiel.

Machen Sie sich immer wieder bewusst: Sie sind die Mitte, Sie sind die unbegrenzte geistige Ebene, die dem Treiben um Sie herum gelassen zuschaut.

Aber Vorsicht, lassen Sie sich nicht vereinnahmen. Ich habe Ihnen bereits gesagt, dass Ihre Teilaspekte dies versuchen werden. Sie wollen Sie aus Ihrer Mitte herausziehen, wollen, dass Sie sich mit ihnen identifizieren. Bleiben Sie die übergeordnete Instanz. Trainieren Sie mit den Teilaspekten und wandeln Sie sie dabei Schritt für Schritt in die anvisierte Richtung um.

Ich bin diesen Weg selbst gegangen. *Galanisieren* war für mich das Stichwort, einen inneren Vorgang (Gedanken, Gefühle, Bilder) zu unterbrechen und von außen draufzuschauen. Ich habe dabei sehr intensive und trotzdem auch liebevolle Gespräche mit „meinem Galan" geführt, darum habe ich diese Bezeichnung gewählt, falls Sie sich bisher über diesen Ausdruck gewundert haben. Ich bin mit ihm durch die Welt gegangen wie mit einem Kind, das ich an der Hand führe und dem ich ganz neue Wege zeige.

Ich habe meinem Galan beigebracht, in den Punkten, in denen er mir auf dem Weg zu einem erfolgreichen Leben im Wege stand, die Welt ganz anders zu sehen. Dies war am Anfang nicht einfach, er wollte mir zunächst nicht einmal zuhören, hat trotzig abgeblockt und sich dabei die übelsten Hinterhältigkeiten ausgedacht, mit denen er mich reinzulegen versuchte. Heute ist er handzahm, wenn er auch noch manchmal zuckt.

Trotzdem lasse ich ihn auch jetzt noch keinen Moment aus den Augen. Selbst wenn ich einen Vortrag halte, höre ich immer noch ein Stück selber zu. Lobe den Galan oder bin erstaunt darüber, wo er das denn nun wieder herholt, usw. Ich bewahre den Abstand und schaue und höre ihm interessiert zu.

Es ist absolut möglich, uns in eine Position zu bringen, wo wir der ruhende Pol in der Mitte sind und das beobachten und steuern, was um uns herum vorgeht.

Solange ich etwas beobachte, ist das Beobachtete dort und ich bin hier. Beobachtung schafft den notwendigen Abstand. – Mit diesem Abstand kann *ich* entscheiden, wie *ich* mit dem Beobachteten umgehe. Sobald ich aber den Abstand verliere und hineingezogen werde, bin ich vereinnahmt, *Es* geht mit mir um.

Dies gilt nicht nur für bestimmte Verhaltensmuster. Es gilt für unsere Gedanken ebenso wie für unsere Gefühle und die Bilder und Geschichten, die vor unserem geistigen Auge ablaufen.

Habe ich den Gedanken oder hat der Gedanke mich? Habe ich das Gefühl oder hat das Gefühl mich? Wer hat wen?

Habe „ich" den Gedanken oder das Gefühl, entscheide ich, wie ich damit umgehe. Hat der Gedanke oder das Gefühl mich, geht der Gedanke oder das Gefühl mit mir um.

Verzeihung, wenn ich das so oft wiederhole, aber es ist enorm wichtig, dass Sie diese alles entscheidende Umschaltung vestehen und in Ihr Leben integrieren.

Nehmen wir das Beispiel eines depressiven Menschen. Er ist von seinen negativen Gefühlen voll vereinnahmt und findet keinen Ausgang mehr. Die Gefühle haben ihn. Er kann nicht mehr draufschauen, er schafft es nicht mehr, den notwendigen Abstand herzustellen. Er ist voll vereinnahmt. Umgekehrt hätte er einen realen Ausweg. Sie sehen, wie wichtig diese Technik der Trennung ist.

Das Ziel ist es, zum Zuschauer der eigenen Komödie zu werden, denn das Ganze als Komödie zu betrachten fördert nicht nur die angestrebte Distanz, es nimmt zudem den Ernst und die Verbissenheit aus einer Situation.

Da Sie sich in Ihrer globalen Zielsetzung ohnehin vorgenommen haben, das „Spiel des Lebens“ zu genießen, liegt dieser Schritt voll in der Richtung Ihrer Zielsetzung.

Dies widerspricht allerdings total den Intentionen Ihres Ego-Ichs, für das das Leben mehr als ernst ist. Es wähnt sich im Besitz der Wahrheit. Diese Wahheit will es durchsetzen und kämpft um sein Überleben.

Aber Sie haben beschlossen, nicht zu kämpfen. Sie signalisieren liebevolle Annahme und Verständnis. Sie nehmen damit jedem Kampf den Wind aus den Segeln, und gerade dies schafft Ihnen den Zugang zu wirklichen Veränderungen.

Wenn Sie die Technik anwenden, die ich Ihnen hier entwickelt habe, werden Sie bereits in wenigen Monaten gravierende Änderungen bewirken können – und dies ist bei aller Geduld, die ich Ihnen immer wieder ans Herz lege, verdammt schnell. Nur die Wandlung des Saulus zum Paulus erfolgte nach der Bibel noch etwas schneller, aber solche Ansprüche wollen wir nicht stellen.

Die Präambel Ihrer Zielvorstellung ist bei Ihrer Arbeit nicht nur der unverrückbare Maßstab, sie ist auch etwas, was Sie konsequent in Ihr Unterbewusstsein einprägen sollten. Am einfachsten ist dies auf dem Weg der Autosuggestion möglich. Diese wenigen Sätze müssen Ihnen in Fleisch und Blut übergehen.

Schreiben Sie sich kleine Zettel oder drucken Sie sie im Computer aus. Haben Sie immer eines in der Tasche, auf Ihrem Schreibtisch, in Ihrem Auto, auf Ihrem Nachttisch oder in der Küchenschublade.

Wann immer Sie die Zettel mit den Sätzen sehen, sprechen Sie sie möglichst vor sich hin. Denken alleine ist zu wenig. Wenn ich Sie nachts aus Ihrem Tiefschlaf aufwecken würde und Sie könnten die Sätze sofort und fehlerfrei sprechen, hätten Sie genug trainiert. Ihr Unterbewusstsein hätte akzeptiert.

Die Grundtechnik ist nunmehr hinreichend erklärt. Es gibt dazu noch eine Menge Tipps, wie Sie vor allem die liebevolle Diskussion mit Ihrem Ego-Ich noch effizienter gestalten können. Dies und noch einiges mehr möchte ich Ihnen im zweiten Teil des Buches nahe bringen.

PIP
YOUR PERSONAL IMPORTANT POINTS

Ich ändere die meiner Zielsetzung entgegen-stehenden Persönlichkeitsanteile und baue gleichzeitig die förderlichen Aspekte aus.

*

Ich signalisiere dabei liebvolle Annahme und Verständnis.

*

Ich habe Gedanken, ich habe Gefühle, aber ich bin nicht diese Gedanken, ich bin nicht diese Gefühle.

*

Ich bin Zuschauer der eigenen Komödie.

*

___

___

*

___

___

*

___

___

Der Kinofilm

Wenn wir einmal beobachten, wie Leute aus dem Kino kommen, die gerade einen sehr traurig endenden Film gesehen haben, werden wir wahrscheinlich feststellen, dass sie sich verstohlen die Tränen aus den Augen wischen, sich die Nase putzen, ihre Brillen abwischen und offensichtlich große Schwierigkeiten haben, sich in der Realität der Straße, in die sie so unvermittelt nach dem Film wieder eingetreten sind, zurechtzufinden.

Wie ist so etwas möglich? Welche Mechanismen sind dabei wirksam und welche Erkenntnis können wir aus einer solchen Beobachtung für unser Thema ziehen?

Versuchen wir einmal einen solchen Kinobesuch zu rekonstruieren und bringen wir uns ruhig selbst mit in diese Rekonstruktion ein.

Also: Es ist ein regnerischer und kühler Novembertag. Nachdem wir viel gelesen haben und unsere Augen sich nun danach sehnen, einmal etwas anderes zu tun, als endlosen Buchstabenkombinationen zu folgen, überlegen wir, vielleicht doch wieder einmal ins Kino zu gehen.

Es ist früher Nachmittag, und wenn wir die 18-Uhr-Vorstellung noch erreichen würden, könnten wir nachher beim Italiener – gleich gegenüber dem Kino – noch etwas essen. Wir beschließen, das Auto vernünftigerweise zu Hause zu lassen und die U-Bahn zu nehmen. Dies enthebt uns zum einen der Parkplatzsorgen, und wenn wir zum Essen noch einen schönen Rotwein trinken wollen, ist es ohnehin besser so.

Wir studieren nun eifrig den Kinoteil der Zeitung und entscheiden uns dann für einen recht vielversprechenden

Abenteuerfilm. Wir überlegen natürlich, was wir anziehen, vielleicht doch besser den Regenmantel – oder reicht für den kurzen Weg zwischen U-Bahn und Kino auch der große Schirm? – also doch lieber den Schirm, denn den nassen Regenmantel müssten wir an der Garderobe abgeben, wenn wir das nasse Ding nicht während der Vorstellung auf unseren Knien fühlen wollen. Mit reichlich Zeit und ohne jede Hetze machen wir uns also auf den Weg.

An der Kinokasse stehen schon etwa 20 Leute vor uns, aber es geht sehr zügig voran. Es ist noch ein wenig Zeit bis zum Beginn der Vorstellung und der Saal füllt sich allmählich. Wir betrachten interessiert die eintretenden Leute, die sich für den gleichen Film entschieden haben wie wir. In der Hoffnung, dass sich in letzter Minute nicht doch noch jemand mit Übergröße oder eine Dame mit kunstvollem Hutgebilde direkt vor uns hinsetzt, harren wir der Dinge, die da kommen sollen.

Was dann kommt, ist zunächst die Werbung und die Vorschau auf die demnächst laufenden Filme. Dann wird uns noch ein Speiseeis zum Kauf angeboten – sozusagen als letzte Wegzehrung vor dem Film – und es geht endlich los.

Auf der vorher noch blütenweißen Leinwand erscheinen die ersten Bilder, der Name des Filomstudios, die Namen der Schauspieler, des Regisseurs, des Tonmeisters, der Friseuse und aller, die an diesem Film mitgewirkt haben, wobei auch die nicht vergessen wurden, denen man für das Zustandekommen dieses Films zu besonderem Dank verpflichtet ist. Der Regierung von …, dem Museum in …, usw. usw.

Der Film beginnt. Die Handlung läuft und zieht uns von Minute zu Minute immer mehr in ihren Bann.

Wir vergessen die Wirklichkeit und tauchen in die scheinbare Realität des Films ein, der da vor unseren Augen abläuft.

Wir lachen mit, wir weinen mit. Wir fühlen die Angst des Helden, sonnen uns in seinem Siegesgefühl und fühlen genau wie er den tiefen Schmerz der Trennung von seiner Geliebten – Verzeihung *unserer* Geliebten, denn wir identifizieren uns inzwischen völlig mit den Bildern, die da vor uns ablaufen.

Wir haben vollkommen verdrängt, dass wir ganz bewusst in dieses Kinostück gegangen sind. Dass wir mit der U-Bahn hergefahren sind, eine Karte gelöst haben, den Schirm zwischen den Knien haben, den wir auch nachher vielleicht wieder dringend brauchen, wenn wir noch zum Italiener gegenüber … Sie erinnern sich.

Jetzt ist der Film unsere Wirklichkeit, das Vorher und Nachher ist verdrängt. In dieser kurzen und scheinbaren Wirklichkeit leiden, kämpfen, bangen, hoffen, hassen und lieben wir mit, bis der Film zu Ende ist und das Licht angeht.

Eine menschliches Leben ist durchaus mit einem solchen Kinobesuch zu vergleichen. Wir kommen aus einem unbegrenzten geistigen Zuhause und gehen am Ende des Films wieder in dieses Zuhause zurück.

Aber während der Film läuft, während wir im Kino sitzen, haben wir dies alles vergessen und halten den Film für die Wirklichkeit, obwohl nichts von dem, was wir da sehen, auch wirklich passiert. Es ist nur eine Illusion. Da, wo vorher noch Blut und Tränen flossen, wo geliebt, geschossen, geboren und gestorben wurde, ist nach Ende des Films rein gar nichts mehr zu sehen. Die Leinwand ist so makellos sauber wie vorher.

Es liegen keine Leichen, keine in Wut und Verzweiflung zerrissenen Blumen oder sonstige Dinge umher. Keine Fensterscheiben wurden eingeschlagen und es muss – außer Chipstüten und Bonbonpapier – nicht einmal aufgeräumt werden. Die nächste Vorstellung kann lückenlos anschließen.

Das, was wir gesehen haben, das, was wir für eine kurze Zeit erlebt haben, war nichts als eine Illusion. Hervorgerufen durch einen belichteten Zelluloidstreifen, der zwischen einer starken Lichtquelle und der vor uns angebrachten Leinwand ablief.

Vielleicht werden einige sagen: Was für ein unglaublicher Unsinn, schauen wir doch einmal da hin, wo gerade ein Krieg geführt wird, dort liegen tatsächlich Leichen, und Sie wollen den Leuten erklären, dass dies alles nur ein Film sei?

Natürlich hätten Sie Recht, natürlich liegen dort Leichen, aber der Film läuft ja auch gerade, wir sind mitten in der Vorstellung.

Es gab schon unzählige solcher Vorstellungen. Denken wir z.B. an irgendeine große Schlacht, die uns gerade einfällt. Vielleicht die Römer gegen die Türken, die Franzosen gegen die Engländer oder sonst etwas Handfestes.

Gehen wir doch heute noch einmal dorthin, wo dies alles stattfand. Das Kino ist längst aus. Außer einigen Experten und Schülern, denen die Daten derartiger

Schlachten eingepaukt wurden, weiß inzwischen niemand mehr von der Vorstellung, die dort einmal lief.

Es ist, als wäre nie etwas gewesen, und wenn wir großzügigerweise noch einmal tausend Jahre dazugeben, die in der Unendlichkeit des Universums nicht mehr als ein Wimpernzucken sind, weiß vermutlich niemand mehr irgendetwas über das damalige Kinostück. Das Universum hat sich völlig unbeeindruckt weiterbewegt.

Erinnern Sie sich noch einmal an das, was ich schon am Anfang gesagt habe: „Nichts ist so, wie wir es sehen."

Auch bei uns selbst liegt ein belichteter Film zwischen einer starken Lichtquelle hinter uns und der Leinwand, auf die wir vor uns blicken. Der belichtete Zelluloidstreifen besteht aus den Erfahrungen, die wir aufgezeichnet haben, und die Leinwand ist die Welt, auf die wir schauen. Wir sehen also bei unserer Weltbetrachtung nichts anderes als die Schatten unserer eigenen Belichtungen. Und da, wie wir festgestellt haben, niemand die gleichen Belichtungen hat, sieht auch niemand die Welt absolut gleich.

Wir alle erleben unsere eigene Kinovorstellung. Wenn wir dies erkannt haben, macht es keinen Sinn mehr, uns wegen unserer unterschiedlichen Belichtungen gleich gegenseitig die Kinos zu zerschlagen.

Unsere Aufgabe und der Ausweg aus diesem Dilemma bestehen darin, so viel wie möglich von unseren einseitigen Belichtungen zu löschen, damit mehr Licht durchdringt und das ganze Bild etwas freundlicher wird.

Dabei können wir unser Ego-Gehabe, das aus solchen Belichtungen entstanden ist, als das enttarnen, was es ist: Kino!

Wenn uns dies gelingt, dann passiert auch bei uns das, was in jedem Kino am Ende des Films passiert: Es wird wieder hell, es wird erleuchtet, und wir können nach Hause gehen oder beim Italiener gleich gegenüber ... Sie wissen noch (aber vergessen Sie den Schirm nicht!).

TEIL II

KLEINE UND GROSSE STOLPERSTEINE: DIE MÜLLENTSORGUNG

Die wahre Natur des Menschen ist die eines Adlers,
ohne Grenzen zwischen Himmel und Erde schwebend,
die Fülle der Schöpfung zu seinen Füßen.

Aber die meisten Menschen sind zu Papageien geworden.
Sie sitzen flugunfähig in ihren Käfigen und
plappern nach, was man sie gelehrt hat,
damit sie gemocht und gefüttert werden.
Das Problem besteht nun darin, den Papageien bewusst zu
machen, dass sie Adler sind und ihren Käfig verlassen
können.
Selbst wenn wir den Käfig öffnen, werden sie darin verharren.
Sie wissen es nicht anders. Sie sind so konditioniert.
Sie bleiben in der Umgebung, in der sie ihr Auskommen haben,
und scheuen die unbekannte Außenwelt.
Wenn sie sich trotzdem erheben und fliegen wollen, sehen wir,
dass ein langer Schwanz von Müll und Gerümpel aller Art
an ihnen hängt, der sie sofort wieder herunterzieht.
Solange sie dieses Gerümpel nicht loswerden, solange sie
diesen Müll nicht konsequent entsorgen, werden sie nicht
fliegen können. Auch wenn sie tausendmal zuschauen, wie
andere fliegen,
und versuchen, es ihnen nachzumachen.
Dieser Müllentsorgung soll der zweite Teil dieses Buches
dienen.
Ich werde mich auf den typischen Müll beziehen,
der mir in meiner täglichen Praxis immer wieder deutlich wird.
„Wie sieht denn das aus? Was denkt man über mich? Das
konnte ich noch nie … Wenn ich nur ja keine Fehler mache!
So etwas ist noch nie gut gegangen … Was erwartet man
denn von mir? Schließlich habe ich doch die Erfahrung
gemacht …“
Um diesen Müll loszuwerden, müssen wir nichts dazulernen –
wir müssen „ver“lernen.

Was jemand über Sie denkt, …

… wie er Sie sieht, was er Ihnen gegenüber empfindet, ob er Sie mag oder nicht mag, sagt absolut nichts über Sie. Es sagt ausschließlich etwas über ihn.

Diese Feststellung ist für viele Menschen recht verblüffend. Sind wir doch meist sofort bereit, den Grund für die vielleicht negative Reaktion eines anderen automatisch bei uns selbst zu suchen: „Was habe ich denn falsch gemacht?“ Natürlich sind wir die Ursache einer Reaktion, aber wir sind nicht die Ursache für die Art einer Reaktion, und dies ist ein ganz entscheidender Unterschied.

Wenn Sie z.B. an einem herrlichen heißen Sommertag luftig und leicht gekleidet in Ihrem Büro erscheinen und Ihr Chef meint, dass es ja wohl unmöglich sei, so herumzulaufen – schließlich sei dies eine seriöse Firma –, dann sagt diese Aussage nichts über Sie, sondern ausschließlich etwas über Ihren Chef.

Die Reaktion Ihres Chefs macht deutlich, dass *er* dies so sieht und empfindet, und dies hat wiederum ausschließlich etwas mit dem Bild zu tun, das er von seiner Firma, seinen Angestellten und von dem, was man als Seriösität bezeichnet, in seinem Kopf hat. Es sagt also ausschließlich etwas über seine Konditionierungen, über seine Sicht der Dinge – nicht mehr und nicht weniger.

In keinem Fall sagt es etwas über Sie. Seiner Sicht mögen Sie nun folgen oder nicht – schließlich ist er Ihr

Chef –, aber machen Sie nicht den Fehler, sich als falsch gekleidet, geschmacklos oder gar unmöglich vorzukommen. Dies wäre der absolut falsche Schluss.

Ein weiteres Beispiel: Stellen Sie sich vor, dass wir ganz unauffällig die Reaktionen von Menschen beobachten, die während einer Kunstausstellung an einem Bild von Picasso vorrübergehen. Wir sind sozusagen die Museumsmäuse, die aus ihrer Sockelperspektive alles ganz genau mitkriegen.

Wir beobachten dabei ein Paar mittleren Alters, das besagtes Bild interessiert anschaut, wobei die Dame irritiert äußert, dass der Maler – obwohl er doch so berühmt sei – ja gar keine richtigen Gesichter malen könne, das wäre ja alles krumm und schief. Schrecklich – so etwas würde sie sich niemals in die Wohnung hängen. Sie würde nur schlechte Träume davon bekommen.

Bei einem anderen Paar vergleichbaren Alters, das das Bild als Nächstes betrachtet, äußert sich die Dame ausgesprochen schwärmerisch über die absolute Meisterschaft der Komposition, die Sicherheit in der Linienführung, Kreativität in der Farbgebung usw. usw. Wenn sie sich doch so etwas einmal selbst leisten könnten, sie würde nicht aufhören, es anzusehen. Was sagen diese beiden Meinungen nun über das Bild von Picasso? Absolut gar nichts!

Das Bild hängt einfach da und ist ein Bild von Picasso.

Die Äußerungen über dieses Bild sagen ausschließlich etwas über die Menschen, die sich dazu geäußert haben. Sie besagen, dass diese Menschen das Bild so sehen und empfinden, wie sie es gesagt haben – und nicht einmal das steht fest, denn gerade in der Kunst wird oft nachgeplappert, was sogenannte Experten vorgeben.

Noch ein Beispiel: In einer stillen und sonnigen Ecke des Gartens steht eine einzelne dunkelrote Rose – voll erblüht und einen starken Duft verströmend. Ein Mensch kommt vorüber, bleibt stehen, neigt sich zu der Rose hinunter, berührt sie zärtlich, atmet ihren Duft ein und denkt dabei, wie schön und vollendet sie doch sei und welche Wunder die Natur doch für uns bereithält. Ein anderer geht vorüber, empfindet das dunkle Rot als ausgesprochen kitschig und hält sich die Nase zu, um dem penetranten Gestank zu entgehen.

Was sagt dies nun über die Rose? Ebenso gar nichts! Sie steht einfach da, blüht und duftet – und in diesem Punkt verhält sie sich wesentlich klüger als die meisten Menschen.

Hätte sich Picasso in seinem Werdegang jemals darum gekümmert, wie die Leute seine Bilder empfanden, was sie darüber sagten, wie sie darüber dachten und welche Vorstellungen sie im Kopf hatten, wie ein Bild auszusehen hat, er wäre niemals Picasso geworden. Wir würden vermutlich nicht einmal wissen, dass er jemals gelebt hat.

Sobald es Ihnen wichtig ist, wie jemand Sie sieht, wie er Sie empfindet und über Sie denkt, sind Sie auch schon auf dem Weg, sich so zu verhalten, dass er Sie positiv sieht, empfindet und positiv über Sie denkt.

Dies ist der erste Schritt weg von der eigenen Persönlichkeit und hin zur Anpassung.

Sie verhalten sich nicht mehr so, wie Sie sich normalerweise verhalten würden, sondern so, dass Sie von Ihrem Gegenüber positiv gesehen und empfunden werden.

Nun haben wir aber an den Beispielen gesehen, dass die Empfindungen eines Menschen rein subjektiver Natur sind – was natürlich genauso für unsere eigenen Empfindungen gilt. Auch wie wir etwas sehen, wie wir etwas empfinden, sagt allein etwas über unsere eigenen Muster und Konditionierungen aus. Hüten wir uns davor, sie zu Wahrheiten zu erheben.

Wenn wir aber nun wollen, dass uns jemand positiv sieht, gehen wir auf seine ebenso unverbindlichen Muster ein und unterdrücken unser eigenes Verhalten. Welch ein Nonsens. Das eine Muster ist ebenso viel oder wenig wert wie das andere. Das eine ist ebenso wenig die Wahrheit, wie das andere die Wahrheit ist.

Nun wird mancher denken, dass dies theoretisch zwar stimmen mag, dass uns im Alltag aber meist nichts anderes übrig bleibt, als uns in gewisser Weise anzupassen. Wenn ich z.B. mit jemandem ein Geschäft machen will, wenn ich ihn als Arzt behandeln oder von ihm eingestellt werden möchte, ist es doch wichtig, wie er mich sieht, mich empfindet und wie er über mich denkt *(das ist absolut richtig)*.

Es bleibt mir doch gar nichts anderes übrig, als auf ihn einzugehen *(das ist absolut falsch!)*. Ich werde Ihnen diesen entscheidenden Unterschied am Ende dieses Kapitels noch durch eine Begebenheit aus meinem eigenen Leben deutlich machen. Aber führen wir zunächst unseren Gedanken weiter.

Wenn Sie z.B. dadurch, dass Sie auf jemanden eingegangen sind, von ihm eingestellt wurden, ihn als Partner gewonnen haben oder dergleichen, dann haben Sie ihm gegenüber ein Bild von sich geschaffen, das zwar nicht ganz Ihrer wahren Natur entspricht, dem Sie nun aber dauernd gerecht werden müssen. Das heißt, das einmalige „nicht Sie selbst sein" zwingt Sie nun indirekt dazu, die begonnene Maskerade weiterzuführen, und das kann sehr stressig sein.

Vielen ist der Reflex des Eingehens auf einen anderen so in Fleisch und Blut übergegangen, dass sie gar nicht mehr anders können. Sie sind nur noch Reflexion ihrer Außenwelt. Sie versuchen es allen recht zu machen und vergessen sich dabei selbst. „Mir geht es gut, wenn alle mit mir zufrieden sind.“ Dies reflektiert eine tiefe innere Armut. Es bedeutet, dass ich den Schlüssel dazu, ob es mir gut geht oder nicht, mehr oder weniger abgegeben habe. Wenn die anderen mit mir zufrieden sind … ja dann.

Oft wird der Grundstein zu solchen Verhaltensmustern bereits in der Kindheit gelegt: „So bist du aber ein liebes Kind, so haben wir dich gern, so sind wir ganz stolz auf dich.“ Die typische Dressur zum angepassten Etwas. Der Inhalt solcher Konditionierungen ist mehr als deutlich:

Ich werde nicht geliebt, gemocht und anerkannt, weil ich *Ich* bin, sondern weil ich mich in einer gewissen Weise verhalte. Also verhalte ich mich so, dass ich geliebt, gemocht und anerkannt werde, damit es mir gut geht.

Dies sind Reflexe wie bei einem Hund, aber eines menschlichen Wesens, das sich die Erreichung der Fülle der Schöpfung und damit eines erfolgreiches Lebens zum Ziel gesetzt hat, unwürdig.

Also, wenn Sie galanisieren, wenn Sie Abstand nehmen und von außen draufschauen, prüfen Sie, ob Sie das, was Sie gerade tun oder tun wollen, auch wirklich tun, weil „Sie" es wollen, oder ob Sie nur dabei sind, Liebe, Anerkennung oder was auch immer Sie dabei im Auge haben, sicherzustellen.

Dies zu erkennen ist nicht leicht, denn solche Reflexe sind für jemanden, der es lange so praktiziert hat, völlig normal geworden. Sie sind Teil seiner Persönlichkeitsstruktur. Aber gerade die wollten wir ja durchleuchten und in ihren behindernden Teilen umformen.

Dies heißt nun nicht, dass Sie ab sofort nie mehr auf die Vorstellungen eines anderen Menschen eingehen sollten. Dann hätten Sie nichts anderes getan, als die eine Unfreiheit gegen eine andere einzutauschen. Von einem Käfig in den anderen zu schlüpfen.

Wo ich Sie hinführen möchte ist, dass Sie Bewusstheit in solche Abläufe bringen. Dass Sie bewusst entscheiden, wie weit Sie gehen.
Dass Sie in innerer Gelassenheit zulassen, was Ihre eigene Substanz nicht berührt, und konsequent verweigern, was diese Grenze überschreitet.

Ich möchte erreichen, dass es Sie mit der Zeit nicht mehr berührt, was jemand über Sie denkt, ob er Sie mag oder nicht mag. Dass Sie wie die eben zitierte Rose im Garten einfach dastehen, blühen und duften.

Es ist völlig normal, dass es Menschen gibt, die Sie mögen, und es ist ebenso normal, dass es Menschen gibt, die Sie nicht mögen. Ich garantiere Ihnen, selbst wenn Sie bereit wären, für jeden Menschen, der Ihnen begegnet, absolut alles zu tun, damit er Sie mag und anerkennt, es wird Ihnen nicht gelingen. Ja, einige würden Sie genau wegen dieses Verhaltens ablehnen. Es ist selbst Jesus nicht gelungen, von allen gemocht zu werden, und den werden Sie wohl kaum übertreffen können.

Stehen Sie einfach da – blühen und duften Sie.

Gefallen Sie jemandem, bleibt er stehen, missfallen Sie jemandem, geht er weiter. Was haben Sie damit zu tun?

Die Summe derer, die Sie mögen oder nicht mögen, wird ohnehin annähernd gleich sein, egal ob Sie sich nun darum kümmern oder ob Sie sich nicht darum kümmern. Aber die, die Sie auf diesem Weg mögen, werden Menschen sein, die Sie mögen weil *Sie so sind, wie Sie sind* und nicht weil Sie sich so verhalten, wie diese denken, dass Sie sich verhalten sollten. Dies ist kein schlechter Tausch und zudem viel entspannter!

Es wird immer Menschen geben, die Sie bewundern, und es wird Menschen geben, die sich abwenden. Dies gehört zur Fülle der Schöpfung. Diese Fülle wäre nicht komplett, wenn es diese Differenzierung nicht gäbe. Es wäre ein Einheitsbrei, in dem alle alle gleich lieb haben, und dies ist eine totale Illusion.

Nun kenne ich aus vielen Diskussionen natürlich all die vielen Ausnahmen, wo solches Verhalten angeblich nicht möglich sein soll. In einer Partnerschaft, im Job, vor allem im Management usw. Ich sage Ihnen dazu absolut nüchtern und emotionslos: Wenn z.B. eine Partnerschaft nur dadurch funktioniert, dass Sie so sind, wie der andere denkt, dass Sie zu sein haben, gilt sein Mögen und seine Anerkennung nicht Ihnen, sondern lediglich Ihrem Verhalten.

In einem solchen Fall haben Sie ohnehin auf Sand gebaut. Sie betrügen sich selbst, weil Sie an einem Bild festhalten, das nicht der Wahrheit entspricht. Wenn Ihr Partner Sie mag, weil Sie so sind, wie Sie sind, wenn Sie Ihren Partner mögen, weil er so ist, wie er ist, wenn jeder er selbst sein kann, dann haben Sie auf Fels gebaut.

Aber nun möchte ich Ihnen das versprochene Beispiel aus meinem eigenen Leben erzählen, gerade weil das, was ich hier sage, ja angeblich im Managementbereich nicht möglich sein soll. Sie erinnern sich noch an das jähe Ende meiner Zeit als Auctioneer in Irland. Nun, wie ging es damals weiter?

Ich kam mit meiner Frau und meinen zwei Kindern zurück nach Deutschland und fand Unterschlupf bei einem Freund in der Nähe von Bonn, der uns einen Raum im Souterrain seines Hauses zur Verfügung stellte. Alles, was wir zu diesem Zeitpunkt noch besaßen, war auf einem kleinen Pkw-Anhänger untergebracht, und der Gang zum Sozialamt blieb mir diesmal nicht erspart. Die spärlichen Zuwendungen wurden mir allerdings nur als Kredit gewährt, und zusätzlich drohte man mir mit der Arbeit in einer Baumschule, bei deren Nichtannahme die Zahlungen eingestellt werden sollten. Dies war der Stand im Spätsommer 1984.

Durch Freunde, bei denen ein Headhunter, der einen Marketingfachmann suchte, angefragt hatte, bekam ich dann die Chance zu einem Vorstellungsgespräch bei einem Münchner Unternehmen, das im Film- und Fernsehbereich zu den Großen in dieser Welt zählte.

Dort wurde ein Director of Marketing and Sales International für den Aufbau eines deutschsprachigen Pay-TV-Programms gesucht, der diesen Job im Hinblick auf ein geplantes internationales Joint Venture mit ausländischen Medienkonzernen möglichst sofort antreten sollte. Insofern schien das zu passen. Dort hatte man es sehr eilig, und ich hatte es nicht minder eilig.

Im Marketingbereich hatte ich vor meiner Zeit in Irland erfolgreich gearbeitet und ein eigenes Unternehmen aufgebaut, das ich später mit zwei Partnern teilte, bevor ich ihnen nach einiger Zeit meine Geschäftsanteile verkaufte. In diesem Feld hatte ich immer noch einen sehr guten Namen. Der Auktioner konnte mir dabei allerdings wenig helfen. Von Pay-TV hatte ich ebenfalls nicht die geringste Ahnung.

Das kurzfristig anberaumte Vorstellungsgespräch in München – ich vergesse es nie, es war 10.30 Uhr an einem Donnerstag in einer Straße neben dem Hotel Bayerischer Hof – entwickelte sich dann zu einem der ungewöhnlichsten Gespräche dieser Art, die ich je geführt habe.

Die gesamte Spitze des Konzerns, einschließlich des Inhabers, thronte vor mir und erwartete meine Selbstpräsentation. Fünf Bewerber standen auf der Liste und ich war der berühmte Dritte in der Mitte. Keine sehr günstige Position.

Vom zweiten Mann des Konzerns, der offensichtlich einen anderen Bewerber durchbringen wollte, wurde ich in diesem Gespräch außergewöhnlich heftig attackiert, was sich bis zu einem handfesten Streitgespräch entwickelte, wobei ich ihm in verschiedenen Punkten kräftig über den Schnabel fahren konnte, was sonst nicht unbedingt meine Art ist. Aber dieser Kerl reizte mich. Er wirkte auf mich wie ein hochnäsiger, eingebildeter Fatzke.

In meiner inneren Einstellung war es mir inzwischen völlig gleichgültig, ob ich diesen Job bekam oder nicht, was Sie, verehrte Leser, in Kenntnis meiner Situation vielleicht bezweifeln werden. Aber glauben Sie mir, es war so. Ähnlich wie bei meinem Weggang nach Irland war ich mir vollkommen sicher, dass das Richtige zur richtigen Zeit auf mich warten würde. Ich war nicht bereit, mich schönzufärben und mich anzudienen. Aber ich war allerdings bereit – und es bereitete mir sogar ein inneres Vergnügen –, diesem Kerl Paroli zu bieten.

Zum Ende der Inquisition kam natürlich die unvermeidliche Frage nach den Bezügen, wobei man mir mitteilte, dass sie sich intern eine Summe von 180.000,– DM Jahresgehalt plus Dienstwagen, Versicherungen und dergleichen als Obergrenze für diese Position vorgestellt hatten.

180.000,– DM oder die drohende Arbeit in einer Baumschule mag den meisten Lesern dieses Buches als keine allzu schwere Entscheidung erscheinen. Trotzdem habe ich mich nicht darauf eingelassen. Ich forderte ein Jahresentgeld von deutlich über 200.000,– DM und tat der Versammlung kund, dass ich bis 16 Uhr in meinem Hotel erreichbar sei und dann nach Bonn zurückfliegen würde.

In der Einsamkeit meines Hotelzimmers kamen mir dann doch erhebliche Bedenken über die Richtigkeit meines Verhaltens. Mein Ego-Ich versuchte zuzuschlagen. War ich verantwortungslos gegenüber meiner Familie? War ich undankbar für die Chance, die mir hier geboten wurde? Hatte ich sogar versagt? War ich größenwahnsinnig?

Sicher kennen Sie solche Momente, wo die Zweifel über die Richtigkeit des eigenen Verhaltens zuerst zur Qual und dann immer mehr zur Gewissheit werden. Wenn Sie aber in solchen Fällen meiner Technik des *Galanisierens* folgen und solche Abläufe aus der Distanz betrachten, haben solche Gedanken keine Macht mehr über Sie. Nur damals war auch ich noch nicht so weit und meine Zweifel nagten Stunde um Stunde mehr an mir.

Aber ich hatte nicht versagt. Zehn Minuten vor vier Uhr klingelte das Telefon und man teilte mir mit, dass man sich nach langer interner Beratung auf eine Zusammenarbeit mit mir freue.

Mit allen üblichen Zutaten – Firmen-BMW, Versicherungen, Altersvorsorge usw. einigten wir uns dann auf etwas unter einer viertel Million DM Jahreseinkommen. Heute keine so beeindruckende Zahl mehr, aber 1984 war dies eine ganze Menge.

Es war wie gesagt ein Donnerstag und das Ganze geschah zwischen 10 und 16 Uhr. Am darauffolgenden Montag saß ich bereits an meinem neuen Schreibtisch in München. In den nächsten zwei Monaten lebte ich auf Kosten des Unternehmens in den Münchner Nobelhotels, bis ich eine eigene Wohnung gefunden hatte und meine Familie nachkommen konnte.

Später erfuhr ich, dass es dem Inhaber des Konzerns ausgesprochenes Vergnügen bereitet hatte, wie ich seinem Intimus Paroli geboten hatte. Dies war für ihn das entscheidende Kriterium. Diesen Mann wollte er haben. Auf dieser Wellenlänge hatte ich ihn erreicht. Dies war seine eigene Sprache. Hätte ich mich angepasst, wäre ich nicht *Ich* geblieben, hätte ich taktiert, um zu gefallen, hätte ich diesen Job wohl nie bekommen.

Diesen Job behielt ich dann zwar nur anderthalb Jahre, weil das gesamte Projekt platzte (was mir dann aber noch eine zusätzliche Abfindung von ca. 150.000,– DM einbrachte). Aber immerhin war ich damit wieder aus dem Gröbsten heraus.

In diesem Fall hat sich meine Frechheit also ausgesprochen gelohnt. Trotzdem: So etwas lässt sich nicht wiederholen, so etwas lässt sich nicht nachmachen. Es sind zu viele Faktoren, die ineinander greifen müssen. Es lässt sich aus solchen Erfolgsgeschichten kein unfehlbares

Rezept ableiten, wie ich dies schon am Anfang deutlich gemacht habe.

Woran Sie aber sinnvoller Weise arbeiten können, ist der Aufbau eines Fundaments, das ein solches Verhalten erst möglich macht:

Die innere Sicherheit, dass zum richtigen Zeitpunkt das Richtige geschehen wird.

Wie haben wir es in unserer Zielsetzung bereits genannt? Blättern Sie noch einmal zurück und Sie werden feststellen, dass in meinem Beispiel Zielsetzung und Verhalten vollkommen übereinstimmen.

Vielleicht sollten Sie sich jetzt liebevoll Ihrem Tom oder Ihrer Tina zuwenden, die Ihnen sicher klar zu machen versuchen, dass das, was ich hier wieder sage, nur absoluter Nonsens sein kann, da in Ihrem Leben noch nie das Richtige zum richtigen Zeitpunkt geschehen ist – leider eher das Gegenteil. Sie bekamen immer noch eins drauf.

Wenn das wirklich so war, standen Sie sich vermutlich selbst im Wege, haben keinen Raum gelassen oder das Thema eines roten Fadens war noch nicht erledigt. Die Arbeit an solchen Dingen kann ich Ihnen nicht ersparen. Das notwendige Handwerkszeug dazu habe ich Ihnen aber gegeben.

Gehen Sie den Weg der Rose. Alles andere lohnt sich nicht. Bleiben – oder werden Sie – immer „Sie selbst“ und ziehen Sie die Grenze da, wo Sie das Gefühl haben, sie ziehen zu müssen.

Alles andere macht Sie flugunfähig.

PIP
Your Personal Important Points

Ich bin zwar die Ursache einer Reaktion,
aber ich bin nicht die Ursache für
***die Art* der Reaktion.**

*

Wie jemand mich sieht, sagt in erster Linie
etwas über seine Sicht der Dinge.

*

Ich gehe den Weg der Rose:
einfach dastehen, blühen und duften.

*

Es ist völlig normal, dass ich gemocht und ebenso
auch
nicht gemocht werde.

*

____

____

____

*

____

____

____

Die Fallstricke der Erwartungen

Erwarten Sie für morgen schönes Wetter? Ich vermute zumindest, dass Sie nicht unzufrieden wären, wenn es so sein würde. Aber Verzeihung, was ist das, „schönes Wetter“?

Es gibt kein schönes Wetter. Es gibt nur als schön empfundenes Wetter und die Empfindungen der Menschen darüber, was „schönes Wetter“ ist, sind recht unterschiedlich.

Während Sie sich vielleicht einen wolkenlosen warmen Sommertag vorstellen, erhofft sich ein anderer, dass es doch bitte nicht ganz so warm und etwas bewölkt sein möge. Ein Landwirt, dessen Wiesen dringend Regen benötigen, hat wiederum eine ganz andere Vorstellung von schönem Wetter. Ein Skifahrer, der auf bessere Schneebedingungen in den Bergen hofft, oder ein Segelsportler, der dringend Wind benötigt, sieht die Sache wiederum ganz anders.

Wenn aber schon bei einem so einfachen Thema wie dem Wetter die Erwartungen der Menschen so weit auseinanderklaffen, wie könnten wir es dann jemals schaffen, den unterschiedlichsten Erwartungen, die an uns selbst gestellt werden, auch nur annähernd gerecht zu werden?

Ein Kollege erwartet z.B., dass ich diesem oder jenem doch endlich mal deutlich die Meinung sage, und ein anderer Kollege erwartet, dass ich dies doch um Gottes willen nicht tun möge.

Nehmen wir ein völlig banales Beispiel, das täglich tausendfach zu beobachten ist: „Ich hatte doch erwartet, dass du zumindest mal anrufst."

Sicher haben Sie diese oder ähnliche Äußerungen schon des Öfteren zur Kenntnis nehmen müssen? Beachten Sie bitte besonders den fordernden Unterton des „zumindest". Wenn wir es also nicht getan haben, sind wir damit nicht einmal der „Mindest-"Erwartung gerecht geworden.

Wie gehen Sie mit solchen Dingen um? Fühlen Sie sich nun schuldig, ertappt, undankbar, unhöflich oder was auch immer, oder ist es Ihnen völlig gleichgültig, was jemand von Ihnen erwartet?

Im ersten Fall machen Sie einen elementaren Fehler. Im zweiten Fall liegen Sie wesentlich besser, denn:

Für die Erwartungen eines anderen sind wir weder zuständig noch verantwortlich.

Seine Erwartungen entsprechen ausschließlich seinen Vorstellungen, seinem Bild davon, wie etwas zu sein oder zu werden hat, und die Fragwürdigkeit solcher Vorstellungen haben wir ja bereits im vorhergehenden Kapitel ausführlich behandelt. Deshalb meine dringende Empfehlung:

Richten Sie Ihr eigenes Verhalten niemals nach den Erwartungen anderer aus.

Nun kommen sicher spontan eine ganze Menge Einwände: Das geht doch nicht, meine Eltern, meine Lehrer, mein Partner, mein Chef, die Firma, die Behörde, der Staat usw., stellen doch alle bestimmte Erwartungen an mich, und wenn ich denen dann nicht gerecht werde, bekomme ich Ärger. Das ist absolut richtig.

Aber gerade weil dies so ist, weil Sie einer Vielzahl von Erwartungen nicht oder kaum ausweichen können, sollten Sie sich sehr bewusst überlegen, welchen der an Sie gestellten Erwartungen Sie nun folgen wollen und welchen nicht. Wenn Sie es bei dieser kritischen Überprüfung schaffen, schon nur der Hälfte der an Sie gestellten Erwartungen nicht mehr zu folgen, bekommen Sie einen wunderbaren Freiraum, den Sie nun sinnvoller nutzen können.

Die Grenze liegt da, wo das Eingehen auf eine fremde Erwartung Ihren eigenen Empfindungen und Interessen entgegensteht. Sie haben das Recht, so zu sein, wie Sie sind. Es ist nicht Ihre Bestimmung, den Erwartungen anderer zu entsprechen.

Wenn z.B. Ihre Eltern von Ihnen erwarten, dass Sie einen bestimmten Beruf erlernen und dann die elterliche Firma, Anwaltskanzlei oder dergleichen übernehmen, Sie aber ganz andere Vorstellungen von Ihrer Zukunft haben, dann haben Sie keinerlei Veranlassung, den Erwartungen Ihrer Eltern gerecht zu werden. Es ist Ihr Leben. Selbst wenn Ihre Eltern nun wehklagen, wie enttäuscht sie nun sind, dass sie doch alles nur für Sie getan und sich solche Hoffnungen gemacht haben – kümmern Sie sich nicht darum, gehen Sie Ihren Weg. Lassen Sie sich keine Schuldgefühle aufdrücken. Sie haben keine Schuld an den Erwartungen Ihrer Eltern.

Sie sind mit Ihrer ablehnenden Haltung weder undankbar noch verantwortungslos. Sie tragen allein die Verantwortung für Ihr Leben. Sie sind nicht für die

Erfüllung der Erwartungen Ihrer Eltern verantwortlich. Auch dann nicht, wenn Mutter dadurch wieder „ihre Herzschmerzen" bekommt oder sich sonst was Druckvolles aussucht.

Ist Ihnen dies zu hart? Nun, Sie können natürlich auch darauf eingehen, aber dann sollten Sie es bewusst tun. Es wäre schade, wenn Sie sich den Rest Ihres Lebens darüber beklagen würden, wie unglücklich Sie sind, und dass Sie gerne etwas anderes gemacht hätten, usw.

Solange Sie sich selbst hintenanstellen, werden Sie hintenanstehen. Wo sonst?

Ich habe dieses Beispiel aus dem familiären Bereich nicht zufällig gewählt. Viele Beratungen, die ich durchführe, kreisen um diese Problematik. Der so genannte Generationenkonflikt, bei dem die Jungen die Alten und die Alten die Jungen nicht mehr verstehen, hat viele Gesichter. Er ist so alt wie die Menschheit.

Erinnern wir uns: Die Schöpfung ist in dauernder Bewegung. Nichts bleibt auch nur eine Sekunde so, wie es ist – auch wir nicht. Wenn nun die Jungen so weitermachen würden, wie die Alten erwarten, dass sie weitermachen sollen, würde die Schöpfung stillstehen. Die Menschheit träte auf der Stelle.

Ich verweise auch noch einmal auf die Präambel unserer gemeinsamen Zielsetzung, die wir uns an dieser Stelle wieder einmal bewusst machen sollten:

Ich lebe in der Fülle der Schöpfung und genieße das Spiel des Lebens. Alles, was ich beginne, entwickelt sich zum Segen für mich. Zum richtigen Zeitpunkt treffe ich die richtigen Entscheidungen. Ich lasse los und vertraue auf meine unbegrenzte geistige Natur.

Also, wenn Sie im vorstehenden Beispiel dem Erwartungsdruck Ihrer Eltern innerlich widerstrebend und um des lieben Friedens willen folgen würden, wären Sie von dieser Zielsetzung meilenweit entfernt. Sie würden weder in der Fülle der Schöpfung leben, noch würden Sie das Spiel des Lebens genießen, denn das, was Sie da in Zukunft spielen werden, wollten Sie doch eigentlich gar nicht spielen!

Sie hätten lieber woanders gespielt. Was Sie nun widerstrebend begonnen haben, wird sich deshalb kaum zu Ihrem Segen entwickeln, und dass Sie damit zum richtigen Zeitpunkt die richtige Entscheidung getroffen haben, ist ebenso kaum zu vermuten. Losgelassen und vertraut haben Sie auch nicht.

Was will ich damit deutlich machen? Ich möchte, dass Sie erkennen, dass Sie Ihre Zielsetzung nicht einen Augenblick aus den Augen verlieren dürfen. Auch bei Dingen, die damit scheinbar nichts zu tun haben. Es gibt nichts, was nichts mit Ihrer Präambel zu tun hat.

Sie sollten immer wieder hinterfragen: „Will ich das wirklich, bin ich das wirklich, oder folge ich lediglich fremden Erwartungen?" Wie wir aus unseren anfänglichen Betrachtungen zur Entwicklung unserer Persönlichkeitsstruktur wissen, ist es oft der unbewusste Wunsch nach Anerkennung, Liebe und Zuneigung, der uns fremden Erwartungen folgen lässt. Sie erinnern sich: „So haben wir dich lieb, so sind wir aber stolz auf dich". Sie haben nur sehr wenig davon, wenn Ihre Eltern stolz auf Sie sind, Sie selbst aber unzufrieden mit sich und Ihrem Leben sind.

Das Gleiche gilt auch für das berufliche Umfeld. Wenn Ihr Chef bestimmte Erwartungen an Ihr Verhalten stellt, dann hat er im Rahmen Ihres Arbeitsverhältnisses durchaus das Recht dazu. Dies schließt aber Ihr eigenes Recht, so zu sein, wie Sie sind, keinesfalls aus.

Wenn diese beiden Rechte nicht in Einklang zu bringen sind, wenn Ihr Chef Sie nicht akzeptieren kann, wie Sie sind, und Sie nicht akzeptieren können, wie Ihr Chef erwartet, dass Sie sein sollten, müssen Sie diese Verbindung lösen oder Sie schaden sich selbst. Wenn Sie z.B. aus Angst davor, so schnell keinen anderen Job zu finden, den Erwartungen Ihres Chefs widerstrebend gerecht werden, fressen Sie täglich so viel Frust in sich hinein, dass Sie wahrscheinlich über kurz oder lang krank werden. Was ist Ihnen wichtiger?

Diese Kernfrage können Sie auf alle Lebensbereiche ausdehnen. Eine Partnerschaft z.B., die nur dadurch funktioniert, dass Sie den Erwartungen Ihres Partners gerecht werden und Ihre eigenen Interessen zurückstellen, sollten Sie so nicht fortführen. Wir haben schon darüber gesprochen. Dies mag egoistisch klingen, ist aber durchaus legitim.

Ein gewisser Egoismus ist überlebensnotwendig. Immer nur „Bitte nach Ihnen“ führt zur Unterdrückung der eigenen Lebensimpulse und dies kann ein Mensch über einen längeren Zeitraum nicht ohne ernsthafte Folgen durchstehen.

Diese Folgen spiegeln sich in seiner psychischen und körperlichen Gesundheit wider.

Egoismus ist erst dann von Übel, wenn er die Durchsetzung eigener Interessen zu Lasten anderer zum Ziel hat.

Ein Partner, der verlangt, dass sein Partner seinen Erwartungen folgt, verhält sich genau in diesem Sinne. Er setzt seine Sicht der Dinge, setzt seine Erwartungen zu Lasten des anderen durch. Hier müssen Sie die Notbremse ziehen.

Natürlich sollten wir nicht herumlaufen und peinlichst genau darauf achten, dass wir nur ja nicht den Erwartungen eines anderen folgen. Dies wäre auch wieder nichts anderes, als die eine Unfreiheit gegen eine andere einzutauschen. Die Grenze ist eindeutig, und ich bin sicher, Sie werden Sie mit der notwendigen Flexibilität beachten:

> Tun Sie nichts, was Ihnen total gegen den Strich geht, und seien Sie großzügig da, wo es Ihre vitalen Lebensinteressen nicht berührt.
> Kein Lebewesen – außer dem vernunftbegabten Menschen – tut sich etwas an, was ihm nicht gut tut.

Sie hatten doch beschlossen, dass es Ihnen gut geht!

So wie Sie die Erwartungen anderer an Sie kritisch beleuchten sollten, so sollten Sie natürlich auch Ihre Erwartungen an andere kritisch betrachten. So wie Sie die Erwartungen anderer an Ihr Verhalten nicht gelten lassen sollten, wenn sie Ihren eigenen Intentionen entgegenstehen, so sollten Sie auch keine Erwartungen an das Verhalten anderer stellen, die deren Interessen entgegenstehen.

Kompromisse können dabei manchmal sehr sinnvoll erscheinen, sind aber in der Regel nur die Quelle erneuter Unzufriedenheit. Bei einem Kompromiss bekommt ja niemand das, was er wollte. Ein Kompromiss schafft bei vitalen Interessen lediglich zwei Unzufriedene statt einen.

Man muss sich halt damit zufrieden geben, höre ich dann sehr oft. Aber warum muss ich mich damit zufrieden geben? In Wahrheit bin ich doch gar nicht zufrieden. Diese Zufriedenheit ist doch eine Lüge, die mir von meinem Verstand diktiert wurde. Es war halt nicht mehr drin!

Vernünftiger wäre es doch, nach einer Lösung zu suchen, bei der ich wirklich zufrieden bin. Auch wenn ich dabei eine Partnerschaft, eine Zusammenarbeit, ein Dienstverhältnis oder sogar eine familiäre Verbindung lösen muss. Denken Sie an die Präambel Ihrer Zielsetzung. Den anvisierten Zustand erreichen Sie nur, wenn Sie auch konsequent in diesem Sinne handeln. Auch wenn es zunächst schmerzhaft ist.

Oft höre ich Menschen sagen, dass doch das ganze Leben aus Kompromissen bestehe. Also ich möchte ein solches Leben nicht leben. Ich finde so etwas nicht erstrebenswert. Ich habe mich anders entschieden.

Ein Leben, das nur aus Kompromissen besteht, hat nun wirklich nichts mit der Fülle der Schöpfung zu tun. Und als ein Spiel, das Freude bereitet, ist es wohl auch kaum zu bezeichnen. Der Buddha Gautama sagt in seinen goldenen Regeln zur Aufhebung des Leids unter anderem Folgendes:

Nichts erwarten – nichts zurückweisen.

Erwartungen, von welcher Seite sie auch immer gestellt werden, sind grundsätzlich problematisch. Treffen sie ein, haben wir es ja eh so erwartet, treffen sie nicht ein, sind wir enttäuscht. Hätten wir nichts erwartet, könnten wir uns um so mehr freuen, und bliebe etwas aus, würden wir nichts vermissen, da wir es auch nicht erwartet haben.

Wenn wir das Spiel des Lebens spielen wollen, wenn wir offen sein wollen, wenn uns das Spiel erreichen soll, müssen wir unsere Erwartungen drastisch reduzieren. Erwartungen machen eng. Sie führen wieder in das Bahnsteigsyndrom, das wir bereits besprochen haben.

Nun lassen Sie mich noch etwas zur so genannten Enttäuschung sagen, der ja in der Regel immer eine Erwartung vorausging.

Eine Enttäuschung ist etwas absolut Positives. Das Wort besagt nichts anderes, als dass wir in einer Täuschung gelebt haben, nunmehr *ent*täuscht sind und wieder klar sehen. Vielen Dank dafür.

Wenn Ihnen also jemand sagt, dass Sie ihn fürchterlich enttäuscht haben, dann mag das zwar für ihn fürchterlich sein, aber es wurde offensichtlich höchste Zeit für diese *Ent*täuschung. Sie geschah zu seinem und zu Ihrem Wohl. Er hat bisher in einer Täuschung gelebt, er hatte Erwartungen an Sie, zu denen er kein Recht hatte, und Sie haben sich von diesen Erwartungen befreit. Nun ist die Luft wieder klar. Es darf allseits durchgeatmet werden.

Wir könnten dieses Thema noch durch viele Beispiele ergänzen. Aber ich bin sicher, Sie haben erkannt, auf was es ankommt.

Schmunzeln muss ich immer, wenn ich mir in diesem Sinne ein Weihnachtsfest betrachte. Das Spiel zwischen Erwartung und Enttäuschung, die zusammengehören wie Blitz und Donner, treibt nirgendwo extremere Blüten. Was hier an Besuchen gemacht, an Telefonaten geführt, an Karten geschrieben und an Geschenken übergeben wird, die den meisten innerlich widerstreben und lediglich Pflichtübungen sind, ist kaum vorstellbar. Es ist für mich das Fest der großen Heuchelei und was da so alles aus Liebe geschehen sollte, geschieht meist aus Verpflichtung, Berechnung, Gewohnheit usw. Auch bei solchen Gelegenheiten sollten Sie mit der notwendigen Müllentsorgung beginnen!

PIP
Your Personal Important Points

Ich bin für die Erwartungen anderer an mich nicht verantwortlich.

*

Solange ich mich selbst hintenanstelle, werde ich hintenanstehen.

*

Ich erwarte nichts und weise nichts zurück.

*

Ich beobachte und bin erreichbar für die Fülle der Schöpfung.

*

Jede Enttäuschung lässt mich wieder klar sehen.

*

*

Die unsinnige Angst vor Fehlern

Versuchen wir diesen Punkt zunächst einmal völlig wertfrei zu hinterfragen. Ist ein Fehler etwas Positives oder Negatives?

Wenn Sie versucht sind, schon die Fragestellung für unsinnig zu halten, da ein Fehler, den doch jedermann vermeiden möchte, in jedem Fall etwas Negatives ist, dann bin ich ganz und gar nicht Ihrer Meinung.

Natürlich wollen wir Fehler vermeiden. Dies gilt für alle Bereiche des Lebens. Wenn wir als Geschäftsmann, als Leistungssportler, im Straßenverkehr, bei der Steuererklärung, in der Kindererziehung, als Orchestermusiker oder wo auch immer Fehler machen, dann ist dies nicht nur unangnehm für uns, in der Regel erfahren wir dadurch sogar einen Schaden.

Dieser Schaden kann sich in harter Münze, in Imageverlust, einer behördlichen Strafe, einem angekratzten Selbstbild usw. äußern.

Wie kann also so etwas positiv sein? Nun, das angekratzte Selbstbild z.B. wäre weniger ein Schaden als vielmehr ein absoluter Segen für uns. Damit nehmen wir bereits den ersten Baustein aus unserem Bild von der Negativität eines Fehlers.

Sollten Sie Ihr Selbstbild so hoch aufgerichtet haben, dass eigene Fehler für Sie etwas Unmögliches sind, dann haben Sie mein tiefstes Mitgefühl. Ich möchte nicht mit Ihnen tauschen.

Mit diesem hohen Anspruch sind Sie rund um die Uhr damit beschäftigt, Ihre Makellosigkeit zu bewahren. Sie haben sich selbst eine Messlatte gesetzt, die Ihnen eine der menschlichsten Eigenschaften, nämlich Fehler zu machen, verwehrt.

Sie haben sich selbst zum Übermenschen erhoben und hetzen diesem Selbstbild hinterher. Erreichen werden Sie es trotzdem niemals. Wie oft schon habe ich Menschen sagen hören:

„Dass mir das passieren konnte, werde ich mir nie verzeihen."

Das einzig Unverzeihliche daran ist nicht der Fehler, sondern die Torheit einer solchen Einstellung.

Wenn ich mir selbst keinen Fehler verzeihen kann, wer soll ihn mir dann verzeihen?

Ich kann doch von einem anderen nicht etwas erwarten, das ich für mich selbst nicht aufbringen kann. Aber warum kann ich so etwas für mich selbst nicht aufbringen? Jemand anderem würde ich den Fehler ja verzeihen, aber wenn „mir" so etwas passiert ... Dies ist nichts anderes als eine der unendlich vielen Variationen mangelnder Selbstliebe.

Ich bin nur dann mit mir zufrieden und kann mich nur dann anerkennen, wenn ich fehlerlos bin. Da dies aber im Menschsein unmöglich ist, schaffe ich mir mit diesem unsinnigen Anspruch eine Quelle dauernder Anspannung und Unzufriedenheit.

Wenn Sie solche Tendenzen im Verhalten Ihres Tom oder Ihrer Tina feststellen, prüfen Sie bitte umgehend, welche Ihrer Teilpersönlichkeiten dafür verantwortlich ist, und arbeiten Sie dann sofort damit – galanisieren Sie. So, wie wir es besprochen haben: liebevoll!

Vielleicht wird Ihnen dabei auch klar, wodurch ein solches Muster entstanden ist. Wir haben die Quellen solchen und ähnlichen Verhaltens schon angesprochen. Sie erinnern sich – „so haben wir dich lieb, so sind wir aber stolz auf dich". Diesen Unsinn müssen Sie beenden oder Sie treten auf der Stelle.

Aber betrachten wir das Thema Fehler noch aus einer anderen Perspektive:

Ab dem Moment, wo wir keine Fehler mehr machen dürfen, verordnen wir uns selbst den totalen Stillstand unserer Entwicklung. Fehler sind die Basis jeder Entwicklung. Ohne Fehler ist keine Entwicklung möglich.

Wenn wir z.B. eines Tages ein wirksames Medikament gegen Aids oder Krebs gefunden haben, dann bestand der Weg dorthin aus Millionen Fehlern. Jeder Fehlversuch, jede Richtung, die sich als nicht brauchbar herausstellte, war ein unverzichtbares Zwischenresultat auf dem Weg zu diesem Endergebnis.

Wir müssen den Fehler als etwas betrachten, das uns weiterbringt. Als eine Chance, Dinge zu erkennen und Erfahrungen zu sammeln, die wir ohne den Fehler nicht hätten machen können.

Dies setzt allerdings voraus, dass wir uns positiv mit dem Fehler auseinander setzen und daraus lernen. Totschweigen oder vertuschen, was nach unserer Meinung nicht sein darf, ist der falsche Weg.

Ein Fehler ist nichts anderes als eine Zwischenstation auf dem richtigen Weg, wenn ich den Fehler als Erfahrung nutze.

Nun muss ich allerdings einräumen, dass es Menschen gibt, die aus ihren Fehlern offensichtlich nichts lernen. Völlig unbeeindruckt machen sie immer wieder die gleichen Fehler, geraten immer wieder in die gleichen Situationen, stehen immer wieder vor den gleichen Problemen.

Nicht immer ist dies eine zentrale Lernaufgabe, wie wir dies im Kapitel „Der rote Faden“ besprochen haben, obwohl das sicher zunächst zu prüfen wäre. Solches Verhalten kann auch bei absolut unzusammenhängenden Themen beobachten werden. Bei einer zentralen Lernaufgabe hingegen ist der inhaltliche Nenner ja immer gleich.

Sie ahnen bereits, was es noch sein könnte.

Solche Menschen galanisieren nicht, hinterfragen nicht, schauen nicht drauf, nehmen keinen Abstand, analysieren und korrigieren nicht. Sie sind wie blinde Hühner. Sie leben unverrückbar in ihren Wahrheiten, ohne diese jemals in Frage zu stellen. Sind wie Lokomotiven, die nichts anderem als ihren Geleisen folgen können, auch wenn diese jedesmal in der gleichen Sandgrube enden, was sie dann gerne als ungerechtes Schicksal beklagen.

Wir wissen, wie die Geleise, auf denen wir uns bewegen, entstanden sind. Es sind unsere Konditionierungen, unsere Erfahrungen. Wenn wir diese nicht umpolen, wird immer die gleiche Sandgrube auf uns warten.

Die Geleise können sich nicht selbst verlegen. Das können nur wir bewirken.

Also prüfen Sie sorgfältig, wie Sie mit den eigenen und auch mit den Fehlern anderer umgehen, und wenn Sie dann liebevoll mit Ihrem Tom oder der Tina arbeiten, rücken Sie die Bedeutung eines Fehlers dahin, wo sie hingehört: In die Rubrik der verwertbaren Erkenntnisse, ohne die wir nicht weiterkämen.

Sie dürfen Fehler machen – Sie müssen Fehler machen oder Sie treten auf der Stelle. Nur wer nichts macht, macht keine Fehler, und Sie haben sich doch so viel vorgenommen.

PIP
Your Personal Important Points

Ich darf Fehler machen
und ich verzeihe mir diese Fehler.
*
Meine Fehler sind nur Zwischenstationen
auf dem Weg zum richtigen Ergebnis.
*
Entscheidend ist allein die Verarbeitung
des Fehlers.
*
Ohne Fehler würde ich nicht weiterkommen.
*

____
____
____

*

____
____
____

Unsere Erfahrungen – Fluch oder Segen?

Beginnen wir mit der gleichen Frage, die wir uns bei der kurzen Betrachtung über die Bedeutung des Fehlers gestellt haben: Ist eine Erfahrung etwas Positives oder Negatives?

Wahrscheinlich werden Sie sagen, dass sie natürlich ebenso das eine wie das andere sein kann, und damit liegen Sie im Prinzip richtig.

> Eine Erfahrung ist von Natur aus weder positiv noch negativ. Erst unser persönlicher Umgang und unsere persönliche Bewertung macht sie zu etwas Positivem oder Negativem. Erfahrung kann unseren Blickwinkel erweitern oder verengen.

Wir können z.B. eine Erfahrung – gleichgültig ob wir ihren Inhalt zunächst als positiv oder als negativ bewerten – als Basis betrachten, auf der wir weiter aufbauen, oder wir können sie als Alibi benutzen, die Hände in den Schoß zu legen.

Mit einer von uns als positiv bewerteten Erfahrung können wir uns zufrieden geben und uns darauf ausruhen, oder wir können sie als Ansporn zu weiteren positiven Erfahrungen betrachten. Eine als negativ empfundene Erfahrung können wir als Herausforderung betrachten, die gleiche Angelegenheit noch einmal ganz anders anzugehen, oder sie kann uns als Alibi dienen, die Segel zu streichen. Immerhin haben wir es ja versucht.

Nicht selten stellt sich auch nach einiger Zeit heraus, dass eine von uns zunächst als negativ eingestufte Erfahrung das Beste war, was uns passieren konnte, wogegen uns das, was wir spontan als positiv empfanden, eher schadete.

„Nachher ist man immer klüger“ heißt ein oft benutzter Satz. Wie schade. Wäre es nicht wesentlich hilfreicher, wenn wir es schaffen würden, im Moment des Geschehens und nicht erst nachher klüger zu sein? Wenn wir im Moment des Geschehens galanisieren, wenn wir Abstand nehmen, draufschauen und hinterfragen, was uns das, was da im Moment abläuft, sagen will, was es bedeutet und was wir damit anfangen können, sind wir auf dem Weg zu sofortiger und nicht erst später entdeckter Klugheit.

Aber dazu müssen wir unser Ego-Ich unter Kontrolle bekommen. Die Sortiermaschine unseres Archivs neigt dazu, jede Erfahrung sofort in die entsprechende Schublade einzuordnen und diese Einordnung geschieht ausschließlich auf der Basis unserer bisherigen Erfahrungen.

Ich erinnere noch einmal daran, was wir bereits im Kapitel über die Entstehung unserer Persönlichkeitsstruktur festgestellt haben: Mit dem Abschluss des sechsten Lebensjahres ist die Grundsteinlegung unserer Persönlichkeit in etwa abgeschlossen. Wir leben bereits in den Wahrheiten, die wir erlebt haben. Wir wissen – oder besser gesagt, wir glauben zu wissen – was richtig und was falsch ist, was „man“ tut und nicht tut, wo wir dazugehören und wo wir nicht dazugehören.

Auf der Basis dieser gefundenen Wahrheiten addiert unser Unterbewusstsein alles hinzu, was diesen Wahrheiten entspricht, ignoriert alles, was solchen Aufzeichnungen widerspricht, oder verwendet es lediglich als Beweis für die Richtigkeit unserer Wahrheit. „Siehst du, haben wir doch gleich gewusst, dass das nicht geht!“ Dieses System ist während unseres gesamten Lebens wirksam. Ein Kreisverkehr also.

Es ist das Einsortieren in die alten Schubladen, was uns nicht weiterbringt, und wir hatten uns doch vorgenommen, völlig neu zu sortieren.

Erfahrung ist wie ein Chamäleon. Sie schillert in allen Farben – je nachdem, von welcher Seite sie beleuchtet wird. Schauen wir uns einmal verschiedene Interpretationen und Empfehlungen zur Anwendung einer Erfahrung an.

Die meisten Autoren, Trainer und Therapeuten, die sich im weitesten Sinne mit dem Thema Erfolg beschäftigen, schwören z.B. darauf, dass nur derjenige erfolgreich sein kann, der trotz aller negativer Erfahrungen niemals aufgibt. Wir haben über diese Ochsentour bereits gesprochen.

Die Wahrheit liegt meiner Erfahrung nach in der Mitte. Es kann ebenso unweise sein, nach der ersten negativen Erfahrung aufzugeben, wie es unweise sein kann, trotz negativer Erfahrungen weiterzumachen. Auch hier ist es wichtig, die Erfahrung völlig emotionslos, mit dem notwendigen Abstand und der notwendigen Offenheit und Flexibilität von außen zu betrachten, also zu *galanisieren*.

Halsstarrigkeit, Unflexibilität und Besessenheit machen blind. Das Harte, Spröde und Unnachgiebige aber wird der Sturm brechen.
Das Elastische, Flexible und Nachgiebige wird sich nach dem Sturm wieder aufrichten.

Es ist nicht verwunderlich, dass die meisten Menschen mit zunehmendem Alter starr und unflexibel werden. Die Art ihrer Erfahrungsverarbeitung hat ihre Sicht verengt, statt sie zu erweitern. Sie sehen inzwischen mehr Argumente gegen als für eine Sache. Sie haben sich eine falsche

Sammlung zugelegt, haben nicht sortiert, haben nicht hinterfragt, nicht galanisiert.

Ich las in einem Buch von Antony Robbins die Lebensgeschichte eines Mannes, die mir sehr zu denken gegeben hat. Ich will sie Ihnen nicht vorenthalten, denn sie zeigt in klassischer Weise, wie unterschiedlich man das Thema Erfahrung betrachten kann.

- mit 31 eine geschäftliche Pleite
- mit 32 einen Wahlkampf verloren
- mit 34 erneut eine Pleite erlebt
- mit 36 ein Nervenzusammenbruch
- mit 38 eine Wahl verloren
- mit 43 im Kongress unterlegen
- mit 46 im Kongress unterlegen
- mit 48 im Kongress unterlegen
- mit 55 im Kampf um einen Senatorenplatz unterlegen
- mit 56 das Ziel Vize-Präsident zu werden verfehlt
- mit 58 im Kampf um einen Senatorenplatz unterlegen
- mit 60 zum Präsidenten der Vereinigten Staaten gewählt

Dieser Mann hieß Abraham Lincoln.

Bemerkenswert. Aber was kann man daraus nun wirklich ableiten?

Zunächst scheint dieser Lebenslauf so etwas wie ein klarer Beweis für die Theorie zu sein, dass nur die absolute Hartnäckigkeit zum Erfolg führt. Aber wenn wir uns die kleine Freiheit nehmen, den Schluss dieser Geschichte ein wenig zu verändern, wird uns die Fragwürdigkeit einer solchen Theorie sehr schnell bewusst:

- mit 60 verarmt und erkrankt
- mit 63 in der Psychiatrie verstorben

Natürlich ist die Geschichte Lincolns nicht im Sinne unserer kleinen Änderung ausgegangen. Aber die Geschichte hätte so ausgehen können, und aufgrund meiner Erfahrungen bin ich davon überzeugt, dass die meisten Geschichten dieser Art eben so ausgehen und nicht zu einer der so gerne nacherzählten Erfolgsgeschichten werden.

Die Geschichte Lincolns ist kein schlüssiger Beweis dafür, dass nur die absolute Hartnäckigkeit zum Erfolg führt, sie beweist lediglich, dass es auch so – ja ich würde sogar sagen trotzdem so – gehen kann.

Wie schon gesagt halte ich diesen Weg für die uneleganteste Ochsentour, auf die sich ein Mensch einlassen kann. Ich möchte Sie mit diesem Buch auf einen etwas eleganteren und auch effektiveren Weg bringen.

Trotzdem kann uns die Geschichte Abraham Lincolns etwas sagen: Jeder Fehler, jede Erfahrung wurde von ihm offensichtlich – wenn auch mit Zeitverzögerung – positiv genutzt. Jede Erfahrung einer verlorenen Wahl z.B. muss ihn zu einem etwas besseren Wahlkämpfer gemacht haben.

Gegen seine Art des Umgangs mit Fehlern und Erfahrungen ist also nichts einzuwenden. Was mir dabei nicht gefällt, ist das unübersehbare Bahnsteigsyndrom. Hat sich eigentlich jemals jemand gefragt, ob Lincoln ein glücklicher Mensch war? Ein erfolgreiches Leben, so wie ich es verstehe, müsste doch auf allen Ebenen erfolgreich sein und dazu gehört dann auch, glücklich und erfüllt zu sein. Und genau dies haben Sie sich ja vorgenommen.

Wie auch immer wir also mit einer Erfahrung umgehen, eines muss uns klar sein:

Jede Erfahrung ist ein Ergebnis von gestern. Wenn wir die Erfahrungen von gestern und vorgestern zur Basis unserer Handlungen von heute und morgen machen, transferieren wir die Vergangenheit in die Gegenwart und in die Zukunft.

Das heißt, wir handeln so, wie wir denken oder sogar wissen, dass es gestern oder vorgestern richtig gewesen wäre. Damit treten wir nicht nur auf der Stelle, wir können sogar völlig danebenliegen. Alles hat seine Zeit, nichts ist wiederholbar.

Die Geschichte Lincolns z.B. wäre in der heutigen Zeit nicht wiederholbar. In einer gnadenlosen Medienlandschaft wäre er mit seiner frühen Negativbilanz politisch bereits tot, bevor er an eine Präsidentschaftskandidatur überhaupt hätte denken können.

Was ist also eine Erfahrung wert?

Eine Erfahrung zeigt lediglich die Variante des Ausgangs einer Sache, wie sie in der Gesamtkonstellation aller Umstände zum Zeitpunkt der gemachten Erfahrung möglich war.

Nicht mehr und nicht weniger.

Wenn Sie z.B. als Mann einer Frau fünfmal einen Heiratsantrag gemacht haben, der dann auch prompt fünfmal abgelehnt wurde, schließt dies keinesfalls aus, dass die dauernd wechselnde Gesamtkonstellation aller Umstände bei ihrem sechsten Versuch zur Annahme ihres Antrags führt. Bleibt lediglich die Frage nach dem Sinn eines solchen Bahnsteigsyndroms. Schließlich gibt es ein paar hundert Millionen Frauen. Sie müssten nur offen für die Fülle der Schöpfung sein, müssten die Hände frei haben, um zu empfangen.

Es ist absolut sinnvoll, unsere Erfahrungen von gestern nicht zur Basis unseres Handelns von heute zu machen, sondern trotz aller Erfahrungen offen zu bleiben.

Dies bedingt einen sehr weisen Umgang mit Erfahrung, wie er durch die Technik des Galanisierens erreicht werden kann.

Natürlich kann Erfahrung, wenn man richtig damit umgeht, auch sehr nützlich sein. Auch ich fliege lieber mit einem erfahrenen Piloten und lasse mich – wenn überhaupt – lieber von einem erfahrenen Chirurgen operieren. Dies ist eine völlig andere Ebene. Hier sind technische und handwerkliche Fähigkeiten gefragt, die normalerweise mit der Erfahrung wachsen. Aber schon bei der Frage, ob ich eher einen jungen, forschen und unbelasteten oder einen alten erfahrenen Rechtsanwalt mit der Durchführung eines Rechtsstreits beauftragen würde, würde mir die Entscheidung nicht leicht fallen.

PIP
Your Personal Important Points

Jede Erfahrung ist zunächst völlig neutral.

*

Erst meine Bewertung macht sie zu etwas Positivem oder Negativem.

*

Eine Erfahrung kann meinen Blickwinkel erweitern oder verengen.

*

Eine Erfahrung ist immer ein Ergebnis von gestern.

*

____

____

____

*

____

____

____

Leben im Hier und Jetzt

Wenn wir die Begriffe Vergangenheit, Gegenwart und Zukunft, die wir täglich ohne großes Nachdenken gebrauchen, einmal genauer betrachten, müssen wir feststellen, dass diese so real erscheinenden Begriffe eigentlich nur in einem einzigen Fall für etwas wirklich Existierendes stehen – nämlich die Gegenwart.

Die beiden anderen Begriffe, Vergangenheit und Zukunft, stehen für etwas, das nicht existent ist. Vergangenheit ist nicht existent – sie war einmal existent. Zukunft kann niemals existent werden, denn wenn sie existiert, ist sie automatisch Gegenwart.

Das einzig Existierende ist die Gegenwart, ist der Moment, in dem wir jetzt leben, ist der Moment, in dem wir diesen Atemzug machen.

Der Atemzug, den wir vorher gemacht haben, gehört der Vergangenheit an. Der Atemzug, den wir nachher machen werden – so wir ihn denn machen werden –, gehört der Zukunft an.

Zwar gibt es durchaus berechtigte Zweifel, ob das, was wir gegenwärtig als Realität empfinden, auch tatsächlich existiert oder nur eine Illusion ist, aber derartige Überlegungen zu verfolgen bringt uns bei dem, was ich Ihnen hier vermitteln möchte, nicht weiter. Wer darin eine entscheidende Frage sieht, mag sich anderweitig damit beschäftigen.

Welches ist der wichtigste Atemzug in Ihrem Leben? Der erste Atemzug vielleicht, als Sie geboren wurden?

Der letzte vielleicht, wenn Sie sterben werden? Der Atemzug, den Sie jetzt gerade gemacht haben? Der, den Sie gerade beginnen? Oder der, den Sie als Nächstes machen werden? Was ist wichtiger, Vergangenheit, Gegenwart oder Zukunft?

Nun wird mancher sagen, dass ihm die Zukunft das Wichtigste sei. Die Vergangenheit war eh nicht so toll, mit der Gegenwart könnte man sich ja noch halbwegs abfinden, wenn dafür dann wenigstens die Zukunft besser würde.

Dieses Denken wäre durchaus verständlich, aber Vorsicht! Wenn Sie z.B daraus den Schluss ziehen, all Ihre Energie, all Ihre Kräfte und Fähigkeiten auf die Zukunft zu konzentrieren, machen Sie bereits den ersten Schritt in eine unbefriedigende Zukunft. Warum?

Die Zukunft besteht aus nichts anderem als der Aneinanderreihung aller Hier und Jetzt. Die Vergangenheit besteht aus nichts anderem als aus der Ablage vergangener Hier und Jetzt.

Die Handlungen, die wir im Hier und Jetzt tätigen, ergeben automatisch unsere Zukunft und ergeben rückwärts betrachtet unsere Vergangenheit. Die Fehler, die wir heute machen, sind die Ursache unserer Missernten von morgen und rückwärts betrachtet die Ursache einer unbefriedigenden Vergangenheit.

Wenn wir also auf eine gute Vergangenheit zurückblicken und eine gute Zukunft erwarten wollen, tun wir gut daran, all unsere Energie, all unsere Kräfte und Fähigkeiten auf das Hier und Jetzt zu konzentrieren. Hier liegt der Schlüssel.

So simpel diese Erkenntnis auch ist, so große Schwierigkeiten bereitet sie jedoch in ihrer Umsetzung. Ich möchte diesen enorm wichtigen Punkt an einem Beispiel erklären, wobei ich mir natürlich bewusst bin, dass alle Beispiele hinken.

Alles, was sich in unserem Kopf bewegt, unsere Gedanken, Erwartungen, Befürchtungen, Ängste usw., bringt eine Energie in Schwingung, die sich wie die Radiowellen eines Senders ausbreitet.

So, wie wir diese Wellen aussenden, empfangen wir im Gegenzug die Wellen unserer Mitmenschen. Auf dieser Ebene steht auch der Schweigsamste in regem Austausch mit seiner Umwelt. Nun ist aber die Energie, die wir aussenden, nicht ganz kostenfrei. Alles, was wir ausstrahlen, alles, was sich in unserem Kopf bewegt, verbraucht Energie – verbraucht geistige Energie.

Nun nehmen wir einmal an, dass wir in unserer Zentrale etwa zehn Liter dieser kostbaren geistigen Energie zur Verfügung haben – und das ist der Punkt, an dem mein Beispiel hinkt. Die geistige Energie, von der wir hier sprechen, ist weder in Litern, Kilowatt oder sonst etwas messbar, aber gestatten Sie mir trotzdem diesen Vergleich, denn für unseren Verstand ist das, was ich damit erklären will, dann umso leichter zu verstehen.

Sind wir mental so richtig gut drauf, können wir natürlich auch beträchtlich mehr als zehn Liter zur Verfügung haben, hängen wir in einem Tief, kann es auch entsprechend weniger sein. Zu unserem Segen handelt es sich bei unserer geistigen Energie um eine immer wieder erneuerbare Energie. Wir können sie mehrmals täglich umsetzen.

Aus jedem positiven Gedanken, aus jeder positiven Handlung, aus Freude und Glücksgefühlen erwächst uns immer wieder neue Energie. Zehn Liter fließen ab und zehn oder mehr neue Liter kommen hinzu.

Umgekehrt ist es mit negativen Gedanken, Gefühlen und Handlungen, mit Lust- und Freudlosigkeit. Sie verbrauchen unsere kostbare Energie, ohne dass uns wieder neue Energie zufließt. Wir laufen leer, unsere Sendesignale werden immer leiser, gedämpfter, trauriger. Wir können nichts mehr bewegen. Wir werden bewegt. Ein depressiver Mensch z.B. ist von jedem positiven Energiefluss abgeschnitten. Er ist so leer wie eine ausgetrunkene Coladose.

Jeder in die Vergangenheit gerichtete negative Gedanke, jedes Nicht-Loslassen einer vermeintlichen Ungerechtigkeit, einer Kränkung oder was auch immer, jedes Nicht-verzeihen-Können, zehrt unsere kostbare Energie auf, ohne dass uns dafür auch nur ein einziger Tropfen neuer Energie zufließt.

Ein Energieabfluss in die Vergangenheit ist die sinnloseste Energievergeudung, die wir veranstalten können. Wir richten einen Teil der kostbaren Energie, die uns jetzt fortbewegen könnte, auf etwas, was sich nicht mehr bewegen lässt.

Dies ist im Prinzip nichts anderes, als wenn wir irgendwo in unserem weitläufigen Garten zwischen alten Bäumen und Sträuchern ein altes Autowrack stehen haben. Längst durchgerostet, ohne Scheiben, die Sitze von Ratten zerfressen und verfault. Aber es war unser erstes Auto, an dem wir so sehr gehangen haben.

Wenn wir heute noch daran denken, wo wir damit überall hingefahren sind, wie wir es gepflegt und geputzt haben, wie es so etwas wie eine echte Verbindung zwischen uns gab, bis dann der Unfall geschah, der abrupt alles beendete. Dem Kerl, der diesen Unfall verursacht hat, könnten wir heute noch an die Kehle fahren.

Aus lauter Gefühlsduselei versuchen wir nun den verrosteten Tankverschluss aufzudrehen, der natürlich prompt abbricht, gießen trotzdem unser Benzin hinein, das dann durch den durchgerosten Tank direkt ins Gras läuft. Statt unsere Energie dazu zu benutzen, uns im Hier und Jetzt fortzubewegen, schütten wir sie in eine alte Rostlaube, die sich nicht mehr bewegen lässt.

Niemand kann dafür Verständnis haben und doch geschieht es täglich millionenfach. Ehescheidungen sind ein Paradebeispiel für diesen Unfug: Nicht loslassen, immer wieder werden die alten Leidensgeschichten aufgewärmt, immer wieder werden die alten Verletzungen aktiviert, als wäre es nicht schon genug gewesen.

Wenn Sie nun aber aus dem bisher Gesagten den Schluss ziehen, all Ihre Energie auf die Zukunft auszurichten, statt sich mit der vielleicht nicht so positiven Vergangenheit zu beschäftigen, handeln Sie damit leider kein bisschen weiser. Im Prinzip veranstalten Sie sogar den gleichen Unfug.

Alles, was wir uns für die Zukunft ausmalen, alles, was wir uns als kommende Situation vorstellen, alles, was wir uns für den Fall zurechtlegen, dass wir diesem oder jenem begegnen, was wir dann unbedingt tun wollen, was wir unbedingt sagen müssen, was wir uns so nicht mehr bieten lassen wollen usw. usw., wird völlig anders sein, wenn die Situation tatsächlich eintritt.

Der gesamte Energieverbrauch war völlig sinnlos, ja, er hat uns sogar mehr geschadet als genutzt. Ohne eine solche Vorprogrammierung wären wir elastischer gewesen, hätten wir optimaler reagieren können. So lief plötzlich alles ganz anders ab, als wir es uns vorgestellt hatten. Unser Programm geriet durcheinander, wir mussten uns völlig neu orientieren und reagierten keineswegs optimal.

Nehmen wir nun einmal an, dass wir auf den geschilderten Wegen – Beschäftigen mit der Vergangenheit, Vorplanung der Zukunft – von unseren fiktiven zehn Litern Energie jeweils drei Liter in die Vergangenheit und drei Liter in die Zukunft gesteckt haben.

Dort, wo die Weichen tatsächlich gestellt werden – im Hier und Jetzt – haben wir dann nur noch vier Liter zur Verfügung. Wir haben unser Potenzial um mehr als die Hälfte verringert. Wenn wir in diesem Zustand jemandem begegnen, der mit 100 Prozent seiner Energie im Hier und Jetzt ist, sind wir hoffnungslos unterlegen.

Machen wir uns immer wieder bewusst: Die Zukunft besteht aus nichts anderem als der Aneinanderreihung aller aktuellen Hier und Jetzt. Gestalten wir alle aktuellen Hier und Jetzt optimal, gestalten wir damit unsere Zukunft optimal – und wenn wir dann zurückschauen, war auch unsere Vergangenheit optimal.

Natürlich ist es nicht möglich, alle Gedanken und Planungen über die Zukunft vollkommen auszuschließen. Auch ich führe einen Terminkalender, und zwar sehr exakt. Auch ich plane mein Leben, allerdings nur so, wie auch Sie es mit der Präambel Ihrer Zukunftsplanung gemacht haben. Details und Wege zum anvisierten Ziel lasse ich völlig offen. Die Fülle der Schöpfung kennt viele Wege und ich will dafür offen bleiben. Ich vermeide unter allen Umständen das Bahnsteigsyndrom.

Ich beschäftige mich z.B. eine viertel oder halbe Stunde lang ausschließlich mit dem Terminablauf der nächsten Woche – dies ist dann mein aktuelles Hier und Jetzt – und gehe dann ebenso konsequent in das nächste Hier und Jetzt, ohne auch nur eine Sekunde an die vorherige Tätigkeit zu denken.

Ich habe mir angewöhnt, ausschließlich das zu tun, was ich tue. Wenn ich esse, esse ich ausschließlich, wenn ich nichts tue, tue ich ausschließlich nichts, was sehr anstrengend sein kann, denn auch mein Ego-Ich weiß dann immer noch etwas, was gerade jetzt wichtig wäre.

Wenn ich einige Stunden mit einem Menschen arbeite, tue ich ausschließlich dies. Nicht ein Quergedanke geht mir in dieser Zeit durch den Kopf und wenn er sich dann verabschiedet, gehe ich wieder in das nächste Hier und Jetzt und denke keine Sekunde mehr an ihn. Diese Technik schafft ein ungeheures Energiepotenzial. Ich arbeite immer mit 100 Prozent meines Potenzials. Dies schafft optimale Ergebnisse in wesentlich kürzerer Zeit.

Ein wahrer Energiefresser hingegen ist der typische Spreizschritt: Mit einem Fuß in der Vergangenheit, mit dem anderen Fuß in der Zukunft und der Rest im Hier und Jetzt. Dies ist meist die Ursache für jene Tage, an denen man sich völlig ausgelaugt und platt fühlt, und doch nicht richtig sagen kann, was man eigentlich gemacht hat.

Verzichten Sie ab sofort auf solche Tage, auch wenn Ihr Tom oder Ihre Tina meinen, dass diese Technik gerade in Ihrem Beruf nun mal leider nicht möglich sei. Ich helfe ich Ihnen gerne dabei, diese Herrschaften eines anderen zu belehren. Es geht und es beginnt damit, dass Sie es überhaupt für möglich halten, dass es geht.

Denken Sie bei solchen Vorschlägen, die ich Ihnen mache, immer daran, dass Sie selbst dann, wenn Sie dadurch nur 50 Prozent des bisherigen Unfugs vermeiden, bereits eine großartige Verbesserung erzielt haben.

Wenn Sie mit Ihrem Tom oder Ihrer Tina arbeiten, wenn Sie galanisieren, holen Sie die beiden also sofort ins Hier und Jetzt zurück, wenn Sie feststellen müssen, dass sie gerade wieder auf Reisen sind. Solche Reisen verursachen Kosten, die letztlich Sie zu tragen haben.

Jeder negative Gedanke, jedes negative Gefühl und auch jede Erinnerung an ein negatives oder schmerzvolles Ereignis, Gefühle wie Hass, Missgunst, Feindschaft, jeder nicht bewältigte Konflikt usw. verbrauchen Ihre Energie, ohne dass Ihnen auch nur ein Tropfen davon zurückfließt. *Sie laufen leer.* Jeder positive Gedanke, jedes positive Gefühl und auch jede Erinnerung an ein positives oder freudvolles Ereignis, Gefühle wie Liebe, Freude, Zuneigung usw. erneuern Ihre Energie. *Sie tanken auf.*

PIP
Your Personal Important Points

Ich konzentriere all meine Kräfte und Fähigkeiten auf das Hier und Jetzt.

*

Der Schlüssel zu meiner Zukunft liegt ausschließlich im Hier und Jetzt.

*

Ich lasse die Probleme der Vergangenheit los.

*

____

____

____

*

____

____

____

*

____

____

____

Werden Sie zum Segen für andere …

… und der Segen fließt zu Ihnen zurück.

Wir haben von den energetischen Wellen gesprochen, die wir durch unsere geistige Energie aussenden und die wir auch umgekehrt von anderen Menschen empfangen. Dieses Prinzip des Sendens und Empfangens ist ganz ohne unser willentliches Zutun Tag und Nacht in Betrieb.

Wir erleben dies z.B., wenn das Telefon klingelt und uns genau der Mensch anruft, an den wir jetzt gerade gedacht haben – dies ist dann kein Zufall. Unsere Wellen haben ihn erreicht und seine Wellen haben uns erreicht. Wir waren bereits vor dem Anruf verbunden. Wenn wir nachts wach werden, an jemanden denken und dann am nächsten Tag erfahren, dass er genau zu diesem Zeitpunkt einen Unfall oder dergleichen hatte, dann ist auch dies kein Zufall.

Solche Beispiele ließen sich endlos fortsetzen und jeder von uns ist schon auf irgendeine Weise mit diesem Phänomen in Berührung gekommen. Wer hat zum Beispiel noch nie erlebt, dass er einem Menschen gegenübersteht, den er vorher noch nie gesehen hat, und trotzdem für diesen Menschen spontane Sympathie oder Antipathie empfindet?

Auch hier ist das gleiche Prinzip wirksam. Auch dies hat etwas mit den Wellen zu tun, die jeder Mensch aussendet, mit seiner ganz persönlichen *Aus*-Strahlung also. Wir sagen ja auch, dass ein Mensch nicht so ganz auf unserer Wellenlänge liegt, wenn wir mit ihm nicht viel anzufangen wissen.

Für unser Ziel, den Erfolg unseres Lebens anzusteuern, hat das, was wir aussenden, hat unsere ganz persönliche Ausstrahlung eine entscheidende Bedeutung.

Es gibt beim Phänomen der Ausstrahlung eine Gesetzmäßigkeit, die wir zur Erreichung unseres Lebensziels hervorragend nutzen können. Diese Gesetzmäßigkeit lautet:

„Gleiches zieht Gleiches an – Ungleiches stößt einander ab." Das, was wir aussenden, fließt zu uns zurück.
Erfolg zieht Erfolg an, Geld zieht Geld an, Armut zieht Armut an, Krankheit zieht Krankheit an, Traurigkeit zieht Traurigkeit an, fröhliche Menschen ziehen fröhliche Menschen an.

Wenn wir nun feststellen müssen, dass wir bevorzugt immer das anziehen, was wir eigentlich gar nicht anziehen wollen, dann liegt das am Programm unserer Sendezentrale. Es liegt an den Wellen, die wir aussenden, und hier beginnt dann wieder unser *Galanisieren*, unser Draufschauen, Analysieren und Korrigieren.

Sind wir uns z.B. unserer selbst nicht sicher, empfängt unser Gegenüber diese Energie und ist sich unserer ebenfalls nicht sicher. Wir strahlen Unsicherheit aus. Wir können uns noch so sehr darum bemühen, unsere Unsicherheit mit einstudierten Gesten und Argumenten zu überspielen, ein Mensch mit feinen Antennen wird sie wahrnehmen, ohne dass er dies mit seinem Verstand begründen kann.

Haben wir nach unserer Meinung zu wenig Geld, sind wir deshalb vorwiegend mit der Verwaltung unseres vermeintlichen Mangels beschäftigt, strahlen wir Mangel aus und das Geld wird uns folglich meiden. Uns fehlt sozusagen der Geldgeruch und Ungleiches stößt einander ab.

Nun wird mancher sagen, dass er nun einmal leider zu wenig Geld hat und ihm doch gar nichts anderes übrig bleibt, als diesen Mangel sorgfältig zu verwalten. Wer das sagt, hat das alles Entscheidende, was ich mit diesem Buch dokumentieren will, noch nicht verstanden. Erinnern Sie sich des Beispiels meines Einstellungsgesprächs in München? Wenn nicht, lesen Sie es bitte jetzt noch einmal durch.

Ich verfügte damals nachweislich über sehr wenig Geld (*materielle Ebene*). Ich lebte vom Kredit des Sozialamtes und mir drohte die zwangsweise Arbeit in einer Baumschule. Trotzdem habe ich diesen Mangel nicht ausgestrahlt, weil ich ihn ganz einfach nicht ausstrahlen konnte. Warum?

Ich, mein wahres Ich fühlte sich unendlich reich (geistige Ebene). Ich wusste, dass ich in die Fülle der Schöpfung eingebunden war und dass zum richtigen Zeitpunkt das Richtige geschehen würde.
Da Geist über Materie steht (Geist ist die Ursache aller Materie), musste sich zwangsläufig meine sich unendlich reich fühlende geistige und nicht meine materiell begrenzte Wahrheit realisieren.

Denken Sie dabei noch einmal an das Modell der zwei Ebenen des Menschen, das ich am Anfang aufgezeichnet habe. Welche Ebene führt? Die begrenzte oder die unbegrenzte Ebene? Welche Ebene meinen wir, wenn wir *ich* sagen?

Meinem Galan war zum Verzweifeln. Er wollte nicht in die Baumschule. Er kannte seinen Notstand. Er hätte den Job auch für weitaus weniger Geld angenommen. Ja, er hätte beinahe jeden Job angenommen, wenn ich ihn hätte gewähren lassen. Aber ich habe mit ihm geredet, habe draufgeschaut, habe galanisiert und ihn liebevoll an die Hand genommen. Ich habe ihm sozusagen so lange die Geschichte von den Sterntalern erzählt, bis auch er daran glaubte und die Geschichte wahr werden konnte. Er stand unserem gemeinsamen Erfolg nicht mehr im Wege.

Entscheidend ist also nicht unser materieller Ist-Zustand, entscheidend ist allein die Wahrheit unserer geistigen Ebene. Von hier senden wir unsere Wellen aus. Hier entsteht die Ausstrahlung, mit der wir dann das anziehen, was wir ausstrahlen.

Dies gilt für alle Bereiche des Lebens. Senden wir Missgunst aus, ziehen wir Missgunst an. Senden wir Hilfsbereitschaft aus, wird uns geholfen werden.

Einer der größten Fehler im Streben nach Erfolg besteht darin, andere zu bremsen, sie auszutricksen und ihnen den Erfolg zu missgönnen. Die Ellbogen, die wir gebrauchen, werden uns selber treffen. Sägen wir am Stuhlbein eines anderen, wird auch an unserem Stuhlbein gesägt. Senden wir Kampfbereitschaft und Härte aus, wird uns Kampf und Härte entgegenwehen.

Lassen Sie mich auch dies wiederum an einem Beispiel aus meinem eigenen Leben deutlich machen. Ich möchte, dass Sie sicher sind, dass ich Ihnen keine bloßen Theorien verkünde. Das, was ich sage, habe ich selbst gelebt und erlebt.

Mit 28 Jahren bekleidete ich die Position eines Etat-Direktors in einer großen internationalen Werbeagentur in Düsseldorf und war für ein recht beträchtliches Etatvolumen verantwortlich. Zudem war ich so etwas wie der Kronprinz unterhalb der beiden Geschäftsführer und es war durchaus abzusehen, dass ich diese beiden allmählich ins Alter kommenden Herren einmal ablösen würde.

Allerdings schien es mir wenig verlockend, mich in einem solchen Job aufzureiben und dabei lediglich der Statthalter vorwiegend amerikanischer Shareholder zu sein. Mein Inneres sträubte sich gegen einen solchen Gedanken. Ich wusste, dass ich meinen eigenen Weg gehen würde.

Obwohl ich beim Knüpfen meiner ersten Kontakte in Richtung Selbstständigkeit sehr vorsichtig zu Werke ging, floss die Information über meine ersten Sondierungen zu einem der Shareholder und damit an die Agentur zurück, was korrekterweise meine fristlose Entlassung zur Folge hatte. Derartige Aktivitäten waren mit meinem Anstellungsvertrag in keiner Weise vereinbar.

Damit stand ich über Nacht im Regen. Kein Job, kein Einkommen und so viel Kapital, dass ich diese Situation hätte ruhig ertragen können, hatte ich in meinen jungen Jahren auch noch nicht ansammeln können.

Aber ich hatte ein ganz anderes Kapital angesammelt, das, wie sich bald herausstellen sollte, weitaus wichtiger war als Geld: Ich war immer fair und offen zu meinen Mitarbeitern gewesen, hatte jedem geholfen weiterzukommen und mich eher als Trainer und Förderer denn als Chef betrachtet. Bei mir konnte jeder das tun, zu dem er sich in der Lage fühlte, solange er es richtig machte. Alle Chancen waren jederzeit offen.

Ich schritt nur dann ein, wenn es notwendig wurde, und war froh, wenn dies nicht allzu oft geschehen musste. Vielleicht war ich sogar ein wenig faul und wollte lieber nicht gestört werden.

Ein ähnlich offenes und faires Verhältnis hatte ich auch zu den Klienten der Agentur, deren Betreuung in meiner Verantwortung lag, und nicht zuletzt auch zur Fachpresse, einschließlich so genannter Bracheninformationsdienste, die dann auch zu meiner ersten Hilfe wurden. Mein plötzliches Ausscheiden wurde natürlich sofort in allen Blättern kommentiert. Ich schnitt dabei recht positiv ab und war dadurch überall im Gespräch.

Ich mietete ca. 120 m^2 Bürofläche, in denen ich auch übernachten konnte, stellte eine Sekretärin ein und leaste einen Fernschreiber – in der damaligen Zeit das geeignete Mittel, unter Umgehung firmeninterner Postwege direkt auf dem Tisch des Angeschriebenen zu landen.

Mit meinen damaligen Finanzen konnte ich dieses Engagement maximal drei Monate durchhalten. Bis dahin musste etwas geschehen und ich war sicher, dass es auch geschehen würde. Sie kennen den Satz, der auch in Ihrer Präambel steht ...

Die Aufgabe meiner Sekretärin bestand ausschließlich darin, am Telefon präsent zu sein und Fernschreiben über Fernschreiben zu verschicken. Auf diesem Weg bot ich meine neue Firma an und bewarb mich um Aufträge. Aber was waren das für Aufträge, um die ich mich da bewarb? Große Werbeetats natürlich, die ich betreuen wollte und die einen entsprechenden Fullserviceapparat verlangten. Meine Konkurrenten waren Großagenturen mit 100 bis 200 Beschäftigten. Ich hingegen war allein und doch war ich nicht allein. Mein wichtigstes angesammeltes Kapital begann zu wirken.

Durch meine Fernschreibaktivitäten bekam ich nach zwei Monaten die erste Chance zu einer Präsentation bei einer holländischen Kondensmilchfirma, die im deutschen Markt sehr erfolgreich operierte.

Ich sollte meine Vorschläge zu Marketing, Werbung und Vertrieb ihres Produkts unterbreiten und zwar in Konkurrenz zu drei Großagenturen. Wie damals üblich sollte für eine solche Präsentation, im Falle des Unterliegens, eine Aufwandsentschädigung von DM 15.000,– gezahlt werden.

Vorher allerdings wollte der Verantwortliche dieser Firma meine Agentur besichtigen und auch die wichtigsten Leute kennen lernen. Aber wo sollte ich die hernehmen? Die Agentur bestand ja nur aus mir, einer Sekretärin, die immerhin den Kaffee servieren konnte, und einigen Räumen, in denen zwar gebrauchte Schreibtische, die ich von einer Steuerkanzlei übernommen hatte, aber leider keine Mitarbeiter anwesend waren.

Aber so, wie ich immer allen geholfen hatte, wurde nun auch mir geholfen. Die Energie, die ich stets ausgesendet hatte, begann zurückzufließen. Zum Zeitpunkt der vereinbarten Besichtigung waren ca. 15 Fachleute aller Bereiche in meinen Räumen anwesend und strahlten eine enorme Betriebsamkeit aus.

Dies war für die wenigen Quadratmeter eigentlich eine Überbelegung und ich musste mich für die unvermeidliche Enge in einem so schnell und erfolgreich wachsenden Unternehmen entschuldigen.

Was war passiert? Ich hatte telefoniert. Ich hatte einige Leute angerufen, meine Situation geschildert und sie gebeten, mir an diesem Tag zu helfen, meine Räume zu bevölkern und in den ca. zwei Stunden der anstehenden Besichtigung anwesend zu sein.

Ich bekam nicht eine einzige Absage. Im Gegenteil, die Angerufenen brachten ihrerseits noch Freunde samt Kaffeetassen und Gläsern mit, von denen ich auch zu wenig hatte, sodass es richtig schön eng wurde. Natürlich hatten die meisten von ihnen woanders einen Job. Aber sie waren an diesem Tag für zwei bis drei Stunden beim Zahnarzt, die Großmutter beerdigen oder sonst etwas.

Unsere Schow zeigte Wirkung. Ich bekam tatsächlich den Auftrag zur Präsentation unserer Vorstellungen. Die erste wichtige Gesichtskontrolle war überstanden.

Aber wo sollten nun die Vorschläge herkommen? Ich verstand etwas von Psychologie und Marketing, zur Not auch etwas vom Media-Geschäft, aber ich war kein Grafiker, kein Film- und Fernsehmann usw. Aber nach unserem sehr beeindruckenden Einstieg, der allen Beteiligten eine diebische Freunde bereitet hatte, war dies viel leichter getan, als ich zunächst gedacht hatte.

Ich setzte auf der gleichen Basis drei verschiedene Teams zusammen, die unabhängig voneinander in ihrer Freizeit – manchmal vielleicht auch während ihres Jobs – jeweils eine Kampagne entwickelten.

Sollte ich durch die Arbeit eines der Teams den Klienten gewinnen, war vereinbart, dass dieses Team dann bei mir fest angestellt würde und den weiteren Aufbau der Agentur begleiten sollte. Die unterlegenen Teams sollten sich die vom Kunden zu zahlenden 15.000,– DM Aufwandshonorar teilen.

Im Übrigen besaß ich die Telefondurchwahlliste meiner alten Agentur und konnte jederzeit jede gewünschte Information abfragen, was z.B. für statistisches Material, Mediadaten, Zuliefereradressen usw. von großem Nutzen war. Im Prinzip konnte ich auf dem gleichen Klavier spielen, auf dem ich auch vorher gespielt hatte. Ja, mein Klavier hatte sich auf wunderbare Weise sogar noch vergrößert.

Nun will ich die Geschichte etwas abkürzen. Das Endergebnis war, dass ich mich gegen die Konkurrenz durchsetzen konnte und den erhofften Auftrag erhielt. Während die drei mit mir konkurrierenden Großagenturen am Tag der Entscheidung jeweils nur eine Kampagne präsentierten, konnte ich gleich drei völlig unterschiedliche Ansätze vorstellen.

Damit war ich unschlagbar. Wir hatten uns – für jedermann erkennbar – die meiste Mühe gegeben, hatten uns weitaus intensiver als unsere Konkurrenz mit den Interessen des Kunden identifiziert. Die Einmannagentur, die ab sofort keine Einmannagentur mehr war, hatte die Großagenturen ausgestochen. Die ersten zwei Millionen Umsatz waren unter Dach und Fach.

Ich war aus dem Gröbsten heraus und hatte auch den Kunden nicht betrogen. Die Leute, die die Kampagne entwickelt hatten, standen ihm auch weiterhin zur Verfügung. Sie waren meine ersten Angestellten. Mein Erfolg gegen die scheinbar übermächtige Konkurrenz war natürlich wieder ein gefundenes Fressen für die Fachpresse, die dies ausgiebigst kommentierte, was mich dann noch mehr ins Gespräch brachte.

Zum Ende dieses Anfangsjahres folgte mir dann noch einer meiner Klienten, die ich bei meinem vorherigen Arbeitgeber betreut hatte, in meine neue Agentur. Damit war dann auch die finanzielle Grundlage für den Eintritt von zwei Partnern gegeben, mit denen ich mich schon vorher verabredet hatte. Bei einem Umsatzvolumen von ca. 60 Millionen DM, das nach ca. fünf Jahren erreicht war, habe ich dann meine Anteile an diese Partner verkauft und bin ausgeschieden.

Versuchen wir nun einmal die Erfolgsfaktoren dieser Geschichte zu analysieren:

Nach der klassischen Betrachtungsweise würde man sie als einen weiteren Beweis dafür ansehen, dass der unbeirrbare Glaube an den eigenen Erfolg letztlich zum Erfolg geführt hat. Verzeihung, wenn ich darüber schmunzele.

Mein Glaube an den Erfolg war sicher nicht unwichtig, aber der Glaube allein hätte mir wahrscheinlich wenig genutzt, wenn nicht andere entscheidende Faktoren dazugekommen wären: Wenn es nicht eine Menge Menschen gegeben hätte, die bereit waren, mir zu helfen. Sie waren sogar bereit, dafür ein eigenes Risiko einzugehen, denn so ganz problemlos war die Angelegenheit, wenn etwas durchgesickert wäre, natürlich nicht.

In meinem früheren Verhalten zu diesen Menschen lag die Ursachensetzung zu meinem späteren Erfolg.

Hätte ich mich gegenüber meinen Mitarbeitern, Klienten, der Presse usw. nicht so verhalten, wie ich mich immer verhalten hatte, hätte niemand einen Finger für mich gerührt. Schadenfreude wäre wahrscheinlich das Einzige gewesen, was ich geerntet hätte.

Also helfen Sie jedem, dem Sie helfen können. Wünschen Sie ihm Erfolg, wünschen Sie ihm Glück, Freude und Zufriedenheit. Wenn dies nicht nur ein aufgesetztes taktisches Manöver ist, sondern auch wirklich aus Ihrem Innersten kommt, strahlen Sie die Energie Ihrer Wünsche aus und ziehen damit das Gleiche an.

Überlegen Sie also sehr sorgfältig, welche Ursachen Sie mit Ihrem Verhalten setzen. Sie werden ernten, was Sie säen. Auch wenn es manchmal kurzzeitig so aussieht, als würde man dieses Gesetz austricksen können und durch den Gebrauch der Ellenbogen schneller weiterkommen: Über einen längeren Zeitraum gesehen holen uns die Ursachen, die wir gesetzt haben, immer wieder ein.

PIP
Your Personal Important Points

Was ich ausstrahle, ziehe ich an.

*

Gleiches zieht Gleiches an – Ungleiches stößt einander ab.
Geld zieht Geld an – Armut zieht Armut an.

*

Meine Ausstrahlung ist identisch mit meinem geistigen Ich.
Geist steht über Materie.

*

___

___

___

*

___

___

___

*

___

___

___

Das liebe Geld

In dieser Welt gibt es kaum etwas von Menschen Geschaffenes, von dem noch mehr vorhanden wäre als vom Geld.
In dieser Welt gibt es andererseits aber auch kaum etwas, das noch ungleicher verteilt wäre als das Geld.
In dieser Welt gibt es mit Sicherheit kaum etwas, dem die Menschen noch mehr hinterherjagen, als dem Geld.

Nun ist dies kein Buch, das sich speziell mit Geld beschäftigt. Zu diesem Thema gibt es ausreichend Literatur von berufeneren Autoren. Ich bin kein Finanzexperte. Trotzdem kommen wir bei unserem Thema „Erfolgreich Leben“ am Thema Geld nicht ganz vorbei.

Zwar bin ich der festen Überzeugung, dass sich ein erfolgreiches Leben nicht an der Menge angesammelten Geldes messen lässt – es gibt unendlich reiche und trotzdem in meinen Augen bettelarme Leute – und gleichwohl hat beides etwas miteinander zu tun.

Es fehlt etwas an der angestrebten Fülle der Schöpfung, wenn es nicht ausreichend vorhanden ist. Die Fülle hätte sozusagen eine Schwachstelle. Die Feststellung, wann es nun *ausreichend* vorhanden ist oder nicht, orientiert sich allerdings ausschließlich an unserer persönlichen Zielsetzung. Trotzdem möchte ich Ihnen für die Definition dieses Ausreichend einen relativ neutralen Vorschlag machen:

Ich denke, es ist dann ausreichend vorhanden, wenn wir ohne existenzielle Geldsorgen, in innerer Ruhe, Zufriedenheit und Gelassenheit unser Leben leben können. Wenn wir täglich das tun können, was uns Freude und Befriedigung erleben lässt, und uns wegen des Gelderwerbs nicht versklaven müssen.

Ich hoffe, Sie sind damit grundsätzlich einverstanden. Das eine oder andere können Sie ja noch hinzufügen.

Geld wird in der Regel immer dann wichtig, wenn wir es nicht haben, und dies hat fatale Auswirkungen:

Wenn wir etwas tun möchten, für das wir nicht genügend Geld haben, kreisen unsere Gedanken zwangsläufig um das fehlende Geld. Wir sind unzufrieden und erleben diesen Mangel ganz bewusst. Dies dämpft dann nicht nur unsere eigene Stimmung, es wirkt sich natürlich auch auf die Schwingung aus, die wir aussenden. Je tiefer wir uns dann in dieses Mangelgefühl hineinziehen lassen, je mehr wir uns damit identifizieren, desto stärker senden wir diese Schwingung des Mangels aus. Sie wissen, was das bedeutet: Damit wird das Geld, das wir ja eigentlich anziehen möchten, für uns immer unerreichbarer. Es geht uns sozusagen aus dem Weg. Ungleiches stößt einander ab.

Nun gibt es natürlich auch Menschen, die wirklich genügend Geld haben und deren Gedanken trotzdem ausschließlich ums Geld kreisen. Dies ist etwas grundsätzlich anderes. Hier wird Geld zum Selbstzweck. Dies ist eine ganz besondere Form der Armut und von der Fülle der Schöpfung wesentlich weiter entfernt, als wenn wir uns aus momentanem Geldmangel einmal dies oder jenes nicht leisten können.

Wenn wir in eine solche Situation geraten, sollten wir uns nach einem Seitenausgang umsehen und uns auf gar keinen Fall mit dem vermeintlichen Mangel identifizieren.

Wir müssen die Aura des Mangels unter allen Umständen vermeiden. Wir wissen ja, dass unsere geistige Ebene für unsere Ausstrahlung verantwortlich ist. Auf dieser geistigen Ebene aber sind wir *un*begrenzt. Hier muss und kann die Umprogrammierung erfolgen.

Der ausschließlich auf Geld Fixierte hingegen kennt immer nur einen Zustand. Er bleibt in seinem eigenen Käfig gefangen. Für ihn bleibt jeder Seitenausgang verschlossen. Er *ist* sein Geld.

Geld kann bei der Erreichung unserer Zielvorstellung lediglich eine hilfreiche Energie sein. Nicht mehr und nicht weniger. Erkaufen können wir unseren Lebenserfolg nicht. Eine wunderbare Gerechtigkeit.

Lassen Sie mich die wichtige Technik der Benutzung eines Seitenausgangs, wie ich sie genannt habe, einmal am Beispiel eines Automobils verdeutlichen, und dabei habe ich keineswegs die vier oder fünf Türen eines solchen Vehikels im Auge.

Die Energie, die ein Auto benötigt, um sich fortzubewegen (auch Geld ist eine Energie), bezeichnen wir als Kraftstoff. Ohne diesen Kraftstoff ist auch das perfekteste Automobil nicht zu bewegen. Wenn wir nun z.B. vorhaben, mit unserem Auto, von dem wir einmal annehmen, dass es etwa 10 l auf 100 km verbraucht, ein 800 km entferntes Ziel zu erreichen, benötigen wir also ziemlich exakt 80 l Kraftstoff.

Wenn wir nun leider nur 50 l zur Verfügung haben, können wir dieses Ziel nicht erreichen. Ein objektiv feststellbarer Mangel, der allerdings nur so lange ein

Mangel bleibt, wie wir an den beiden Eckpfeilern unseres Vorhabens – 1. Auto, 2. Ziel in 800 km Entfernung – festhalten. Und genau hier öffnen sich die Seitenausgänge.

Schon wenn wir nur eine dieser Vorgaben ändern, ändert sich auch die Mangelsituation. Suchen wir uns ein Ziel in 400 km Entfernung aus, haben wir statt Mangel plötzlich sogar einen Überschuss von 10 l.

Ändern wir auch die zweite Vorgabe und sind bereit, auf die Benutzung unseres Automobils zu verzichten, kommen wir noch einmal zu ganz anderen Ergebnissen. Bei dieser Variante können wir zunächst sogar an unserem Ziel in 800 km Entfernung festhalten.

Wir könnten z.B. überlegen, den Zug zu nehmen, vielleicht gibt es sogar eine günstige Busverbindung. Letztlich könnten wir sogar versuchen, ohne jeglichen eigenen Energieeinsatz – als Anhalter – unser Ziel zu erreichen. Nicht jedermanns Sache, aber durchaus möglich.

Wenn wir bereit sind, beide Eckpfeiler unseres Vorhabens (Auto und 800 km Entfernung) zu korrigieren, eröffnen sich auch noch ganz andere Möglichkeiten. Wir könnten z.B. auch ein nahe gelegenes Ziel wählen, das wir mit dem Fahrrad erreichen können. Dies wäre nicht nur unserer Gesundheit förderlich, wir könnten dabei unter Umständen sogar völlig neue Entdeckungen machen. In beiden Fällen bleibt unser Kraftstoffvorrat völlig unangetastet.

Wir werden von Bedürftigen zum Habenden.

Dies wäre der Ansatz zu einer Meisterschaft des Lebens, zu der ich Sie gerne hinführen möchte:

Unabhängig von augenblicklichen Umständen und unabhängig von fremder Energie das eigene Wohlbefinden bestimmen.

Nun empfehle ich damit keineswegs, dass Sie nur noch Fahrrad fahren oder sich als Anhalter durch die Welt bewegen sollen. Dies wäre nicht die angestrebte Fülle der Schöpfung, aber auch eben diese Varianten gehören zur Fülle der Schöpfung. Sie gehören zu dem Klavier, auf dem Sie spielen können.

Es ist ebenso eine Begrenzung, sich nur diese beiden Möglichkeiten der Fortbewegung leisten zu können, wie es eine Begrenzung ist, diese beiden Möglichkeiten für sich selbst auszuschließen.

Wichtig ist, dass wir uns eine gesunde Portion Kreativität und Unabhängigkeit antrainieren. Aber die meisten Menschen sind wie Papageien, die in ihren Käfigen sitzen und vergessen haben, dass sie Adler sind, die fliegen können. Wir haben eine feste Vorstellung davon, wie etwas zu sein hat, und werden damit blind für die vielen Möglichkeiten, wie etwas sein könnte.

Wir müssen den Kreislauf unserer Begrenzungen durchbrechen. Niemand ist arm, es sei denn er sieht, fühlt und denkt sich arm.

In der Regel denken und fühlen wir uns erst dann arm, wenn wir uns mit anderen vergleichen. Hier beginnt die Problematik. Solange alle nackt sind, gibt es kein Problem. Erst wenn einige etwas anzuziehen haben und die anderen nicht, beginnt arm und reich, beginnt haben und nicht haben.

Wenn ich mich mit Bill Gates vergleiche, bin ich so arm wie eine Kirchenmaus. Aber warum sollte ich einen solchen Vergleich anstellen? Was geht mich Bill Gates an? Was könnte dieser Mann mit meinem Wohlbefinden zu tun haben? Gar nichts, außer ich räume ihm durch meinen Vergleich die Macht dazu ein.

Die meisten Menschen beklagen das, was sie nicht haben, und übersehen das, was sie haben.

„Leider hatte ich nie das Geld, dies oder jenes anzufangen, dies oder jenes zu lernen, dort einmal hinzufahren" – oder was auch immer. Meine Eltern, das Arbeitsamt, die Firma, die schlechten Zeiten, meine schwachen Nerven usw. usw.

Es gibt kaum ein Alibi, das so oft zur Erklärung der eigenen unbefriedigenden Lebensumstände herangezogen wird, wie das angeblich mangelnde Geld. Solange wir dies tun, blockieren wir selbst jede Änderung. Wir haben ja ein Alibi.

Ich zweifle sehr stark daran, dass jemand wirklich nie das Geld zu etwas hatte oder zumindest hätte haben können. Er hat es wahrscheinlich für etwas anderes ausgegeben, hat andere Prioritäten gesetzt oder sich gar nicht erst darum bemüht, es zu bekommen, weil es ihm aussichtslos erschien – die mächtigste aller Bremsen.

Im Umgang mit Geld gibt es eine absolut nüchterne, trockene und völlig humorlose Gesetzmäßigkeit:

1. Sie geben es aus.
2. Sie behalten es.
3. Sie geben nur einen Teil aus und behalten den anderen Teil.

Mit dem Teil, den Sie behalten, können Sie mit der Zeit ein kleines Vermögen aufbauen, wenn Sie dieses Geld z.B. in Aktienfonds ansparen. Wahrheiten sind immer ganz einfach.

Wenn Sie allerdings der Ansicht sind, dass Sie leider viel zu wenig haben, um davon einen Teil behalten zu können, oder dass der Teil, den Sie unter Umständen behalten könnten, zu gering ist, um daraus ein Vermögen aufzubauen, irren Sie.

Sie leben in der starren Ausrichtung unseres Autobeispiels: Auto und 800 km Entfernung. Sie müssen die Eckpfeiler ändern.

Wenn Ihr tägliches Leben, Ihre Wohnung, Ihr Auto, Ihr Urlaub, Ihre Kleidung usw. Ihr gesamtes verfügbares Einkommen aufzehren, gibt es nur zwei realistische Möglichkeiten:

1. Sie vergrößern Ihr Einkommen, bis Sie einen Teil zurücklegen können.
2. Sie verringern Ihre Ausgaben, bis Sie einen Teil zurücklegen können.

Oder haben Sie – außer Bankeinbruch und dergleichen – noch einen anderen Vorschlag?

Das einzige Problem ist, dass Sie bei jedem Aufbau zehn bis fünfzehn Jahre in die Erreichung Ihres Zieles investieren müssen – und Ihr Ego-Ich möchte vermutlich nicht so lange warten. „Lieber Gott, bitte schenke mir gaaaaaaaaanz viel Geduld ... aber bitte sofort!"

Ihr Ego-Ich weiß natürlich alle vernünftigen Gründe, warum es unbedingt jetzt sein muss: Schließlich leben Sie jetzt und nicht erst in zehn bis fünfzehn Jahren – Sie leisten sich ja auch sonst kaum etwas und schließlich arbeiten Sie jeden Tag hart – wer weiß, was in zehn bis fünfzehn Jahren ist? – Vielleicht sind Sie dann sogar krank und können gar nicht mehr so recht genießen ... usw. usw.

Hier beginnt Ihr *Galanisieren*. Hier beginnt das Abstandnehmen und Draufschauen. Welcher Teil Ihres Ego-Ichs will Sie hier vereinnahmen?

Wenn Sie einen Lebensstil aufrechterhalten, der nicht nur Ihr gesamtes verfügbares Einkommen aufzehrt, sondern Sie unter Umständen noch zum Schuldenmachen verleitet, werden Sie den Tag, an dem Sie Ihr Leben ohne finanzielle Sorgen genießen können, nie erleben.

Eine ehrlichere Aussage kann ich nicht machen.

Bemühen wir noch einmal das Beispiel unseres Autos: Für die Entfernung von 800 km benötigen Sie 80 l Energie. 50 l haben Sie zur Verfügung, 30 l fehlen Ihnen. Wenn Sie sich diese 30 l irgendwo leihen, können Sie natürlich losfahren und Ihr Ziel erreichen. Zunächst ist Ihr Problem gelöst. Allerdings verlangt die Firma, bei der Sie die 30 l ausleihen, dafür in einer bestimmten Frist 35 l zurück.

Haben Sie nun in der nächsten Zeit das Glück, über reichlich Energie zu verfügen, steigt Ihr Energievolumen sogar, dann bereitet Ihnen die Rückgabe der 35 l kein Problem. Bleiben Sie auf dem gleichen Energielevel wie vorher, also bei 50 l, fällt Ihnen die Rückgabe von 35 l einigermaßen schwer. Nach der Rückgabe hätten Sie dann nur noch 15 l zur Verfügung.

Fällt die Energiemenge, die Sie normalerweise zur Verfügung haben, durch irgendwelche Umstände sogar noch zurück, kann Sie die eingegangene Rückgabeverpflichtung umbringen.

Natürlich ist dies ein sehr einfach gestricktes Beispiel. Aber es verdeutlicht das Prinzip, und allein darauf kommt es mir an.

Allerdings sollten wir beim Thema Schulden grundsätzlich zwischen privaten und geschäftlichen Schulden unterscheiden. Machen Sie meinetwegen geschäftlich so viele Schulden, wie es legal und vor allem sinnvoll ist. Es spricht nichts dagegen, fremde Mittel in einem Geschäft einzusetzen, solange Sie Geschäft und privat konsequent trennen. Geht in Ihrem Geschäft etwas schief, verlieren Sie lediglich Ihren Einsatz. Schmerzlich genug, aber dies war Teil des Spiels, das Sie eingegangen sind. Ihr privates Leben geht weiter.

Hüten Sie sich jedoch davor, private Schulden zu machen, dieses Geld dann in ein Geschäft zu investieren oder für geschäftliche Schulden zu haften. Ihr privates Leben kann brutal zerstört werden.

Persönliche Schulden vergrößern nicht Ihr Potenzial, sie verringern Ihre Bewegungsfreiheit.

Wenn dieser Rat zu spät kommt und Sie bereits in Rückzahlungen verstrickt sind, versuchen Sie auch dann nur so viel zurückzuzahlen, dass Ihnen der Aufbau einer Rücklage möglich wird, oder Sie werden den Kreis nie durchbrechen können.

Zum Ende dieser kurzen Betrachtung über das liebe – oder wenn Sie so wollen auch das böse – Geld noch eine ganz persönliche Frage: Wie viel Geld haben Sie durchschnittlich in Ihrer Tasche? Wie viel Geld tragen Sie so mit sich herum?

Nun wird die Antwort auf diese Frage sehr unterschiedlich ausfallen, aber ich will Ihnen erklären, welche

Überlegung dahinter steckt und warum diese Frage so wichtig ist. Ich habe Menschen kennen gelernt, die immer nur so viel Geld in ihrer Tasche haben, wie sie vorauskalkulierbar an einem Tag brauchen. Zum Einkaufen, zum Tanken, für die Abholung in der Reinigung, für den Bäcker usw.

Dies sind in der Regel Menschen, die sagen, dass sie mit ihrem leider sehr knappen Geld sehr sorgfältig umgehen müssen und es sich nicht leisten können, dass ihnen etwas davon gestohlen wird, sie vielleicht sogar ihre Geldbörse verlieren oder dergleichen. Sie lassen ihr knappes Geld lieber an einem sicheren Ort und nehmen nur so viel mit wie nötig.

Ist nun ein solches Verhalten im Sinne der Erreichung der Fülle der Schöpfung richtig oder falsch? Die Antwort sollten Sie inzwischen selbst erkennen:

Ein derartiges Verhalten ist eine Form der „Verwaltung von Mangel", die nur weiteren Mangel anziehen kann. Gleiches zieht Gleiches an, Ungleiches stößt einander ab. Geld zieht Geld an, Mangel zieht Mangel an.

Selbst wenn Sie eine Zeit knappen Geldes durchleben, sollten Sie sich unbedingt daran gewöhnen, immer mehr Geld in Ihrer Tasche zu haben, als Sie an diesem Tag für diesen oder jenen Einkauf voraussehbar brauchen werden. Sie brauchen die von diesem Geld ausgehende Schwingung, brauchen den davon ausgehenden Geldgeruch dringender als ein Parfum, wenn Sie die Mangelverwaltung durchbrechen wollen.

Dabei ist es eine sehr wichtige Übung für Sie, das überschüssige Geld nicht auszugeben. Sie sind deshalb nicht arm – Sie könnten ja, wenn Sie wollten, aber Sie tun es nicht. Sie sind die Führungsmacht, die über das Geld verfügt.

Nun können wir im Zeitalter der Kreditkarten natürlich nicht ausschließlich über Bargeld reden. Eine oder gleich mehrere Kreditkarten in der Tasche zu haben, stellt eine noch größere Versuchung – oder sehen wir es positiv, einen noch größeren Trainingsansatz – zur Erreichung der Verfügungsposition über die Energie Geld dar.

Ich hatte auch in Zeiten meiner größten Geldknappheit – Sie erinnern sich an die mir drohende Arbeit in der Baumschule – immer noch die Kreditkarte eines international renommierten Unternehmens in der Tasche. Ich hätte eher gehungert, als die darauf anfallenden Forderungen einmal nicht korrekt zu bedienen.

Diese Karte unterstützte mein inneres Gefühl der Freiheit. Ohne dieses innere Gefühl, ohne die Sicherheit auf der geistigen Ebene wäre natürlich auch die Kreditkarte nichts wert gewesen. Was sie mir aber letztlich gab, war die Möglichkeit, über Geld oder geldwerte Dienstleistungen jederzeit verfügen zu können und dadurch jeder sich bietenden Chance sofort nachgehen zu können – einen Flug zu buchen, ein Hotel zu bezahlen usw. Ich war in der so wichtigen Verfügungsposition. Letztlich habe ich mit dieser Kreditkarte auch den Flug zu meinem Vorstellungsgespräch in München gebucht.

Was Sie also in jedem Fall erreichen müssen, ist die Verfügungsposition über das Geld. Und dazu ist Ihre innere Einstellung wichtiger als die äußeren Umstände. Nicht das Geld – ob viel oder wenig – bestimmt über Sie. Sie sind es, der über das Geld bestimmt. Und wenn Sie nun sagen, dass bei Ihnen leider zu wenig übrig bleibt, um darüber verfügen zu können, dann spielt Ihnen Ihr Ego-Ich immer noch denselben Streich, und Sie sollten dieses Kapitel noch einmal gründlich durchlesen.

Oft höre ich Menschen sagen, dass sie sich z.B. die bei mir anfallenden Kosten, die Behandlungskosten für einen Heilpraktiker, die Kosten für einen guten Anwalt, eine bestimmte Fortbildung usw. nicht leisten können, weil sie dann nicht mehr in Urlaub fahren können. Hier ist also in Wahrheit eine Verfügungsmöglichkeit. Ich kann es mir also leisten. Ich muss nur entscheiden, was mir wichtiger ist, und habe keinen vernünftigen Grund dazustehen, mich arm zu reden und zu bejammern, dass ich mir etwas nicht leisten kann. Dies ist übelstes Ego-Kino und hier hilft nur draufschauen, Abstand nehmen und liebevoll korrigieren.

PIP
Your Personal Important Points

Geld ist in unsagbaren Mengen vorhanden.

*

Auch Geld ist ein Teil der Fülle der Schöpfung.

*

Ich bin eingebunden in diese Fülle der Schöpfung.

*

Geld ist mein natürlicher Begleiter.

*

Mein Wohlbefinden ist unabhängig von augenblicklichen Umständen.

*

*

Das Verlangen nach Sicherheit …

… ist leider nicht erfüllbar.

In etwas, das sich dauernd verändert, in dem nichts auch nur eine Sekunde so bleibt, wie es ist, kann es so etwas wie Sicherheit nicht geben. Das Einzige, was „mit Sicherheit" eintreten wird, ist die Veränderung. Sicherheit jedoch zielt auf Erhalt und Nichtveränderung.

Die Schöpfung, in der wir leben, ist ständiger Wandel, ist ständiges Werden und Vergehen, ist ein Kommen und Gehen. Sie kennt keinen Stillstand. Es gibt kein Verharren.

Ich möchte Ihnen noch einmal ins Gedächtnis rufen, was ich bereits an anderer Stelle gesagt habe: Während Sie diese wenigen Zeilen lesen, sterben etwa hundert Zellen Ihres Körpers ab und hundert neue Zellen entstehen. In sieben Jahren, vom jetzigen Zeitpunkt an gerechnet, ist keine der Zellen, die jetzt Ihren Körper bilden, mehr vorhanden. Sie sind komplett erneuert.

In diesem auf allen Ebenen stattfindenden Wandlungsprozess gibt es schnelle und langsame Rhythmen. Die Eintagsfliege hat nur einen einzigen Tag, vielleicht auch nur zehn Minuten. Die Stubenfliege vielleicht einen ganzen Sommer, wenn …, ja wenn sie nicht in einem Spinnennetz hängen bleibt, von einem Vogel gefressen, von einem Menschen mit der Fliegenpatsche erschlagen wird oder an der Windschutzscheibe eines Autos endet.

Schauen wir uns im Gegensatz zu diesen relativ kurzen Rhythmen einmal das Beispiel eines wesentlich langsameren Rhythmus an: Das Entstehen und Vergehen von Kulturen z.B. Was ist aus der alten ägyptischen Hochkultur geworden? Was ist aus den riesigen Reichen der Perser, der Römer, der Türken usw. geworden?

Alles hat seine Zeit, alles hat seinen Höhepunkt. Wenn dieser Höhepunkt erreicht ist, beginnt automatisch der Abstieg. Mit unserem menschlichen Leben ist das nicht viel anders. Ob wir dies nun wahrhaben wollen oder nicht.

Im Gesetz des Wandels bleibt nichts oben, was oben ist, und nichts bleibt unten, was unten ist.

Der Topf wird ständig umgerührt und neue Zutaten kommen hinzu. Den letzten großen Wandel haben wir am Zerfall der UdSSR erlebt. Auch die USA, die heute oben sind, werden nicht oben bleiben. Niemand kann die Schöpfung anhalten.

Immer wenn wir es uns gerade bequem gemacht haben, wenn wir uns endlich eingerichtet haben und denken, dass es nun so bleiben kann, wird es sich zwangsläufig ändern müssen.

Es muss sich schon deshalb ändern, weil sonst die Schöpfung und natürlich auch wir selbst stillstehen würden. Und genau dies scheint im Schöpfungsplan nicht vorgesehen.

„Wirst du mich auch immer lieb haben? Wirst du auch immer bei mir bleiben? Wird mir das auch niemand mehr wegnehmen?“ Wird es uns auch im Alter gut gehen? usw. usw. Allzu verständliche Fragen mit dahinter sichtbar werdenden Ängsten und Sorgen, aber eine verbindliche

Antwort auf diese Fragen kann niemand geben. Es kann so sein, es kann aber auch das Gegenteil sein.

Selbst wenn zwei Menschen sich heute ehrlichen Herzens versprechen, einander immer zu lieben und beieinander zu bleiben, es liegt nicht einmal in ihrer Hand, dass es auch so sein wird. Sie versprechen dies auf dem Stand von heute. Aber der Stand von heute wird sich ändern. Sie bleiben nicht, wie sie sind. Sie werden sich wandeln und die Richtung dieses Wandels liegt völlig außerhalb der angestrebten Sicherheitszone.

Wir können uns bemühen, wir können uns etwas fest vornehmen, wir können darauf hinarbeiten, aber mehr können wir nicht tun. Den Ausgang unserer Anstrengungen können wir nicht garantieren. Der Ausgang ist von wesentlich mehr Faktoren abhängig, als wir selbst beeinflussen können.

So gibt es also keine Sicherheit und trotzdem versucht eine ganze Branche genau das, was es gar nicht geben kann, zu verkaufen: Sicherheit! Sie *ver*sichern alles und jeden. Aber auch dies ist nur eine scheinbare Sicherheit. Sie vermitteln lediglich das Gefühl von Sicherheit. Wirkliche Sicherheit können auch sie nicht geben.

Die größte Sicherheit, in die wir uns begeben können, besteht darin, den Wandel zu akzeptieren, ihn anzunehmen, ihn mitzugehen. Stellen wir uns dagegen, wird er uns hinwegspülen.

Aus diesem Grund habe ich Ihnen auch empfohlen, Ihre persönliche Zielsetzung nur in Form eines globalen Endergebnisses zu formulieren und die Wege dorthin bewusst offen zu halten.

Natürlich wäre es nun interessant zu wissen, nach welchen Gesetzmäßigkeiten sich dieser dauernde Wandel vollzieht. Gibt es überhaupt solche Gesetzmäßigkeiten, oder geschieht dieser Wandel mehr oder weniger zufällig?

Glauben Sie mir, absolut gar nichts geschieht zufällig oder das Universum würde zusammenbrechen. In die Gesetzmäßigkeit der Abläufe möchte ich Ihnen im letzen Teil des Buches eine kurze Einführung geben. Aber haben Sie noch etwas Geduld. Noch sind wir nicht so weit. Ich möchte systematisch vorgehen.

Sie sollten sich aber bereits heute über eines völlig klar sein:

> Wenn Sie das, was Sie als Ihren Lebenserfolg definiert haben, endlich erreichen, werden auch Sie nicht die Ausnahmegenehmigung erhalten, dass dieser Zustand dann auch immer so bleibt.

Sie kennen die Faktoren: Sie werden sich bis dahin verändern. Ihr ganzes Umfeld und die Welt wird sich bis dahin verändern. Sie denken, fühlen und handeln dann anders. Ihr gesamtes Umfeld denkt, fühlt und handelt dann anders. Der Stand von morgen wird ein anderer sein als der Stand von heute.

Macht Ihnen das etwa Angst? Dann schauen Sie sofort auf Ihr Ego-Ich und beginnen mit der liebevollen Überzeugungsarbeit, so, wie wir sie besprochen haben. Schließlich waren Sie bei der Zielsetzung – zumindest wenn Sie meinem Vorschlag gefolgt sind – der Überzeugung, dass im richtigen Moment das Richtige geschehen wird. Aber dies ist die geistige Ebene. Ihr begrenztes Ego-Ich ist da ganz anderer Ansicht.

Sollen wir nun besser gar nichts tun, uns einfach treiben lassen oder täglich um jeden Millimeter Boden kämpfen, um unser Ziel zu erreichen? Das eine wäre so falsch wie das andere.

Planen Sie in groben Zügen. *Galanisieren* Sie, schauen Sie von außen auf das, was da in Ihrem begrenzten Ego-Ich an Sorgen und Ängsten entsteht. Korrigieren Sie hier und da, aber lassen Sie die Wege offen.

Sie können nicht festlegen, *wie* etwas zu geschehen hat. Der ständige Wandel kümmert sich nicht im Geringsten um solche Festlegungen. Sie können lediglich die Ursachen dazu setzen, *dass* es geschieht.

Geben Sie Raum. Sehr viel mehr, als Sie jemals für möglich halten, geschieht dann ganz ohne Ihr Zutun.

Lassen Sie dem Schicksal eine kleine Chance, wirklich etwas für Sie tun zu können. Stehen Sie nicht immer und überall mit Ihrem begrenzten Verstand und seinen Vorstellungen im Wege.

Behalten Sie Ausgangspunkt und Zielsetzung im Auge. Auch wenn Sie dann die gerade Linie zum Ziel deutlich vor sich sehen, diese gerade Linie werden Sie niemals gehen können. Zur Verdeutlichung vielleicht folgendes Beispiel:

In meiner glorreichen Zeit als irischer Auctioneer besaß ich eine hochseetaugliche Motorjacht, mit der ich mich sehr viel auf dem offenen Atlantik bewegt habe. Eines meiner am häufigsten angesteuerten Ziele war der „Fastnet Rock“, eine spitze Felsnadel mit Leuchtturm, etwa zehn Seemeilen von der Küste entfernt im offenen Meer. Um diesen Rock herum gab es herrliche Fischgründe, die von den Berufsfischern wegen der felsigen Bodenverklüftungen nicht abgefischt werden konnten.

Nun verließ ich immer den gleichen Hafen, in dem mein Schiff seinen Liegeplatz hatte, und der Fastnet Rock lag auch immer an der gleichen Stelle. Niemand hätte ihn über Nacht versetzen können. Ausgangspunkt und Ziel waren also völlig klar und die direkte Linie ebenso klar erkennbar. So sollte man doch annehmen, dass ich auch immer den gleichen Kurs hätte steuern müssen, um dieses Ziel zu erreichen. Weit gefehlt. Der Kurs, den ich meinem Autopiloten beim Verlassen des Hafens eingeben musste, war nicht einen einzigen Tag der gleiche.

Er war abhängig von den äußeren Bedingungen. Hatten wir z.B. ein- oder auslaufendes Wasser, die so genannte Tide, bei der Wassermassen mit bis zu sechs Metern Höhenunterschied auf die Küste zurollten oder von der Küste abliefen, musste ich dies berücksichtigen.

Diese Wassermassen versetzen das Schiff in die eine oder andere Richtung. Hier mussten dann ein paar Grad gegengesteuert werden.

Wie waren die Windverhältnisse? Drückte der Wind das Schiff in Richtung Land oder blies er es vom Land weg? Hatten wir mächtige Grundwellen, die das Schiff in Sekundenschnelle um 30, 40 Meter versetzen konnten, musste ich das Schiff natürlich in gebührendem Abstand zu kleineren Inseln und Untiefen halten und musste entsprechende Kursänderungen vornehmen.

All dies, was jeden Tag anders war, galt es genauestens zu beobachten und bei der Eingabe des Kurses zu berücksichtigen. Hätte ich immer den gleichen Kurs eingegeben, wäre ich nicht flexibel und hellwach im Hier und Jetzt gewesen, wäre ich wohl niemals angekommen.

Ich weiß, alle Vergleiche hinken.

PIP
Your Personal Important Points

Es gibt keine Sicherheit.
*
Die Schöpfung ist dauernde Veränderung.
*
Auf jedem Höhepunkt beginnt zwangsläufig der Abstieg.
*
Ich akzeptiere den Wandel und gehe ihn mit.
*

___

___

___

*

___

___

___

*

___

___

___

Und bleiben Sie schön gesund

Wir können das Thema Gesundheit nicht ganz unberührt lassen, wenn wir uns auf den Weg zu einem erfolgreichen Leben machen.

Gesundheit gehört einfach zu einem erfüllten Leben dazu – was natürlich nicht ausschließt, dass uns dann und wann mal ein kleines Zipperlein plagt. Solche Art Unwohlsein ist aber nicht das, was ich in dieser kurzen Betrachtung beleuchten möchte. Es ist normal, dass wir manchmal – im wahrsten Sinne des Wortes – die Nase voll haben, nicht wissen, wo uns der Kopf steht, oder es uns einfach „zum Kotzen" ist.

Ich meine schon die etwas ernsthafteren Dinge: chronische Magenbeschwerden, Herzprobleme, Krebs, Bluthochdruck usw. und natürlich auch psychische Probleme wie Depressionen, Angstzustände und dergleichen.

Nun leben wir in einer Gesellschaft, in der eine ernsthafte Erkrankung nur allzu gerne als unvorhersehbarer Schicksalsschlag angesehen wird, der uns ganz zufällig und ohne eigenes Zutun trifft. Ich bin da völlig anderer Ansicht und sehe mich in dieser Ansicht in meiner Arbeit täglich neu bestätigt.

Jede Erkrankung hat immer auch etwas mit uns selbst zu tun, mit unserer Ganzheit aus Geist und Körper, mit unserem Sosein, wie wir nun einmal sind.

Nun könnte man sagen, wenn ich mir z.B. irgendwo einen Grippevirus einfange, dann hat das doch nichts mit meinem Sosein, wie ich nun einmal bin, zu tun. Dies ist natürlich richtig. Das Einfangen des Virus hat damit nichts zu tun. Aber ob der eingefangene Virus sich dann auch durchsetzt und zur Erkrankung führt, oder ob Ihr Immunsystem damit fertig wird und ihn vernichtet, dies hat wiederum sehr viel mit Ihrem Sosein, wie Sie nun einmal sind, zu tun.

Sind Sie so richtig gut drauf, sind Sie auf allen Ebenen fit, ist auch Ihr Immunsystem fit und wird spielend mit dem Virus fertig. Sie bleiben gesund. Sind Sie eher das Gegenteil, schlapp und kaputt, ist auch Ihr Immunsystem schlapp und kaputt und der Virus setzt sich umgekehrt spielend durch. Sie werden krank.

Also haben Krankheit oder Gesundheit schon etwas mit Ihrer Gesamtheit aus Körper und Geist zu tun, wobei die geistige oder mentale Ebene auch hier den Ton angibt.

Nehmen wir zur weiteren Erklärung dieser Zusammenhänge einmal das Beispiel eines Tinnituspatienten. Als Tinnitus bezeichnet man ein Ohrgeräusch (Rauschen, Pfeifen, Brummen, Klingeln), das so stark sein kann, dass es so manchen darunter Leidenden sogar an Suizid denken lässt. Ich habe sehr viel mit Tinnitusbetroffenen zu tun, da ich mich neben meiner Arbeit im Galan Master Training auch intensiv mit psychosomatischer Medizin beschäftige und ein Tinnitus-Institut leite. Die beiden Bereiche sind eng miteinander verknüpft.

Ich habe nur ganz selten einen Fall erlebt, bei dem ich nicht einen unmittelbaren Zusammenhang zwischen den persönlichen Denk- und Verhaltensmustern einerseits und der Erkrankung andererseits feststellen konnte. Typische Persönlichkeitsstrukturen führen zu ebenso typischen Krankheitsbildern. Dieser Zuammenhang wird in meinem Buch „Die Kraft der Selbstheilung“ (mvg, 2003) behandelt.

Der typische Tinnituspatient z.B. hat große Probleme mit der Stressbewältigung. Ein Tinnitus ohne organischen Befund ist, bis auf sehr geringe Ausnahmen, stressabhängig. Ich schätze diesen Anteil auf 80 Prozent der Fälle.

Solche Stressursachen können vielfältig sein. Sie können aus dem beruflichen wie auch aus dem privaten Umfeld erwachsen. Sie können sogar erst zeitversetzt, also nach einer längeren Stressperiode, wirksam werden. Typisch für einen solchen Fall wäre: Ein Leben lang gearbeitet, gekämpft und etwas aufgebaut und nun, da man sich endlich „zur Ruhe“ setzen will, tobt der Tinnitus. Die erhoffte Ruhe bleibt eine Illusion.

Ebenso typische Tinnitusauslöser sind nicht herausgelassene Aggressionen, ist all das, was ein Mensch in sich hineinfrisst, statt es herauszulassen und sich davon zu befreien.

Auch durch Leistungs- und Erwartungsdruck, durch zu hohe Anforderungen an sich selbst, durch ungelöste Konflikte im beruflichen oder privaten Umfeld, durch andauernde Disharmonie oder Selbstzurücknahme um des lieben Friedens willen kann ein so gewaltiger innerer Druck entstehen, dass er sich dann, wie bei einem pfeifenden Wasserkessel, als Tinnitus Gehör verschafft.

Gelingt es dann, den Druck durch ein entsprechendes Training abzubauen, reduziert sich auch die Lautstärke des Tinnitus. Fällt der Betroffene wieder in die alten Verhaltensmuster zurück, wird auch der Tinnitus wieder lauter. Ein absoluter Beweis für diese Zusammenhänge.

Ich kenne einige Menschen, die sagen, dass der Tinnitus das Beste war, das sie in ihrem Leben getroffen hat. Sie betrachten den Tinnitus als ein zuverlässiges Warnsystem, auf das sie sich absolut verlassen können. Überziehen sie ihr Konto, wird es entsprechend laut.

Natürlich führen Verhaltensstrukturen, wie ich sie hier als typisch für den Tinnitus aufgezeigt habe, nicht immer und ausschließlich zum Tinnitus. Auch ganz andere Konsequenzen eines inneren Drucks sind möglich.

Der essentielle Bluthochdruck z.B. basiert meist auf der gleichen Ursachenebene. Hier steht dann der ganze Mensch unter Druck, ohne dass es dazu eine organische Ursache gibt. Diesen Druck hat er sich nicht selten sogar selbst geschaffen.

Nicht gelebte und nicht herausgelassene Aggressionen können z.B. auch zu Krebs führen. Hier wird so viel Aggression aufgestaut, dass diese dann zur Autoaggression wird und sich gegen den Betreffenden selbst wendet. Der Körper beginnt sich selber aufzufressen. Einzelne Zellen breiten sich auf Kosten der anderen so lange hemmungslos aus, bis das gesamte System vernichtet ist.

Sinnbildlich gesprochen wäre es besser gewesen, die aufgestauten Agressionen frühzeitig herauszulassen und auch einmal einen anderen zu fressen oder zumindest einmal kräftig zuzubeißen.

Immer nur lächeln und alles in sich hineinfressen ist der perfekteste Weg, sehr bald gar nicht mehr zu lächeln.

Nun lassen Sie sich durch das, was ich hier erkläre, nicht ängstigen. In der Regel können wir eine ganze Menge des Unfugs, den wir so täglich treiben, unbeschadet überstehen, und wenn Sie den Empfehlungen folgen, die ich bisher in diesem Buch ausgesprochen habe, sind Sie auf dem besten Weg, gesund und munter zu leiben.

Rekapitulieren wir die bisher von mir gegebenen Empfehlungen doch auch einmal unter dem Aspekt der Gesundheit:

1. Sie haben Ihre Persönlichkeitsstruktur analysiert und haben dadurch völlige Klarheit über Ihre Stärken und Schwächen.
2. Sie arbeiten täglich konsequent mit Ihrem Ego-Ich, um die negativen Aspekte umzuwandeln.
3. Sie halten dabei stets Abstand zum Ego-Ich und sind Zuschauer der eigenen Komödie.
4. Sie haben Ihre globale Zielsetzung erarbeitet und wissen, was Sie erreichen wollen.
5. Was jemand über Sie denkt, ist Ihnen völlig gleichgültig.
6. Erwartungen, die andere an Sie haben, bestimmen in keiner Weise Ihr eigenes Verhalten.
7. Sie erlauben sich selbst, Fehler zu machen.
8. Sie wissen, dass Ihre Erfahrungen lediglich die Wahrheit von gestern sind.
9. Sie konzentrieren all Ihre Energie auf das Hier und Jetzt.
10. Sie werden zum Segen für andere und lassen dadurch diese Energie auf sich zurückfließen.
11. Geld ist für Sie lediglich eine hilfreiche Energie, die natürlicherweise zu Ihnen gehört und deren Sie sich bedienen.
12. Ihre völlige Sicherheit besteht darin, den Wandel mitzumachen.

Meinen Sie nicht auch, dass Sie damit wunderbar gesund leben?

Trotzdem noch eine sehr ernste Warnung:

Es gibt immer wieder Menschen, die versuchen werden, Sie an ihren Krankheiten teilnehmen zu lassen. Sei es durch unendliches Erzählen ihrer eigenen Krankheitsgeschichte oder auch der Krankheitsgeschichten anderer, durch Mitleid erregendes Gebahren, durch vorwurfsvolle Bemerkungen oder wie auch immer. Ja, manche versuchen sogar Schuldgefühle dafür zu wecken, dass man selbst ja gesund ist und sie leider nicht.

Oft wird auch versucht, durch Krankheit zu manipulieren. Vor allem in Familien, wo z.B. Mutters Herzschmerzen mit der Präzision eines Schweizer Uhrwerks immer dann einsetzen, wenn sie etwas ganz Bestimmtes erreichen will. Dies ist dann nicht immer kühle Berechnung. Meist greifen solche Muster völlig unbewusst. Wie auch immer:

Lassen Sie sich auf gar keinen Fall in die Krankheiten anderer hineinziehen oder durch deren Krankheit manipulieren. Sie helfen damit niemandem und schaden sich selbst.

Indem Sie auf solche Angebote eingehen, verharrt der andere in seiner Krankheit. Er badet sozusagen darin, schmückt sie womöglich noch etwas aus und gräbt sich somit immer tiefer ein, statt aus. Zusätzlich zieht er auch Sie in sein krankes Energiefeld mit hinein.

Dies macht keinerlei Sinn. Sie müssen kein Mit-Leid haben. Mit-Leiden verdoppelt das Leid. Es genügt doch schon, wenn einer leidet.

Warum müssen Sie auch noch mit leiden? Haben Sie Mitgefühl, sehen Sie den anderen in seinem Elend, versuchen Sie ihm zu helfen. Das alles ist völlig in Ordnung, aber leiden Sie um Gottes Willen nicht mit.

Bleiben Sie draußen. Dies ist die Voraussetzung dafür, dass Sie den Leidenden evtl. sogar aus seinem Elend herausziehen können. Laden Sie ihn ein, auf die gesunde

Seite des Lebens zu wechseln, aber gehen Sie nicht in sein krankes Energiefeld. Wenn jemand in einem Moor versinkt, werden Sie doch auch nicht hinterherspringen wollen. Sie können ihm nur helfen, wenn Sie draußen bleiben.

PIP
Your Personal Important Points

Eine Erkrankung hat auch immer etwas mit mir selbst zu tun.

*

Was habe ich zu meiner Erkrankung beigetragen?

*

Ich lasse mich nicht in die Krankheiten anderer hineinziehen.

*

Ich habe Mitgefühl, aber ich leide nicht mit.

*

____

____

____

*

____

____

____

*

____

____

____

Die Groß-Lüge: „Ich habe keine Zeit“

Es gibt kaum etwas, über dessen offensichtliche Ungleichverteilung man sich beim Schöpfer nicht beschweren könnte, wenn denn so etwas überhaupt – und dann noch mit einiger Aussicht auf Erfolg – möglich wäre.

Die einen leben da, wo sie selbst und ihr Vieh Hunger leiden und elendig verdursten, und die anderen leben dort, wo sie selbst und ihr Vieh durch Überschwemmungen bis zum Halse im Wasser stehen und elend ertrinken. Wasser ist also offensichtlich genug da. Es ist nur völlig unsinnig verteilt, wie man meinen könnte.

Andere wiederum stöhnen unter unerträglicher Hitze, während einige unter ewiger Kälte leiden. Wieder andere leben in sattem Wohlstand, während viele in trostlosem Elend dahinvegetieren.

Wir könnten die Aufzählung solcher Gegensätze beliebig fortsetzen, und sogar in unseren ganz persönlichen Lebensumständen setzt sich dieses offensichtliche Ungleichgewicht fort.

So gibt es z.B. sicher Menschen, die wesentlich intelligenter, schöner, erfolgreicher, glücklicher oder auch gesünder sind als wir. Andere wiederum sind womöglich beliebter, bekannter, humorvoller, redegewandter oder was auch immer. Die einen leben in glücklichen Familienverhältnissen, wurden wohlhabend geboren, bewusst und liebevoll erzogen, während wir in vielleicht mehr oder weniger zerrütteten und ärmlichen Familienverhältnissen aufwachsen mussten. Und dies alles, obwohl Gott jedes seiner Geschöpfe doch gleichermaßen lieb haben soll, wie es seine Repräsentanten auf Erden jedenfalls verkünden.

Ich verstehe Menschen, die angesichts solch offensichtlicher Ungleichgewichte sagen, dass es wohl keinen gerechten Gott geben kann, oder so etwas könnte nicht vorkommen.

Welchen Bereich wir auch immer auswählen, es gibt kaum etwas, das nachprüfbar gleichmäßig verteilt wäre – außer der Zeit.

Bei der Zeit gibt es keinerlei Ausnahmeregelungen, hier gibt es auch keine Ungleichverteilung, wenn wir einmal von der recht unterschiedlichen Lebenszeit der Menschen absehen.

Jeder hat jeden Tag seines Lebens 24 Stunden zur Verfügung. Gleichgültig ob er als Papst in Rom oder als Bettler an einer Straßenecke in New York residiert.

Wie kann also jemand sagen, dass ausgerechnet er „keine Zeit“ hat? Wie könnte so etwas möglich sein? Wurden ihm etwa versehentlich nur 23 oder sogar nur 22 Stunden pro Tag zuerkannt? Mir ist ein solcher Fall bisher nicht bekannt und somit hat für mich auch das so oft gehörte Argument, für dieses oder jenes *einfach keine Zeit zu haben*, einfach keine Kraft.

Was in solchen Fällen fehlt, ist nicht etwa die Zeit, es ist der bewusste und weise Umgang mit der Zeit.

Schauen wir uns doch auch dies einmal genauer an und nehmen wir dazu wieder ein recht einfaches Beispiel:

Wenn Sie z.B. irgendwo in unselbstständiger Arbeit Ihren Lebensunterhalt verdienen, haben Sie nach den heutigen, in Europa geltenden Standards etwa 42 bis 45 Stunden Ihrer Lebenszeit pro Woche an Ihren so genannten Arbeitgeber verkauft.

Man kann dies ruhig so bezeichnen, denn ein Arbeitsverhältnis ist ein Geschäft wie jedes andere auch: Wir erbringen in einer bestimmten Zeit eine bestimmte Leistung und dafür gibt uns der Arbeitgeber für diese, in der bestimmten Zeit erbrachte Leistung einen bestimmten Geldbetrag.

Zu der Zeit, die wir dazu vereinbart haben, kommt dann unsererseits noch ein gewisser Zuschlag für die jeweilige An- und Abfahrt zum Arbeitsplatz. Gehen wir deshalb einmal von einem durchschnittlichen Stundenaufwand von 50 Stunden pro Woche aus.

Da eine solche Woche bekanntlich aus 7 Tagen à 24 Stunden besteht – nicht eine Stunde mehr oder weniger –, ergibt dies nach Adam Riese exakt 168 Stunden. 50 Stunden davon haben Sie verkauft, um vom Erlös dieses Verkaufs die verbleibenden 118 Stunden mehr oder weniger komfortabel bestreiten zu können. Zumindest wäre dies der anerkannte materielle Hintergrund Ihrer Tätigkeit.

Wenn Sie nun ein relativ normales Schlafbedürfnis haben, werden Sie etwa sieben bis acht Stunden pro Tag schlafen, was in den sieben Tagen einer Woche im Höchstfall 56 Stunden ergibt, die Sie nunmehr von den 118 Stunden, die Ihnen nach Abzug Ihrer Arbeitszeit geblieben sind, ebenfalls abziehen müssen.

Bleiben also ganze 62 Stunden pro Woche zu Ihrer privaten Verfügung. Was machen z.B. Sie damit?

Natürlich kenne ich alle Argumente, dass man als Selbstständiger, der sich vielleicht sogar gerade im Aufbau seiner Existenz befindet, als leitender Angestellter, als Mutter von drei Kindern, als Pfarrer, Arzt, Politiker oder was auch immer Sie geltend machen wollen, nun mal leider nicht so rechnen kann. Ich habe das tausendmal gehört und es war tausendmal nichts als eine Ausrede. Warum sollte man in solchen oder ähnlichen Positionen nicht so rechnen können?

Die Wahrheit ist und bleibt unverrückbar: Auch in solchen Positionen oder Situationen haben Sie exakt 24 Stunden pro Tag zur Verfügung und jede dieser Stunden hat ebenso exakt 60 Minuten. Nicht eine Minute mehr oder weniger. Es gibt dabei weder einen Rabatt noch einen Zuschlag. Ich persönlich freue mich über diese absolute Gerechtigkeit.

Wenn Sie nun trotz allem, was ich hier deutlich gemacht habe, immer noch sagen, dass ausgerechnet Sie zu wenig Zeit haben, liegt das Problem einzig und allein darin, dass Sie sich selbst in eine Situation oder Position manövriert haben, in der Sie die Ihnen gegebene Zeit für etwas aufwenden müssen, für das Sie sie wahrscheinlich lieber nicht aufwenden würden. Wäre dies nicht so, wäre die verwendete Zeit mit Ihren persönlichen Wünschen und Interessen identisch, würden Sie sich ja wohl kaum über mangelnde Zeit beklagen.

Aber die Entscheidung, für was Sie Ihre Zeit verwenden, haben Sie doch selbst getroffen. Dies hat doch nicht die Regierung oder sonst wer beschlossen. Wenn es in Ausnahmefällen trotzdem nicht Ihre eigene Entscheidung war und Sie in solche Zeitfresser allmählich hineingeraten sind, wird es höchste Zeit, dass Sie dies erkennen und ändern. Sie müssen dazu nicht erst noch …

Wunderbar wäre es natürlich, wenn Sie die Zeit Ihres notwendigen Broterwerbs mit etwas verbringen könnten, das Sie auch gerne tun würden, wenn es nicht Ihrem Broterwerb dienen würde. Dies ist der ideale Zustand, bei dem die 50 Stunden, die Sie dafür pro Woche aufwenden, gar nicht mehr ins Gewicht fallen.

Wenn Sie aber in etwas hineingeraten sind, weil Ihre Eltern wollten, dass auch Sie Anwalt werden, oder weil so ein Job gerade frei oder so günstig in der Nähe war, weil Sie das Geld gerade so dringend brauchten oder dergleichen, und diese Tätigkeit Sie nun täglich anödet, müssen Sie dies ändern oder es macht Sie auf lange Sicht krank.

Das ist selbstverständlich nicht so leicht. Ihr Ego-Ich, das auf vermeintliche Sicherheit bedacht ist, wird alle Argumente finden, warum dies jetzt gerade nicht möglich ist und sogar noch äußerst unklug wäre. Andere wären froh, wenn sie … usw. Trotzdem: Es ist Ihr ureigenstes Interesse. Es sind Stunden Ihres Lebens, die Sie nie mehr zurückbekommen. Auch auf Ihrem Grabstein werden einmal zwei Zahlen stehen: Geboren … Gestorben … Der Zeitraum zwischen diesen beiden Zahlen war Ihr Leben.

Man kann das Leben also auch mit Fug und Recht als ein Stück Zeit betrachten, das wir zur Verfügung haben. Wer mit dieser Zeit bewusst und weise umgeht, geht auch bewusst und weise mit seinem Leben um. Wer den größten Teil seiner Zeit fruchtlos, freudlos und unbefriedigt verbringt, verbringt auch den größten Teil seines Lebens fruchtlos, freudlos und unbefriedigend.

Wenn Sie z.B. als Selbstständiger feststellen müssen, dass Sie nun so gut wie keine Zeit mehr haben, machen Sie einen elementaren Fehler. Sie sind auf dem besten Weg, nicht nur sich selbst, sondern auch Ihre Existenz zu ruinieren.

Sie brauchen Zeit. Sie brauchen genügend Freiraum. Sie brauchen freie Zeit, um Abstand von Ihrer Unternehmung zu gewinnen – um draufschauen zu können –, oder Sie beginnen sich im Kreis zu drehen. Sie sind nicht Ihre Firma. Sie haben lediglich diese Firma. Ihr Ego-Ich mag dies ruhig ganz anders sehen.

Manche Unternehmungen bleiben allein deshalb erfolglos, weil der Unternehmer angeblich keine Zeit hat. Es fehlt das spielerisch-souveräne und lockere Element. Alles wird zu Kampf und Krampf.

Sie kennen ja inzwischen einige Stationen aus meinem eigenen Leben. Ich hatte immer Zeit, auch als ich mein Unternehmen aufbaute – und ich habe auch heute immer Zeit. Für mich ist die Position des Zeithabens in meiner Planung die absolut vorrangige Position. Ich gestehe mir sehr bewusst eine großzügig bemessene Zeit des Müßigganges zu. In dieser Zeit des Müßigganges entstehen dann so viele gute Ideen, entsteht so viel Klarheit und Erkenntnis, entsteht so viel Abstand, entsteht so viel positive Lebensenergie und Lebensfreude, dass ich mir mit dieser Technik weitaus mehr Zeit einspiele, als der Müßiggang selbst an Zeit verbraucht.

Müßiggang ist also keineswegs aller Laster Anfang, wie der Volksmund sagt. Wie gesagt, es gibt wohl keine

Dummheit, zu der es nicht auch ein passendes Sprichwort gäbe.

Das Problem ist, Sie selbst müssen diesen Freiraum beanspruchen, Sie selbst müssen dann Ihren Anspruch auch ernst nehmen oder es nimmt ihn niemand ernst.

Auch in Ihrer Rolle als Mutter von drei oder mehr Kindern müssen Sie eine solch grundsätzliche Entscheidung über die Verwendung Ihrer Zeit treffen. Es sollte zumindest eine Stunde des Tages geben, wo Sie für nichts und niemanden erreichbar sind – und glauben Sie mir, so etwas ist einrichtbar, wenn man es konsequent durchsetzt.

Die Kinder haben ihr eigenes Leben und Sie haben Ihr eigenes Leben. Natürlich beanspruchen die Kinder einen großen Teil Ihrer Zeit, wozu Sie ja auch mit Ihrer Entscheidung für Kinder bereit waren. Wenn Sie jedoch Ihr Leben nur für Kinder und Familie „opfern“, wie ich dies leider sehr oft höre, und sich selbst hintenanstellen, werden Sie hintenanstehen. Schließlich haben Sie sich selbst dort hingestellt.

Ihr so genanntes Opfer hat niemand gewollt. Sie haben sich da hinein manövriert, es ist allein Ihre Sicht der Dinge und wahrscheinlich mischt Ihr Ego-Ich auch hier gewaltig mit. Sie ziehen Ihre Selbstbestätigung nicht aus sich selbst, sondern aus Ihrer vorgezeigten Mutterrolle.

Die daraus erwachsenden Probleme erreichen Sie spätestens dann, wenn die Kinder notwendigerweise ihre eigenen Wege gehen. Dann bleibt oft nur Leere zurück, in der dann nicht selten die angebliche Undankbarkeit der

Kinder beklagt wird. Habe ich nicht alles für meine Kinder geopfert ...!

Nehmen wir auch noch ein anderes Beispiel: Wenn Sie als leitender Angestellter, Geschäftsführer, Vorstand oder dergleichen von sich selbst sagen müssen, dass Sie leider viel zu wenig Zeit haben, sind Sie nicht wirklich erfolgreich.

Wenn Sie es nicht schaffen, Ihre Aufgaben in einem Zeitrahmen zu lösen, der Ihnen noch genügend Zeit für Ihr eigentliches Leben lässt, sind Sie mit der Ihnen anvertrauten Aufgabe deutlich überfordert.

Sie beweisen keine Managementqualität, denn dazu würde auch ein vernünftiges Zeitmanagement gehören. Ich würde Ihnen keine Führungsaufgabe anvertrauen, denn gerade dort ist es notwendig, Zeit zu haben.

Wie wollen Sie zum Beispiel an Ihrer eigenen Karriere arbeiten, wie wollen Sie Kontakt zu wichtigen und manchmal auch unwichtig erscheinenden Leuten halten, wenn Sie keine Zeit haben? Nun werden einige sagen, dass sie ja gerade deshalb keine Zeit haben. Verzeihung, das ist nichts als Unfug, den Ihnen Ihr Ego auftischt.

Wie wollen Sie zwischenmenschliche Beziehungen aufbauen, wie ein offenes Ohr für kleine und große Probleme Ihrer Mitarbeiter haben, wie wollen Sie sich Freunde schaffen, wenn Sie keine Zeit haben? Das, was Sie durch angeblichen Zeitmangel für sich selbst nicht schaffen können, werden Sie wohl auch kaum für Ihr Unternehmen zu schaffen in der Lage sein.

Glauben Sie mir, wenn Sie nicht mindestens 15 bis 20 Prozent der Zeit, die Sie in einem Unternehmen verbringen – und sei es Ihr eigenes – für derartige Dinge einsetzen, werden Sie auf längere Sicht gesehen keinen Erfolg haben können.

Aber dies gilt natürlich nicht nur für Unternehmen im Wirtschaftsbereich. Bei diesem Thema kann man auch eine Familie durchaus als ein Unternehmen betrachten. Nach meiner Meinung ist es übrigens eines der am schwierigsten zu führenden.

Wie wollen Sie z.B. Kraft aus einem funktionierenden Familienleben oder einer Zweierbeziehung schöpfen, wenn Sie keine Zeit haben? Nach meiner Erfahrung sind die Menschen, die dauernd vorgeben, keine Zeit zu haben, zu sehr Ego-Ich bestimmt. Es ist die totale Identifikation mit einer Rolle, in die sie hineingeschlüpft sind. Es ist die totale Identifikation mit dem Spielchen, das sie da gerade spielen und das sie für nichts anderes mehr Zeit haben lässt.

Sie wissen, welcher Rat nun wieder folgt: Abstand nehmen, draufschauen, galanisieren – Zuschauer der eigenen Komödie werden.

PIP
Your Personal Important Points

Nichts auf der Welt ist gerechter verteilt als die Zeit.

*

Jeder hat jeden Tag 24 Stunden Zeit.

*

Ich nutze meine Zeit ganz bewusst und habe dadurch immer genügend Zeit.

*

Ich beanspruche 15 bis 20 Prozent meiner Zeit ausschließlich für mich selbst.

*

Es ist mein Leben.
Es ist meine Zeit.

*

*

Das Spiel des Lebens

Immer wieder höre ich Menschen vom Ernst des Lebens reden und versuche dann durch hartnäckiges Fragen herauszufinden, was sie denn nun an diesem Leben so ernst finden. Bis jetzt habe ich noch keine befriedigende Antwort erhalten. Es waren immer nur Gemeinplätze, die als Beweis für den unterstellten Ernst des Lebens angeführt wurden:

„Die heutige Zeit, in der ja alles so unsicher ist, die Arbeit, die Altersversorgung, die Umweltverschmutzung, die Jugend, die man nicht mehr so recht versteht, der Terrorismus, der sittliche Verfall, die wachsende Kriminalitätsrate, die veränderte Weltlage, usw. usw."

Natürlich kann man sich auf diesem Wege ohne große Probleme ein Horrorgemälde zusammenstellen – und dann in diese negative Energie eintauchen. Es gibt wahre Künstler in dieser Disziplin.

Aber was ist an einem solchen Horrorgemälde nun wirklich dran?

Wenn wir z.B das letzte Jahrtausend einmal objektiv betrachten, hat es darin noch nie eine Periode gegeben, in der man nicht die gleichen Argumente gebrauchen und damit dann auch ein ähnliches Gemälde hätte produzieren können. Wann gab es denn schon einmal so etwas wie Sicherheit? Es gibt keine Sicherheit, es kann sie nicht geben und wir wissen inzwischen, warum dies so ist. Sicherheit bleibt eine niemals zu erfüllende Illusion.

Schauen wir uns andere Scheinbeweise für den angeblichen Ernst des Lebens an: Noch nie in der Geschichte der Menschheit hat z.B. die alte Generation die junge Generation verstanden und umgekehrt.

Dies war nicht nur gut so, es war sogar absolut notwendig.

Wenn es nicht so gewesen wäre, wenn alles unverändert weitergeführt worden wäre, wenn immer so weitergedacht worden wäre, wie bis dahin gedacht wurde, hätte dies den Stillstand bedeutet. Wie wir aber festgestellt haben, ist Schöpfung dauernde Bewegung. Nichts steht still. Nichts bleibt auch nur eine Sekunde so, wie es ist.

Wie kann dann an etwas, das keine Sekunde so bleibt, wie es ist, etwas Ernsthaftes sein?

Was wir jetzt, in diesem Moment, als ernst bezeichnen, ist vielleicht morgen oder in ein paar Tagen schon nicht mehr existent oder hat sich völlig verändert. Überlegen wir einmal einen Augenblick, was wir in unserem Leben nicht schon alles als ernst eingestuft haben und was von all dem so unglaublich Ernsten dann letztlich übrig geblieben ist.

Ich gebe Ihnen die absolute Garantie, dass von all dem, was Sie heute als ernst betrachten, gleichfalls nichts übrig bleiben wird.

Natürlich können Sie sich das nicht vorstellen. Richtiger, Ihr Ego-Ich kann sich das nicht vorstellen, denn es lebt vom Ernst des Lebens. Dies gibt ihm Wichtigkeit.

Trotzdem, auch all das Ernste wird sich durch die ständige Wandlung aller Dinge auflösen. Es kann gar nicht so bleiben. Es besteht nicht die geringste Chance dazu. Selbst wenn wir der festen Überzeugung sind, dass etwas von uns schon immer als sehr ernst Betrachtetes sich niemals ändern wird – es ist lediglich eine Frage kürzerer oder längerer Zeitabläufe, bis sich auch das geändert hat.

Warum schenken wir dann diesen vermeintlich so ernsten Dingen so viel Aufmerksamkeit?

„Auch das wird vorübergehen.“

Gleichgültig, ob wir es als als ernst oder unernst bewerten, ob es Freude oder Leid bedeutet.

Der Fluss der Schöpfung kümmert sich nicht im geringsten um unsere Bewertung. Die Wahrheit ist, dass es weder etwas Ernstes noch etwas Un-ernstes gibt. *Es gibt* – und zwar ständig neu –, das ist alles. Jede Bewertung, jede Einsortierung in die eine oder andere Schublade, ist eine völlig subjektive Bewertung unseres Ego-Ichs, das solche Einsortierungen nach seiner begrenzten Wahrheit vornimmt. Wir wissen ja inzwischen, wie solche Wahrheiten entstanden sind und was sie wert sind – nichts.

Machen wir uns immer wieder bewusst, dass wir ganz andere Wahrheiten hätten, wenn wir als Baby vertauscht worden wären, wie ich es als Beispiel angeführt habe.

Befreien wir uns vom Ballast unserer vermeintlichen Wahrheiten. Befreien wir uns von dem Nonsens, das Leben als etwas sehr Ernstes anzusehen.

Natürlich hat man auch mir an meinem ersten Schultag gesagt, dass jetzt der Ernst des Lebens beginnt, zumindest nehme ich das einmal so an. Heute weiß ich, dass ich viel zu lange an diese vermeintliche Wahrheit geglaubt habe, bis ich das totale Gegenteil entdeckte:

Man kann unsere kurze Zeit auf dieser Erde als einen Kampf oder als ein Spiel betrachten.

Und so, wie wir es betrachten, kommt es dann letztlich auch zu uns zurück.

Die gesamte Schöpfung ist ein Spiel. Gehen auch wir spielerisch mit dieser Schöpfung um, haben wir Freude an diesem Spiel. Machen wir aber fälschlicherweise einen Kampf daraus, bläst uns der Kampf entgegen.

Wer kämpft, hat noch nicht viel verstanden. Vor allem hat er nicht verstanden, dass sein Kämpfen völlig sinn- und aussichtslos ist. Er wird lediglich ernten, was er sät – Kampf. Er könnte auch das Gegenteil säen und damit könnte er sogar viel schneller und einfacher zum Ziel gelangen.

Wenn wir das Spiel des Lebens verstanden haben, ist kein Raum für verbissenen Ernst, für Kämpfen, Durchbeißen, Festhalten, Anhaften und Absichern. Wenn wir das Spiel des Lebens erst einmal richtig verstanden haben, ist Raum für Freude, ist Raum für Fülle, kann endlich fließen, was bisher blockiert war, können endlich Wunder geschehen.

Solange dies bei uns noch nicht der Fall ist, machen wir etwas falsch – nicht etwa der Schöpfer, der dieses Spiel aufgelegt hat.

Der Sinn eines Spiels liegt darin, Freude am Spiel zu haben.

Wenn wir täglich in ein Spiel verwickelt sind, von dem wir feststellen müssen, dass es uns keine Freude bereitet, machen allein wir etwas falsch.

Vermutlich haben wir nicht einmal begriffen, dass es sich um ein Spiel handelt, suchen dauernd nach Belohnung oder Bestrafung, wollen besonders gut und erfolgreich sein und natürlich wollen wir gewinnen. Wir betrachten das, was ein Spiel sein soll, als dauernden Existenzkampf – ein Wort, bei dem mir Schauer über den Rücken laufen.

Wie freudlos muss ein Leben sein, wenn wir mit einer solchen Einschätzung täglich in den Kampf ziehen. Mit dieser Einstellung setzen wir jene Schwingung in Bewegung, die dann wieder das anzieht, was wir aussenden.

Zum völlig ausweglosen Kreisverkehr wird das Ganze aber dann, wenn wir so blind sind, unseren täglichen Kampf auch noch fälschlicherweise als Beweis für die Richtigkeit unserer Einschätzung zu sehen. Wir erkennen nichts, wir sehen keinen Ausweg, wir drehen uns im Kreis.

Das Ego-Ich und unser begrenzter Verstand, in ihrem Selbstverständnis als unentbehrliche Aufpasser und Wahrer unserer Interessen, fühlen sich in einer solchen Situation natürlich voll bestätigt und ganz in ihrem Element.

Schauen wir uns das Spiel des Lebens doch etwas genauer an:

> Eine unverzichtbare Voraussetzung dafür, mit Genuss ein Spiel zu spielen, ist es, die Spielregeln zu kennen.

Wenn ich die Regeln eines Spiels nicht kenne, werde ich sinnlos in diesem Spiel umherirren. Es wird mehr mit mir gespielt, als dass ich selber in dieses Spiel eingreifen könnte. Durch meine Unkenntnis stehe ich mir selbst und auch allen anderen Spielern im Wege. Selbst die, die gerne mit mir spielen möchten, können mich nicht ins Spiel einbeziehen, weil ich das Spiel nicht verstehe.

Wenn sie mir einen Ball zuspielen, weiß ich damit nichts anzufangen. Vielleicht möchte ich den Ball ja auch gleich behalten, weil ich doch nur so selten einen Ball bekomme und ja auch gar nicht weiß, ob ich überhaupt noch einmal einen Ball bekomme.

Ich habe zwar inzwischen gewisse Ahnungen, wie die Zusammenhänge in diesem Spiel sein könnten, muss aber in entscheidenden Situationen immer wieder feststellen, dass ich völlig danebenliege und offensichtlich immer genau das Falsche mache. Es wird sich daran auch so lange nichts ändern, bis ich mir endlich die Mühe mache, die Spielregeln zu erlernen.

Mit den geistigen Gesetzen, die ich im dritten Teil dieses Buches behandeln werde, gebe ich Ihnen Spielregeln an die Hand, mit denen Sie in jedem Spiel bestehen können.

Das einzige Problem beim souveränen Meistern des Spiels des Lebens ist wie immer unser Ego-Ich, das selbstverständlich ganz andere Vorstellungen hat, die Dinge keinesfalls aus der Hand geben, und schon gar nicht als Spiel betrachten möchte: „Wozu haben wir schließlich unsere Erfahrungen gemacht, wir wissen doch, wie schwer das alles ist!"

Aber Sie wissen ja inzwischen, wie Sie damit umgehen. Galanisieren, draufschauen und behutsam in die neue Richtung führen.

Gehen wir weiter in unserer Betrachtung.

Ein Spiel ohne Spielpartner ist relativ langweilig.

Im Spiel des Lebens brauchen wir Partner. Es herrscht auch Gott sei Dank keinerlei Mangel an Partnern, denn jeder, der uns begegnet, ist ein Partner in diesem Spiel. Ein *Spiel*partner also – kein *Kampf*partner.

Mit einigen Partnern spielen wir nur sehr kurz, vielleicht nur wenige Ballwechsel, mit anderen Partnern haben wir etwas mehr zu erledigen und mit einigen spielen wir vielleicht unser ganzes Leben lang. Entscheidend ist allein, dass uns eine Spielpartnerschaft weiterbringt, dass wir daraus etwas lernen und zu besseren Spielern werden.

Vorteilhaft kann es sein, wenn unsere Spielpartner schon etwas erfahrener sind als wir. Aber das ist wiederum auch nicht ungefährlich, denn unser Ego-Ich neigt dann allzu schnell dazu, einen solchen Partner zu zerlegen und als Trophäe in seine Sammlung einzuordnen.

Deshalb sind Spielpartnerschaften, in denen jeder von jedem lernt, etwas problemloser. Wenn wir uns allerdings in diesem Spiel mit Partnern umgeben, die uns eher hinunterziehen als weiterbringen, die uns auf dem gleichen Stand festhalten und selbst nicht interessiert sind, in diesem Spiel weiterzukommen, müssen wir uns von solchen Partnern schnellstens trennen. Möglichst bevor der Tod uns scheidet, denn nur dann macht es noch einen Sinn.

Jeder Partner hat das absolute Recht, so zu sein, wie er ist, und seinen Standpunkt zu bestimmen. Aber vergessen wir dabei nie, dass auch wir das gleiche Recht haben.

Vielleicht klingt das sehr hart und kompromisslos, besonders wenn wir das Gefühl haben, anderen helfen zu müssen, und deshalb meinen, uns doch nicht so einfach verabschieden zu können. Dies ist leider nur Gefühlsduselei, bei der wir uns womöglich auch noch großartig vorkommen.

Jesus sagte: „Liebe deinen Nächsten wie dich selbst."

Er hat nicht gesagt, liebe deinen Nächsten mehr als dich selbst. Er hat auch nicht gesagt, bleibe stehen und verzichte auf deinen Weg, weil dein Spielpartner stehen bleibt und darauf verzichtet, weiterzukommen.

Betrachten wir das Spiel auch noch unter weiteren Aspekten:

„Faire" Spielpartner sind gesuchte Spielpartner.

Wenn wir ein gesuchter Spielpartner sind, wenn es anderen Freude macht, mit uns zu spielen, erhöht sich damit unsere eigene Chance, die Partner zu finden, die wir brauchen. Erinnern Sie sich an meine Firmengründung.

Wir müssen faire Spieler sein, die die Regeln kennen und einhalten und auch den Mitspielern eine Chance im Spiel lassen.

Der Sinn des Spiels liegt im Spiel selbst. Der Sinn des Spiels liegt nicht im Gewinn des Spiels.

Mit Leuten, die immer nur gewinnen wollen, spielt man nicht so gerne. Es sind unangenehme Spielpartner, die man eher meidet. Es macht auch keinerlei Sinn, Gewinner zu sein, denn oft scheidet der Sieger als erster aus dem Spiel aus. Die anderen spielen munter weiter, bis der letzte übrig geblieben ist. Es ist also ein nutzloser Sieg, der uns aus dem Spiel ausscheiden ließ: *Die Letzten werden die Ersten sein.*

Lassen wir also das Spiel offen. Lernen wir aus dem Spiel und lassen wir ebenso die anderen daraus lernen. Halten wir nicht zurück, was wir wissen, damit auch die anderen nicht zurückhalten, was sie wissen.

Der offene Austausch, das offene Spiel ist das, was uns weiterbringt. Teilen wir unsere Freude an diesem Spiel, damit auch die anderen ihre Freude mit uns teilen.

Ein guter Spieler ist der, der die Übersicht über das Spiel hat.

Wenn wir keine Übersicht über das Spiel haben, wird mehr mit uns gespielt, als dass wir auch nur die kleinste Chance hätten, selbst ins Spiel einzugreifen. Das gilt für alle Spielarten gleichermaßen, ob wir das Spiel unseres Lebens als eine Schachpartie, ein Ballspiel oder was auch immer ansehen. Ich selbst stehe immer noch völlig verständnislos vor den Regeln eines Baseballspiels, wenn ich einmal gelegentlich im Englischen Garten in München solchem Treiben zuschaue.

Um aber die notwendige Übersicht zu bekommen, müssen wir uns regelmäßig aus dem aktuellen Spielgeschehen lösen, uns zurücklehnen und von außen auf das, was da läuft, draufschauen. Erst ein gewisser Abstand bringt uns die Übersicht, die wir brauchen.

Der dauernde Volleinsatz, das dauernde Kämpfen, sich durchbeißen und Mit-dem-Kopf-durch-die-Wand-Wollen, macht uns blind und reduziert unsere spielerischen Möglichkeiten auf ein absolutes Minimum.

Dies wäre auch nicht der Stil eines erfolgreichen Spielers, der die Fülle der Schöpfung genießt. Es wäre eher der sprichwörtliche Elefant im Porzellanladen, der den berühmten Scherbenhaufen hinterlässt.

Ich habe die nötigen Techniken aufgezeigt, um die Übersicht über unser Spiel zu bekommen: *Galanisieren*, von außen draufschauen, Zuschauer der eigenen Komödie werden.

Machen wir uns dabei immer wieder bewusst: „Ich bin die unbegrenzte geistige Ebene und ich habe die begrenzte Ego-Ebene."

Entschuldigung, wenn ich dies so oft wiederhole. Es ist der Schlüssel zu den Toren, die Sie öffnen wollen.

Fahren wir fort in unserer Betrachtung: Im Spiel des Lebens ist alles nur Spielzeug. Alles, was uns in diesem Spiel begegnet, gehört zu diesem Spiel. Nichts aus diesem Spiel gehört zu uns. Wir kommen und gehen, das Spiel wird für uns aufgeklappt und wieder zugeklappt. Nichts – außer der Erfahrung aus diesem kurzen Spiel – nehmen wir mit. All unsere Verzierungen, Titel, Orden und Ehrenzeichen, unser Image und die ganze Figur, die wir mit so viel Arbeit und Einsatz aufgebaut haben, waren nichts als ein Kostüm. Mit dem Ende dieses Spiels wird dies alles nichtig. Es bringt uns nicht einmal einen Rabatt, Bonus oder Ehrenplatz ein.

Dabei ist es gleichgültig, auf welcher Ebene wir das Spiel gespielt haben. Ob wir unsere Chance als Papst, als Arzt oder als Stadtstreicher genutzt oder nicht genutzt haben. Ob bei unserer Geburt Salut geschossen wurde oder ob wir jemandem vor die Tür gelegt wurden. Dies ist unerheblich. Es zählt nur das, was *wir selbst* aus unserem Spiel gemacht haben.

Auch das, wovon wir meinen, dass es *zu uns* gehört, *unsere* Frau, *unser* Mann, *unsere* Kinder z.B., sind Teil des Spiels. Sie bleiben weiter in diesem Spiel, auch wenn wir selbst ausscheiden. Andere werden vermutlich damit weiterspielen, auch wenn uns der Gedanke Unbehagen bereitet. Es muss so sein. Das Spiel der Schöpfung läuft unbeirrt weiter. Es bleibt nicht wegen unseres Anspruchs stehen.

Auch unser materieller Besitz gehört nicht wirklich zu uns, auch wenn wir uns fälschlicherweise damit identifiziert haben. *Unser* Haus, *unsere* Firma, *unser* Schiff oder was auch immer wir angesammelt haben, war nichts als Spielzeug, mit dem wir eine Weile spielen durften. Wenn wir die Partie beendet haben, werden andere auch damit weiterspielen.

Auch unser Geld, gleichgültig wie viel oder wenig wir davon haben, ist nichts als Spielgeld.

Wir können es einsetzen in diesem Spiel, zu unserem Vorteil oder zu unserem Nachteil – zu beidem haben wir die Chance.

Wir können auch versuchen, es aus dem Spiel herauszunehmen, es festzuhalten, es ganz allein für uns zu haben. Eine Illusion, denn wenn wir die Partie beendet haben, wird auch dieses Geld wieder in das Spiel zurückfließen. Es gehört zu diesem Spiel, es gehört in Wahrheit nicht eine Sekunde zu uns. Wenn es wirklich zu uns gehören würde, müssten wir es ja mitnehmen können.

Aber ich kenne bislang niemanden, dem dies jemals gelungen wäre. Selbst mit dem, was man den Pharaonen ins Grab gelegt hatte, spielen heute nicht die Paraonen, sondern die Museumsdirektoren ihr Spielchen.

Außer der Erfahrung, die wir in diesem Spiel gesammelt haben, nehmen wir nichts mit.

Die meisten Menschen tun jedoch so, als würde es niemals ein Ende für sie geben. Sie sammeln und sammeln all das, was sie sowieso nicht mitnehmen können, und vergessen darüber das Spielen.

Wenn wir am Ende des Spiels sagen können: „Es hat Spaß gemacht, es war ein schönes Spiel und ich habe viel dabei gelernt“, dann ist dies ein Lebenserfolg, der sich sehen lassen kann.

Aber verstehen Sie das bitte nicht falsch.

Dies ist keine Aufforderung zum Aussteigen und passivem Geschehenlassen, dies ist eine Aufforderung zum Einsteigen. Steigen Sie ein in das Spiel.

Es ist weitaus angenehmer, genügend Spielzeug und auch genügend Spielgeld zu besitzen, als davon zu wenig zu haben. Letztlich entscheidend aber ist allein, was wir mit unseren Möglichkeiten anfangen und in welchem Bewusstsein wir damit umgehen.

PIP
Your Personal Important Points

Ich spiele das Spiel des Lebens.

*

Der Sinn dieses Spiels ist es, Freude daran zu haben.

*

Ich kenne und beachte die Spielregeln.

*

Jeder, der mir in diesem Spiel begegnet, ist ein Spielpartner.

*

Der Sinn dieses Spiels liegt im Spiel selbst, nicht im Gewinnen des Spiels.

*

Ich verschaffe mir stets die Übersicht über das Spiel.

*

Alles, was ich besitze, ist Spielzeug.

*

Auch mein Geld ist Spielgeld, es gehört zum Spiel. Ich kann es nicht mitnehmen.

*

Einsteigen in das Spiel – nicht aussteigen.

*

Teil III

Der Weg zur Meisterschaft: Die geistigen Gesetze

Nichts geschieht zufällig. Alles geschieht gesetzmäßig.
Wie oben, so unten – Wie innen, so außen –
Wie im Größten, so im Kleinsten.

Wie wir diese Gesetze für uns wirken lassen können.

Die geistigen Gesetze

Nichts geschieht zufällig. Alles geschieht gesetzmäßig. Wie oben so unten, wie innen so außen, wie im Größten so im Kleinsten.

Wir haben von den Spielregeln gesprochen, die wir in unserem „Spiel des Lebens" kennen und beachten sollen. Die geistigen Gesetze, die ich Ihnen hier vorstelle, sind solche Spielregeln. Die wichtigste Gesetzmäßigkeit ist dabei die Tatsache, dass Geist über Materie steht. Dies ist für Ihre Arbeit von elementarer Wichtigkeit. Wenn Sie sich Ihrer wahren Identität als unbegrenzte geistige Kraft, die Ihren Körper bewohnt, bewusst sind, können Sie auf der materiellen Ebene jede Änderung bewirken.

Der Ursprung der Schöpfung ist geistiger Natur. Auch am Beginn der Schöpfung stand eine geistige Ursachensetzung, die die Materie entstehen ließ und in Bewegung (Entwicklung) brachte. Eine Bewegung, die bis heute anhält.

Wenn wir dazu auf unserer menschlichen Ebene einen Vergleich suchen, wäre dies ungefähr so, als wenn ein Mensch die Idee hat (geistige Ursachensetzung z.B. ein Haus zu bauen), dann die dazu notwendige Materie formt (Steine und Mörtel) und dann das Haus vom Rohbau bis letztlich zur feinsten Inneneinrichtung aufbaut und ausstattet. Dies wäre das Miniformat des allumfassenden Schöpfungsprinzips, das im Größten wie im Kleinsten wirksam ist.

Am Anfang steht immer eine geistige Ursachensetzung, steht immer das Bild oder die Idee, die wir von etwas haben.

Wir wissen, dass sich unsere geistigen Vorstellungen unmittelbar auf unsere täglichen Lebensumstände auswirken. Die wichtigste Ursachensetzung ist dabei das Bild, das wir von uns selbst haben.

Da also die Ursache jeder Schöpfung geistiger Natur ist, sind auch die Gesetzmäßigkeiten der Abläufe innerhalb einer solchen Schöpfung geistiger Natur. Es sind geistige Gesetze.

Diese Gesetzmäßigkeiten entziehen sich vollkommen unserem Einfluss. Sie wirken unabhängig davon, ob wir sie wollen oder nicht wollen, ob wir sie akzeptieren oder nicht akzeptieren oder ihr Vorhandensein sogar leugnen. Sie haben auch nichts mit irgendeiner Religion oder Weltanschauung zu tun. Sie kümmern sich um all dies herzlich wenig. Sie sind einfach da, und zwar äußerst *wirksam.*

Geistige Gesetze sind absolute Wahrheiten.

An den Begriff einer *absoluten Wahrheit* müssen wir allerdings sehr hohe Anforderungen stellen. Diese Anforderungen sollten wir einmal etwas näher betrachten.

Eine absolute Wahrheit muss unwandelbar und unveränderbar sein. Eine Wahrheit, die heute so und morgen so ist, ist keine absolute Wahrheit.

Alles, was sich ständig wandelt – und dies ist letztlich die gesamte Schöpfung, wie auch unser eigenes Leben –, ist keine absolute Wahrheit. Es ist lediglich eine *relative*

Wahrheit. Es ist eine Momentaufnahme, die wir als Wahrheit empfinden.

Wenn wir als Beispiel einmal das Foto in unserem Führerschein oder Pass betrachten oder in einem alten Fotoalbum blättern, werden wir feststellen, dass z.B. unser jeweiliges Aussehen nichts anderes als eine kurzfristige, also relative Wahrheit ist. Wir können daraus den absolut sicheren und logischen Schluss ziehen, dass auch unser heutiges Aussehen nur eine kurzfristige, also relative Wahrheit ist.

Wir können natürlich noch weitergehen und diese Erkenntnis mit Fug und Recht auf alles ausdehnen, was uns umgibt. Unseren Wohnort, unser Land, die Erde, das Universum usw. All dies verändert sich, all dies ist in ständigem Wandel. Nichts bleibt auch nur eine Sekunde so, wie es ist, und damit gehört es zu den relativen Wahrheiten. Das Einzige, was absolut unverändert bleibt, sind die Gesetzmäßigkeiten, nach denen dies alles geschieht.

Wenn wir diese Gesetzmäßigkeiten kennen, haben wir in der dauernden Veränderung und Wandlung etwas, was unveränderbar bleibt und nach dem wir uns ausrichten können.

Wenn wir im Sinne der geistigen Gesetze handeln, vermeiden wir auf elegante Weise jenen Gegenwind, der uns entgegenbläst, wenn wir gegen diese Prinzipien verstoßen.

Eine weitere Anforderung an eine absolute Wahrheit besteht darin, dass sie immer und überall und auch unabhängig von jedem äußeren Einfluss, Gültigkeit haben muss.

Eine absolute Wahrheit darf durch nichts und von niemandem manipulierbar sein. Diese Nichtmanipulierbarkeit schließt aber keinesfalls aus, dass wir diese Gesetze nicht zu unserem eigenen Nutzen anwenden können und sollen. Der bewusste Umgang mit unserer eigenen Schöpferkraft beschränkt sich also keineswegs darauf, diese Gesetze zu kennen. Sie besteht vielmehr darin, die Gesetze bewusst anzuwenden: Das höhere Gesetz gegen das niedrigere Gesetz zu stellen und dadurch zu beeinflussen, was wir so nicht haben wollen.

Dies ist geistige Alchemie, wie sie in den Hermetischen Wissenschaften gelehrt wird und wie sie z.B. auch Goethe praktiziert hat.

Ich werde die wichtigsten Gesetzmäßigkeiten im weiteren Verlauf des Buches aufzeigen und damit das Ziel, zu dem wir uns hinbewegen, noch etwas deutlicher machen. Aber ich muss auch hier wieder auf gewisse Voraussetzungen hinweisen, ohne die wir keinen Erfolg haben können:

Wenn wir unseren begrenzten Verstand – unser Ego-Ich – nicht unter Kontrolle bekommen, wird uns die Kenntnis der geistigen Gesetze nicht viel nutzen.

Erst wenn wir unser Ego-Ich im Griff haben, wenn wir Abstand halten und uns nicht hineinziehen lassen, können wir die geistigen Gesetze bewusst anwenden.

Ich möchte zunächst an einem sehr einfachen Beispiel erklären, was es bedeutet, Gesetze nicht zu ändern, sondern bewusst damit umzugehen und zum eigenen Nutzen einzusetzen. Ich wähle dazu eine ganz alltägliche Situation aus dem Bereich der physischen Elemente. Das darin sichtbar werdende Prinzip lässt sich ohne Probleme übertragen.

Jeder weiß, dass Feuer und Wasser unvereinbar sind. Sie können weder gemischt noch sonstwie miteinander verbunden werden. Sie schließen sich gegenseitig aus. Dies ist eine Gesetzmäßigkeit und unveränderbare Wahrheit, die wir nicht ändern können. Niemand könnte z.B. tauchen und unter Wasser ein Feuer anzünden.

Nehmen wir nun einmal an, wir hätten ein Lagerfeuer angezündet, um uns an einem kühlen Abend daran zu erwärmen. Während wir die wohltuende Wärme genießen, bemerken wir ein heraufziehendes Gewitter. Bei den nun zu erwartenden schweren Regengüssen würde die absolute Gesetzmäßigkeit auf der physischen Ebene darin bestehen, dass die schweren Regengüsse unser wärmendes Feuer zum Erlöschen bringen.

An dieser Gesetzmäßigkeit können wir zwar absolut nichts ändern, wir könnten aber ihrer Wirkung entgehen, indem wir z.B. ein Dach über unserem Feuer errichten, das den Regen abhält.

Dies wäre ein bewusster Umgang mit den Gesetzmäßigkeiten dieser beiden Elemente auf der physischen Ebene, und mit Sicherheit hätten wir keinerlei Schwierigkeiten damit, da wir die entsprechenden Erfahrungen oft genug gemacht haben.

Mit den Gesetzmäßigkeiten auf der geistigen Ebene verhält es sich nicht viel anders. Das Prinzip ist immer das gleiche – wie oben, so unten, wie im Größten, so im Kleinsten.

Ebenfalls bin ich Ihnen sicher eine Erklärung schuldig, was sich denn nun hinter den bereits zitierten „Hermetischen Wissenschaften“ oder auch den „Hermetischen Prinzipien“ verbirgt:

Sicher haben Sie in Krimis oder der Zeitung schon oft den Ausdruck gehört, dass etwas „hermetisch abgeriegelt“ ist, was nichts anderes bedeutet, als dass man dort absolut dicht gemacht hat und weder ein Eindringen von außen noch ein Ausbrechen von innen möglich war. Dieser Ausdruck „hermetisch abgeriegelt“ hat seinen Ursprung in den Hermetischen Wissenschaften, denn auch diese und die daraus resultierenden Hermetischen Prinzipien waren etwas, das jahrtausendelang abgeriegelt war.

Es war eine Geheimlehre, über die es zur Sicherheit keinerlei schriftliche Aufzeichnungen gab und die nur vom Meister zu Schüler, von Lippe zu Ohr weitergegeben wurde. So konnten diese Lehren weder von Unbefugten vereinnahmt, noch konnten Bücher verbrannt oder geächtet werden, was sonst sicherlich spätestens zur Zeit der Inquisition der Fall gewesen wäre.

Die Lehre geht in ihrem Ursprung auf Hermes Trismegistos, den „dreifach Großen“ zurück, der zur Zeit der ersten großen ägyptischen Dynastien gelebt haben soll. Seine berühmte Hinterlassenschaft ist die so genannte Tabula Smaragdina, die smaragdene Tafel, in der er seine Erkenntnis der Natur und des sich darin offenbarenden Gottes festhielt.

Ich will Sie nun nicht mit großartigen Theorien und Philosophien konfrontieren, sondern mich auf das beschränken, was Sie täglich zur Umsetzung Ihrer Zielsetzung aus den Hermetischen Prinzipien nutzbringend anwenden können. Sie werden erstaunt sein, wie viele dieser Prinzipien wir bereits in unsere Arbeit haben einfließen lassen, ohne dass ich dies besonders herausgestellt hätte – was ich jetzt aber dringend nachholen möchte.

I Das Prinzip der Geistigkeit der Schöpfung

Dieses erste Gesetz, das ich bereits erklärt habe, besagt, dass die Ursache aller Dinge geistiger Natur ist, woraus zwingend folgt, dass auch alle Dinge durch Geist veränderbar und beherrschbar sind.

Wenn wir diese Formel auf unser tägliches Leben anwenden, heißt dies, dass alle Veränderungen, die wir auf unserer geistigen Ebene vornehmen, zwangsläufig auch die Dinge auf unserer materiellen Ebene verändern.

Es gibt nur diese gesetzmäßige Reihenfolge. Alle Versuche, diese Reihenfolge umzukehren, sind sinnlos. Wenn wir einen groben Klotz in Samt und Seide kleiden, wird daraus kein Herr. Wenn jemand innerlich ein Herr ist, wird er auch in Lumpen ein Herr sein.

Der so oft gehörte Satz: „Wenn ich doch nur ein wenig mehr Zuwendung und Anerkennung bekommen würde oder etwas mehr Geld hätte, dann würde es mir sofort besser gehen und ich hätte wieder Freude am Leben“, ist ein solch untauglicher Versuch der Umkehr dieser Gesetzmäßigkeit. Hier wird durch eine Änderung auf der materiellen Ebene eine Änderung auf der geistig-seelischen Ebene erwartet. Umgekehrt wäre es richtiger.

Ich bekomme zu wenig Zuwendung und Anerkennung, weil ich meine mangelnde Freude am Leben ausstrahle. Für was sollte ich bei dieser Ausstrahlung

Zuwendung und Anerkennung bekommen? Ich mag das Leben nicht, und das Leben mag mich nicht. „Hab du mich doch bitte lieb, denn ich kann mich selbst nicht leiden", ist eine Zumutung, die nicht funktionieren wird.

Wir haben dies schon ausgiebig behandelt, aber ich möchte, dass Sie auch die Gesetzmäßigkeit erkennen, die dahintersteckt.

II Das Prinzip der Entsprechung

Das zweite Gesetz, dessen Prinzip wir ebenfalls schon kennen gelernt haben, offenbart sich in dem Satz:

> Wie oben, so unten, wie innen, so außen, wie im Größten, so im Kleinsten.

Dieses geistige Prinzip besagt, dass die Gesetzmäßigkeiten, nach denen sich diese Schöpfung bewegt, auf allen Ebenen gleich sind. Das kleinste Atom bewegt sich nach den gleichen Gesetzmäßigkeiten wie das gesamte Universum. Wenn wir also das Prinzip des Kleinsten verstanden haben, haben wir damit auch das Prinzip des Größten verstanden. Welch eine wunderbare Chance.

Wenn wir diese Erkenntnis in unser tägliches Leben übersetzen, führt uns dies zu der nüchternen Erkenntnis, dass z.B. Konflikte und Streitereien im Kindergarten nach den gleichen Gesetzmäßigkeiten entstehen, eskalieren und auch wieder vergehen, wie dies in der UNO der Fall ist, ohne dass man die UNO deshalb ausdrücklich als Kindergarten bezeichnen müsste.

Auch das Auseinanderbrechen der riesigen UdSSR geschah nach den gleichen geistigen Gesetzmäßigkeiten wie das Auseinanderbrechen des kleinen Jugoslawien oder das Auseinanderbrechen einer einzelnen Familie. Wenn wir dies erkennen und für uns anwenden, haben wir einen Schlüssel in der Hand, der uns viele Tore öffnet.

Wir können an den kleinen Dingen anfangen, das Große zu verstehen, und können an den kleinen Dingen üben, das Große zu beherrschen.

III Das Prinzip von Ursache und Wirkung

Das dritte Gesetz, das wir ebenfalls bereits berührt haben, ist das *Gesetz von Ursache und Wirkung*. In den Hermetischen Prinzipien steht diese Gesetzmäßigkeit an sechster Stelle. Ich habe aber hier diese Reihenfolge etwas verändert, weil ich zuerst jene Gesetzmäßigkeiten behandeln möchte, die bereits in unsere Arbeit eingeflossen sind und die Sie dadurch umso leichter erkennen können. Das Gesetz von Ursache und Wirkung besagt nichts anderes, als dass jede Wirkung eine Ursache haben muss, und jeder Ursache zwangsläufig eine Wirkung folgen muss.

Eine einmal gesetzte Ursache kann sich nicht in Nichts auflösen.

Das Gesetz von Ursache und Wirkung bedeutet in seiner ganzen Tragweite nichts anderes, als dass wir durch unsere eigenen Ursachensetzungen unser Schicksal bestimmen.

Das ist nichts Beängstigendes – ganz im Gegenteil etwas Wunderbares. Wenn das Gesetz von Ursache und Wirkung nicht existieren würde, wären wir ja völlig chancenlos irgendeinem Schicksal ausgeliefert. So halten wir unser Schicksal in unseren eigenen Händen und gerade dies gibt uns die Chance zur Änderung.

Das einzige Problem dabei ist, dass wir ab sofort ganz bewusst die richtigen Ursachen setzen und nicht etwas säen, was wir nicht ernten wollen. Wo wir Rübensamen aussäen, werden keine Sonnenblumen wachsen, auch wenn wir uns diese Sonnenblumen noch so sehr wünschen und uns bitter darüber beklagen, dass ausgerechnet wir keine Sonnenblumen haben, während doch die anderen usw. usw.

IV Das Prinzip der Polarität

Das vierte Gesetz, das wir bereits kennen gelernt haben, ist das *„Prinzip der Polarität"*.

Das, was zunächst als unvereinbar erscheint, ist nichts anderes, die extremen Pole ein- und derselben Sache.

Wenn wir z.B. ein 20 m langes Stahlseil nehmen, es an einem Ende auf 800 Grad erhitzen und am anderen Ende auf 800 Grad minus abkühlen, dann sind diese beiden Enden nichts anderes als die extremen Pole ein und derselben Sache – unseres Stahlseils. Irgendwo in der Mitte muss es einen Punkt geben, an dem sich die beiden extremen Pole völlig neutralisieren.

Schwankungen zwischen diesen beiden Polen können wir in allen Bereichen des Lebens beobachten. Liebe und Hass z.B. sind nichts anderes als die extremen Enden ein- und derselben Sache (zwischenmenschliche Beziehung). Wie schnell kann man zwischen Liebe und Hass hin- und herschwanken? Wir sprechen sogar von Hassliebe.

Polarität ist ausnahmslos in allem enthalten. Es gibt in dieser Schöpfung nichts Einpoliges. Diese Schöpfung ist im Prinzip der Polarität angelegt.

Wir kennen z.B. keinen Begriff, zu dem es nicht auch den Gegenbegriff gäbe. Ja, Begriffe werden erst durch den Gegenpol für uns verständlich. Hell und dunkel – schnell und langsam – hoch und tief – laut und leise – gut und böse – arm und reich – gesund und krank, usw. usw.

Das heißt aber auch, dass z.B. niemand ausschließlich böse sein kann. Böse ist nur das eine Ende seiner Polarität. Das andere Ende ist ebenso vorhanden, wenn es auch manchmal sehr gut versteckt ist. Trete ich ihm aus der Polarität des Guten entgegen, wecke ich dadurch auch den Pol des Guten in ihm.

Nehmen wir wieder unser Drahtseil als Beispiel: Wenn sich ein Drahtseilartist an einem Ende des Seiles befindet, dann ist dies lediglich seine derzeitige Position. Es ist ihm durchaus möglich, sich auch zum anderen Ende des Seiles hinzubewegen. Es muss nur eine Ursache dazu geben: Das Publikum, der eigene Ehrgeiz ... usw.

Wenn wir für uns feststellen müssen, dass wir uns am Ende einer Polarität befinden, das wir eigentlich gar nicht mögen, dann können wir uns ganz bewusst auf die andere Seite dieser Polarität begeben.

Der Wechsel einer Polarität in uns selbst geschieht – im Gegenteil zum Drahtseilartisten – allein durch geistige Ursachensetzung. Es muss also von innen und kann nicht von außen kommen.

Aber das Wissen um solche Möglichkeiten alleine genügt nicht. Wissen, das nicht umgesetzt wird, ist wie stehendes Wasser. So gut das Wasser auch sein mag, es wird faulig, wenn es nicht fließt.

Wir können das Gesetz der Polarität immer und überall, z.B. auch bei der Bewältigung von Konflikten anwenden. Wir wissen ja schließlich, dass das unvereinbar Erscheinende letztlich nur das extreme Ende ein und derselben Sache ist und dass solche Extreme in der Mitte nahtlos ineinander fließen.

Das Gesetz der Polarität kann uns z.B. auch dabei helfen, unsere eigenen Stimmungsschwankungen zu neutralisieren, kann uns von der kranken auf die gesunde Seite bringen usw. Finden wir uns auf der dunklen und negativen Seite, können wir uns durch Fixierung unserer geistigen Kraft auf den positiven Pol wieder selbst auf die positive Seite – oder zumindest zur Mitte hin – ziehen. Aber wie gesagt, dies setzt die Beherrschung unseres Ego-Ichs voraus, das vielleicht gerade ein Bad in seinem Elend nimmt.

Nun will und kann ich meine Erklärungen nicht in konkrete Gebrauchsanleitungen ausufern lassen. Wichtiger sind die eigenen Erfahrungen, die Sie im Umgang mit den geistigen Gesetzen zwangsläufig selbst machen werden.

Niemand wird die Meisterschaft erreichen, der nicht durch die entsprechende Lehr- und Gesellenzeit gegangen ist. Versuchen Sie nicht, Stufen zu überspringen, Sie könnten dabei auf die Nase fallen.

Wer einen weiten Weg hat, der läuft nicht.

Er muss seine Kräfte weise einteilen und auf das Nächstliegende achten, und dieses Nächstliegende ist der Alltag. Wer die Nase zu weit vorn hat und in vermeintlich höheren Regionen schwebt, übersieht oft das, worüber er in der nächsten Sekunde stolpert. Das ist das berühmte Hier und Jetzt, über das wir gesprochen haben.

Der Fortschritt, den wir uns täglich erarbeiten, wird zuerst in den vermeintlich kleinen Dingen sichtbar, die sich dann allmählich zur großen Änderung summieren. Die großen Erdrutsche sind zu selten, als dass es sich lohnen würde, darauf zu warten.

Wollen wir uns nun den geistigen Gesetzen zuwenden, die bisher noch nicht oder nur oberflächlich in unsere Betrachtungen eingeflossen sind und mit denen wir uns deshalb wesentlich ausführlicher beschäftigen müssen.

V Das Prinzip der Schwingung

Dieses Prinzip lautet:

Nichts ist in Ruhe, alles bewegt sich, alles ist Schwingung.

Aber was soll das bedeuten, alles ist Schwingung, alles bewegt sich? Wenn wir z.B. einen großen Felsbrocken anschauen, dann liegt der doch in völliger Bewegungslosigkeit vor uns. Es ist absolut nichts erkennbar, was man als Schwingung oder Bewegung bezeichnen könnte. Das ist vollkommen richtig, und trotzdem ist auch dieser Felsbrocken, so wie es das Gesetz besagt, Schwingung und Bewegung, und zwar völlig unabhängig davon, ob wir dies durch Augenschein feststellen können oder nicht.

Aus der Naturwissenschaft wissen wir, dass jede Erscheinung von Materie nichts anderes als eine Ansammlung von Teilchen ist, die sich in kreisender Bewegung befinden. Dies gilt wie oben, so unten, wie im Größten, so im Kleinsten. Für die kleinsten Elektronen und Ionen ebenso, wie für die Sonnen des Universums. Alles bewegt sich um-, gegen- und miteinander.

Die Moleküle der verschiedensten Materien sind aus Atomen zusammengesetzt, die sich ständig in rasend schneller Schwingung und Bewegung befinden. Das heißt, dass es letztlich keine feste Materie gibt, sondern nur unterschiedliche Grade von Schwingung.

Max Planck sagt dazu Folgendes:

Als Physiker, also als Mann, der sein ganzes Leben der nüchternen Wissenschaft der Erforschung der Materie diente, bin ich sicher vom Verdacht frei, für einen Schwärmer gehalten zu werden. Und so sage ich nach meinen Erforschungen des Atoms Folgendes:

Es gibt keine Materie an sich! Alle Materie entsteht und besteht nur durch die Kraft, welche die Atomteilchen in Schwingung bringt und sie zum winzigsten Sonnensystem des Atoms zusammen hält.

Da es aber im ganzen Weltall weder eine intelligente noch eine ewige (abstrakte) Kraft gibt – es ist der Menschheit nie gelungen, das heiß ersehnte Perpetuum mobile zu erfinden –, so müssen wir hinter dieser Kraft einen bewussten intelligenten Geist annehmen. Dieser Geist ist der Ursprung aller Materie.

Nicht die sichtbare, aber vergängliche Materie ist das Reale, Wahre, Wirkliche (denn die Materie bestünde, wie wir gesehen haben, ohne diesen Geist überhaupt nicht), sondern der unsichtbare, unsterbliche Geist ist das Wahre. Da es aber Geist an sich nicht geben kann und jeder Geist einem Wesen zugehört, so müssen wir zwingend Geistwesen annehmen.

Da aber auch Geistwesen nicht aus sich sein können, sondern geschaffen worden sein müssen, so scheue ich mich nicht, diesen geheimnisvollen Schöpfer ebenso zu nennen, wie ihn alle alten Kulturvölker dieser Erde früherer Jahrtausende genannt haben – *Gott*.

Max Planck, Nobelpreisträger

Aber das Prinzip der Schwingung gilt nicht allein für die Materie, wie es Max Planck hier ausgedrückt hat, es heißt ja ausdrücklich, *alles* ist Schwingung und Bewegung. Licht, Wärme, Kälte, Farben usw. sind ebenso Schwingung, wie die Töne der Musik Schwingung sind.

Die Schwingungsfrequenz der Töne können wir an den Armaturen einer jeder guten Stereoanlage ablesen. Je dunkler der Ton, desto geringer die Schwingungszahl, je höher der Ton, desto höher die Schwingungszahl.

Die Schwingung eines Tones kann so weit erhöht werden, dass unser menschliches Ohr absolut nichts mehr wahrnehmen kann, so wie wir die Schwingungsfrequenz eines Felsbrockens mit unseren Augen nicht wahrnehmen können. Unsere menschlichen Wahrnehmungsmöglichkeiten sind eben sehr begrenzt.

Wir haben es auch bei der Schwingung wieder mit einer Erscheinung zu tun, die wir in eine *absolute* und eine *relative* Wahrheit unterteilen können. Es ist z.B. die *absolute Wahrheit*, dass ein Amboss nichts anderes als eine Ansammlung schwingender Teilchen ist. Aber sollten wir ihn angsichts dieser absoluten Wahrheit wie einen Fußball betrachten und dagegentreten, werden wir auf sehr schmerzhafte Weise feststellen, dass er verdammt hart und unbeweglich ist – obwohl dies dann nur die *relative Wahrheit* wäre. Wir leben in dieser relativen Wahrheit.

Machen wir uns noch einmal bewusst: *Alles* ist Schwingung, *alles* bewegt sich. Das heißt also konsequenterweise auch, dass *wir selbst* ebenfalls Schwingung sind. Auch die Erde, auf der wir leben, ist Schwingung. Die exakte Schwingungszahl der Erde beträgt genau acht Hertz.

Nun ist Schwingung nichts Isolierbares. Schwingung breitet sich wellenartig aus. So wie sich auf einer ruhenden Wasseroberfläche Kringel ausbreiten, wenn wir z.B. einen Stein in dieses Wasser werfen.

Da sich aber *alles* bewegt und *alles* Schwingung ist, sendet auch *alles* ebensolche Wellen aus, wie wir sie auf einer Wasseroberfläche beobachten können. Das heißt, auch wir selbst senden *unsere Wellen* aus und werden gleichzeitig von Wellen aus hunderten anderer Quellen erreicht. Es ist also ein ständiges Aussenden und Empfangen und damit auch ein gegenseitiges Beeinflussen und Beeinflusstwerden.

Auf der Schwingungsebene ist alles mit allem verbunden. Alles schwingt ineinander und miteinander. Wir haben auch dies schon im Prinzip angedeutet, aber es ist unglaublich wichtig, dass Sie es auch wirklich verinnerlichen.

Dass eine Schwingung, die von außen auf uns einwirkt, einen enormen Einfluss auf uns hat, können wir leicht nachvollziehen, wenn wir z.B. in die Natur gehen. Damit meine ich nicht einen überfüllten Park inmitten einer Großstadt – obwohl auch das schon einen gewissen Einfluss haben könnte. Ich denke an eine möglichst unverfälschte Natur, wie man sie zum Teil noch im Gebirge, an den Seen oder in großen Waldgebieten finden kann.

Wenn wir dort einen Tag verbringen, uns ganz von der Natur aufnehmen lassen und in die acht Hertz-Schwingung der Erde eintauchen, haben wir am Abend ein völlig anderes Lebensgefühl. Es ist, wie wenn wir diesmal nicht unsere Kleidung, sondern uns selbst in die Reinigung gegeben hätten.

Nun weiß ich natürlich, dass wir unsere Tage nicht alle im Gebirge, an den Seen oder im Wald verbringen können, aber es gibt auch im Alltag genügend Möglichkeiten, unsere Schwingungsebene bewusst aufzubauen, zu pflegen und auf einem möglichst hohen Niveau zu halten. Und dies kann dann in der Kumulation durchaus einen Wirkungsgrad erreichen, der mit einem Aufenthalt in der Natur vergleichbar ist.

Wollen wir diese Möglichkeiten einmal genauer betrachten: Da sind z.B. die Farben. Wir haben festgestellt, dass Farben – ebenso wie Töne – Schwingungen aussenden, die sich wellenförmig ausbreiten. Wir können dabei Schwarz als den Pol der niedrigsten Schwingung und Weiß als den Pol der höchsten Schwingung bezeichnen. Machen wir uns nun einmal die Mühe, kritisch zu überprüfen, wo wir überall durch die Schwingung von Farben beeinflusst werden und wo wir gleichzeitig auch die Chance hätten, dies im negativen Falle zu ändern.

Und da müssen wir sicher zunächst einmal bei dem anfangen, was wir auf dem Leibe tragen, bei unserer Kleidung. Normalerweise kleiden sich die Menschen entsprechend der Jahreszeit, entsprechend ihrer Altersgruppe oder der jeweils geltenden Mode. Im Sommer hell und farbenprächtig, im Herbst eher etwas gedeckt und im Winter relativ dunkel. In der Jugend hell und lebhaft und im Alter dunkler und farbloser.

Natürlich haben die Jahreszeiten, wie auch die unterschiedlichen Lebensstadien eines Menschen, unterschiedliche Schwingungsfrequenzen, aber ist es denn wirklich klug oder sogar notwendig, diesen Schwingungen einfach zu folgen, statt sie bewusst zu beeinflussen?

Macht es irgendeinen Sinn, sich an einem trüben und bedeckten Herbsttag auch noch in eine ebenso trübe und gedeckte Kleidung zu stecken, damit es dann auch wirklich auf unser Gemüt durchschlägt? Macht es irgend einen Sinn, im Alter, wenn die Lebensenergie langsam abnimmt, sich auch noch mit einer dunklen Kleidung zu behängen, die die Schwingung noch mehr herunterzieht?

Doch wohl kaum, und trotzdem handeln die meisten Menschen so, weil *man* es eben so macht. Aber solches Verhalten hat nichts mit *Bewusst-Sein* oder gar *bewusster Ursachensetzung* zu tun.

Solange wir unser Verhalten von der Meinung anderer abhängig machen, solange das, was *man* tut, das bestimmt, was *wir* tun, sperren wir uns selbst in einen Käfig.

Seien wir uns bewusst, dass die Farbe der Kleidung, die wir tragen, ihre Schwingung nach innen wie nach außen verbreitet. Dabei wirkt sie auf uns selbst am intensivsten, weil wir ihrer Schwingung am nächsten sind. Wir sind ihr sozusagen „hautnah". Wir sollten zu unserem eigenen Wohl sehr bewusst mit solchen Dingen umgehen und in der Auswahl unserer Kleidung nicht einfach unserer Stimmungslage folgen, wenn uns z.B. die Welt einmal grau und düster erscheint. Stattdessen können Sie bewusst auf die andere Seite der Polarität gehen und mit der Farbe Ihrer Kleidung die lichten Töne ansteuern, damit auch Ihre Stimmung wieder lichter wird. Dies ist ein Beispiel für die kleinen Änderungen, die dann in ihrer Summierung eine große Wirkung zeigen.

Wie sieht es z.B. mit den Räumen aus, in denen wir leben? Herrscht dort die hohe Schwingung von Licht und Wärme oder herrschen dort eher graue Nebeltage? Sie sollten mit Ihrer Umgebung gnadenlos aufräumen, auch wenn Mutter oder Tante Klara Ihnen dies oder jenes geschenkt oder vererbt haben sollte und Sie nicht den Mut haben, es einfach wegzuräumen. Trennen Sie sich konsequent von unguten Schwingungen. Es ist Ihr Leben und Sie sind angetreten, den Erfolg Ihres Lebens sicherzustellen.

Wie sieht der Arbeitsplatz aus, was können wir hier ändern? Auch wenn der Arbeitgeber Ihren Arbeitsplatz so eingerichtet hat und Ihnen spontan nichts einfällt, was Sie daran ändern könnten – irgendetwas geht immer.

Schon eine farbige Schale oder Blumenvase, ein strahlendes Rot oder Gelb, ein tiefes Blau oder Grün, das wir nur eine Minute intensiv anschauen und in uns aufnehmen, beeinflusst sofort unsere eigene Schwingung.

Vielleicht erscheint Ihnen das alles im Moment nicht so wichtig. Sie möchten größere und entscheidendere Dinge bewegen und sich nicht mit solchem Kleinkram beschäftigen. Dies wäre die normale Reaktion unseres Ego-Ichs. Aber ich sage Ihnen, solange wir die Dinge nicht im Kleinen beherrschen, werden wir sie nicht im Großen beherrschen.

Wenden wir uns weiteren Feldern der Schwingung zu: Auch die Nahrung, die wir aufnehmen, ist Schwingung, die uns beeinflusst. Es ist z.B. ein großer Unterschied, ob wir tote oder lebendige Nahrung in uns aufnehmen. Mit dem Fleisch toter Tiere nehmen wir die Schwingung des Todes in uns auf. Mit lebendiger Nahrung – Gemüse, Früchte, Salate usw. – nehmen wir die Schwingung des Lebens in uns auf.

Nun werden wir keinen Schaden nehmen, wenn wir gelegentlich ein Stück Fleisch essen, aber muss es z.B. ständig sein? Mit dem Fleisch nehmen wir nicht nur tote Nahrung in uns auf, sondern auch nachweisbar eine Menge Stress- und Angsthormone, die das Tier bei seinem Transport und bei seiner Tötung freigesetzt hat.

Wir sollten dies alles wissen, um uns dann bewusst zu entscheiden. Wir sind geistige Wesen, denen jede Freiheit der Entscheidung gegeben ist. Es geschieht nicht einfach mit uns. Was mit uns geschieht, ist allein die Folge der Ursachen, die wir gesetzt haben.

Aber seien wir bei all unseren Bemühungen wachsam, nicht von einer Unfreiheit in die andere zu geraten. Machen wir uns keinen Stress daraus und werden wir nicht fanatisch. Es ist ebenso eine Unfreiheit, auf kein

Fleisch verzichten zu können, wie es eine Unfreiheit ist, keines mehr essen zu dürfen.

Auch ich kann zur bayerischen Biergartenzeit gelegentlich einer knusprigen Schweinshaxe nicht widerstehen. Es ist auch schon vorgekommen, dass mich das Bild, das ich von einer solchen Köstlichkeit vor Augen hatte, nicht mehr losließ und ich bewusst zum Bräustüberl am Schloss Maxlrain bei Bad Aibling gefahren bin, wo es nach meiner Erfahrung die besten Haxen gibt. Es hat meiner Schwingung keinesfalls geschadet, ganz im Gegenteil. Ich fühlte mich absolut „sau“wohl danach.

Das einzig Wichtige ist, dass wir die Dinge bewusst in der Hand haben und dass nicht umgekehrt die Dinge uns in der Hand haben.

Wenn wir das Ganze ein wenig humorvoller sehen, kann dies keinesfalls schaden. Vielleicht begegnen wir uns ja einmal bei einer bayerischen Haxn.

Gehen wir weiter in unserer Betrachtung. Wir haben von den Farben und der Nahrungsaufnahme gesprochen, die unsere Schwingung beeinflussen. Dies sind Beispiele aus der physischen Ebene.

Denken wir nun einmal an das, was wir auf der geistigen Ebene so alles in uns aufnehmen. Dies steht in seinen Auswirkungen noch weit über den Einflüssen der Schwingungen auf der physischen Ebene. Dazu gehört z.B. das, was wir lesen, was wir sprechen, was wir anschauen, was wir anhören. Wenn wir uns z.B. in unserer Tageszeitung bevorzugt den Skandal- und Schreckensmeldungen zuwenden, ziehen wir damit auch automatisch diese Schwingungen in uns hinein.

Vielleicht sind Sie der Meinung, dass die Welt doch nun einmal so ist, wie sie ist, und dass wir das doch nicht einfach ignorieren können. Natürlich ist das so, natürlich findet das alles statt. Es gibt nichts, was in der Fülle der Schöpfung nicht enthalten ist. Aber deshalb müssen wir doch nicht auch an allem teilnehmen. Wir können doch weise aussortieren.

Gerade die Fülle, die wir ja letztlich anstreben, zwingt uns zu bewusster Selektion.

Es genügt doch, dass Redakteure die Schreckensmeldungen für verkäuflichen Lesestoff halten. Aber dieser Spekulation müssen *wir* doch nicht auch noch folgen. Wir müssen nicht immer hautnah über den Fortgang einer kriegerischen Auseinandersetzung, die neuesten Flugzeugabstürze, Bus- und Bahnkatastrophen, Erdrutsche und Überschwemmungen informiert sein. Wir *glauben lediglich*, informiert sein zu müssen, vielleicht, weil *man* doch mitreden können muss.

Auch das Mitreden-können-Müssen wäre dann wieder ein Gefängnis, in das wir uns selbst einsperren. Wir müssen nicht mitreden können, ganz im Gegenteil. Wir dürfen sogar schweigen. Oft ist es entschieden klüger, nicht mitzureden, nicht in ein bestimmtes Energiefeld einzutauchen. Gehen wir stattdessen bewusst in die Schwingung, wählen wir bewusst das Energiefeld aus, in dem wir leben wollen.

Nun soll auch dies keine Empfehlung sein, die Zeitung nicht mehr zu lesen und kein Fernsehen anzuschauen, um der Welt zu entfliehen.

Wir sollen nicht fliehen, wir sollen auch nicht aussteigen, wir sollen einsteigen. Wo ich Sie aber hinführen möchte, ist, dass Sie Bewusstheit in Ihren Alltag bringen, dass Sie selbst entscheiden und sich der Zwänge, was *man* tut und was *man* nicht tut, entledigen.

Wir haben bisher über Dinge gesprochen, die unsere Schwingungsebene von außen beeinflussen. Es waren lediglich einige Beispiele, denn es ist unmöglich, in einem Buch wie diesem, das eine Gesamtsicht anbietet, auf alle Variationen eines einzelnen Themas einzugehen. Aber schauen wir einmal das an, was noch wichtiger ist als Kleidung, Essen, Farben, Lesestoff, Gespräche usw.

Es sind unsere eigenen Gedanken und Vorstellungen, unsere eigenen Ängste und Befürchtungen, unsere Erwartungen und Sorgen und das Bild, das wir von uns selbst und der Welt haben, das sich unmittelbar in Schwingung – und damit Ursachensetzung – umwandelt.

Wir haben auch dies schon mehrmals angesprochen, aber gestatten Sie mir die Hartnäckigkeit, es noch einmal zu wiederholen. Ich weiß, wie schwer es ist, dies wirklich zu verinnerlichen. Wir können die Vorgänge in unserer Zentrale in den Griff bekommen, indem wir:

1. sorgfältig beobachten, uns aber nicht mit dem identifizieren, was in unserer Zentrale vorgeht, und bei einer falschen Weichenstellung sofort korrigierend eingreifen
2. die Polarität feststellen, uns unseren augenblicklichen Standpunkt innerhalb der Polarität bewusst machen
3. unsere geistige Kraft auf den Gegenpol richten und dort *bewusst* die geistige Ursache zur Änderung setzen

Unser gesamtes Wohlbefinden, unsere Lebenskraft und Lebensfreude, steigt oder fällt entsprechend der Höhe unserer Schwingung. Wenn wir dunkle Gedanken und Vorstellungen hegen, uns dann noch mit dunkler Kleidung behängen, an Plätzen mit negativer Schwingung leben und arbeiten, uns eine Schweinshaxe einverleiben, während wir die Schreckensmeldungen des Tages auf uns wirken lassen, dabei versuchen, das Ganze mit Bier und ein paar Zigaretten erträglicher zu machen, während schon die üblichen Streitereien mit unserem Partner beginnen, kann man das nur sehr schwer als das Leben eines bewussten Menschen bezeichnen, der die Fülle der Schöpfung erreichen will.

Das Teuflische an der Sache ist, dass jeder einzelne Umstand, den ich hier aufgezählt habe, für sich alleine nicht entscheidend ist.

Erst die Kumulation der vermeintlichen Kleinigkeiten ergibt die Schwingungsebene, auf der wir uns dann bewegen.

Deshalb bleibt uns nichts anderes übrig, als an unserer Gesamtsituation zu arbeiten. Das eine ist dabei genauso wichtig wie das andere. Und denken Sie immer daran: Was wir aussenden, das ziehen wir an. Wenn wir eine niedrige, trübe und graue Schwingung aussenden, ziehen wir zwangsläufig andere trübe und graue Schwingungen an. Dies sind keine beklagenswerten Ungerechtigkeiten. Es sind Gesetzmäßigkeiten, die wir nutzen können und denen wir keinesfalls hilflos ausgeliefert sind.

Gehen wir nun zu einer weiteren, sich aus dem Prinzip der Schwingung ableitenden Gesetzmäßigkeit.

So, wie das höhere Gesetz über dem niedrigeren Gesetz steht, steht die höhere Schwingung über der niedrigeren Schwingung.

Was dies in unserem täglichen Leben bedeuten kann, möchte ich an einem Beispiel aus meiner Tätigkeit erklären.

Ich habe viele Menschen betreut, die in tiefen Depressionen steckten und oftmals vor dem Suizid standen. Nun spiegelt eine solche Lebenssituation sicher einen der tiefsten Punkte wieder, den man auf der Schwingungsskala erreichen kann. Mit den bei solchen Menschen anzutreffenden äußeren Lebensumständen hat dieser Zustand meist nichts zu tun. Es ist sogar in der Regel so, dass aus den äußeren Lebensumständen heraus zu einer Depression nicht der geringste Anlass besteht, was diese Menschen dann auch selbst so sagen. Und trotzdem hat diese Erkenntnis keinerlei Einfluss.

Sie sind Gefangene in einem engen Käfig, aus dem es keinen Ausweg zu geben scheint. Auch ihre äußere Erscheinung drückt für den, der Augen hat zu sehen, in exakter Weise ihre momentane Schwingungsebene aus. Bei ihrem ersten Termin schleichen sie wie ein Sack Wasser die Treppe zu mir hoch. Ihr Händedruck fühlt sich an wie die Berührung mit einer Portion kalter Götterspeise, die Ausstrahlung ihrer Aura ist kaum noch wahrnehmbar und ihr Blick geht irgendwo ins Leere.

In einer anderen Situation würden sie sich wahrscheinlich noch mit letzter Energie zusammenreißen, aber mir wollen sie natürlich demonstrieren, wie unglaublich schlecht es ihnen geht, und das ist auch in Ordnung so.

Nun kommt das erstaunliche Phänomen, das ich in diesem Beispiel aufzeigen möchte und das etwas ganz Entscheidendes mit der Schwingungsebene zu tun hat. Meist schon nach dem dritten oder vierten ca. zweistündigen Termin kann ich beobachten, wie sie nun, wenn sie zu mir kommen, oft zwei Stufen der Treppe auf einmal nehmen, mich freundlich ansehen und begrüßen, und auch ihr Händedruck hinterlässt wieder den Eindruck, etwas Lebendiges angefasst zu haben.

Wie ist so etwas möglich?

Es ist die exakte Auswirkung der Gesetzmäßigkeit, dass die höhere Schwingung über die niedrigere Schwingung siegt. Ich habe nichts anderes getan, als *meine* Schwingungsebene auf diese Menschen *zu übertragen*. Dabei spielen natürlich auch die Räume, die Farben, Töne, Blumen und alles andere, was auf diese Menschen eingewirkt hat, eine Rolle.

Es ist, wie wenn ich einer dunklen Farbe so viel helle Töne zugemischt hätte, dass daraus wieder ein freundlicher Ton werden konnte. Natürlich bedarf es dazu einer entsprechenden eigenen starken Energie und Stabilität.

Versuchen Sie so etwas nicht, solange Sie nicht fest auf einer hohen Schwingungsebene verankert sind. In einem solchen Fall kann es durchaus so sein, dass die niedrigere Schwingung Sie negativ beeinflusst, was aber keinesfalls der Gesetzmäßigkeit widerspricht. Etwas massiv Verankertes (Depression) würde etwas nur locker Befestigtem (hohe Schwingung) gegenüberstehen, und wenn diese beiden Pole aneinander zerren, können Sie nicht standhalten.

Wenn wir unsere Erkenntnis über das Gesetz der Schwingung in unser tägliches Leben übersetzen, heißt das nichts anderes, als dass wir mit unserer eigenen hohen Schwingung – wenn wir sie genügend gefestigt haben – andere Menschen beeinflussen können.

Wer das Gesetz der Schwingung beherrscht und bewusst anwendet, der herrscht.

Aber keine Sorge, so etwas lässt sich nicht missbrauchen, mit jeder negativen Absicht würden wir unsere Schwingungsfrequenz sofort wieder herunterziehen.

Ich glaube, es war wichtig, dieses Gesetz einmal so ausführlich zu behandeln. Es war ein Beispiel dafür, dass der Erfolg im Detail liegt und dass es auf unserem Weg nichts Unwichtiges gibt. Unser Ego-Ich möchte uns allerdings vom Gegenteil überzeugen. „Was soll das denn für einen Sinn machen, wenn ich mich heller oder farbiger kleide – dadurch bekomme ich doch keine Gehaltserhöhung, bekomme ich auch nicht den Auftrag, den ich so dringend brauche!“ usw.

Natürlich hat Ihr Ego recht, was die Sache nicht einfacher macht. Allein durch eine einzige Maßnahme wird sich natürlich nichts ändern. Aber Sie, das geistige ICH, überschauen weitaus mehr, als Ihr Ego im Augenblick erkennen kann. Schauen Sie darauf, lächeln Sie, signalisieren Sie Verständnis, ziehen Sie einfach etwas Freundlicheres an und lassen Sie Ihr Ego im Unklaren darüber, was noch alles folgen wird.

VI Das Prinzip des Rhythmus

Wenden wir uns einem weiteren geistigen Gesetz zu, bei dem wir uns etwas kürzer fassen können, als wir es beim Gesetz der Schwingung getan haben, ohne dass dies etwas über die Durchschlagskraft des Gesetzes auf unser tägliches Leben aussagen würde. Dieses Gesetz lautet:

Alles fließt aus und ein, alles hat seine Gezeiten, alle Dinge steigen und fallen. Rhythmus kompensiert.

Wenn wir dieses Gesetz bewusst anschauen, werden wir sehr schnell feststellen, dass es dem Bedürfnis des menschlichen Egos nach Sicherheit und Beständigkeit wieder einmal total entgegen steht. In dieser Gesetzmäßigkeit ist der dauernde Wechsel, das unendliche Kommen und Gehen aller Dinge festgeschrieben. Im Größten wie im Kleinsten.

Auf jedem Höhepunkt beginnt zwangsläufig der Prozess des Rückgangs.

Wer heute Weltmeister ist, wird es nicht mehr lange sein. Ein neuer Weltmeister wird gefeiert werden, und auf seinem Höhepunkt beginnt zwangsläufig auch sein Abstieg. Was heute oben ist, wird morgen unten sein. Nichts geschieht außerhalb des Rhythmus.

Dies gilt auf allen Ebenen, auch in der Wirtschaft entstehen riesige Imperien, die dann nach der gleichen Gesetzmäßigkeit wieder vergehen, auch wenn daran im

Moment des Höhepunkts niemand glauben mag. Es wird Sommer und Winter, die Gezeiten des Meeres lassen das Wasser steigen und fallen, der Mond nimmt zu und ab und der Mensch wird gezeugt, geboren, wächst heran, erreicht seinen Höhepunkt, baut wieder ab und stirbt, bis der gleiche Rhythmus erneut beginnt.

Oft wird das Gesetz des Rhythmus mit dem Ausschlag eines Pendels verglichen.

Das Pendel einer Uhr z.B. schwingt zur einen Seite und muss dann zwangsläufig auf die andere Seite zurückfallen. Es kann nicht auf einer Seite stehen bleiben, und je weiter es zu einer Seite hin ausgeschlagen ist, desto weiter muss es auf die Gegenseite zurückfallen.

Dabei gibt es Uhren mit einem langsamen und weiten Pendelausschlag. Das Pendel einer Kirchturmuhr z.B. schwingt gemächlich hin und her. Uhren mit einem sehr schnellen und kurzen Ausschlag, wie z.B. kleine Tischuhren, bei denen man das Pendel als Zappler bezeichnet, bewegen sich hingegen in schneller Unrast.

In ihrer Geschwindigkeit ebenso unterschiedlich sind die Auswirkungen des Rhythmus auf den Menschen. Mancher Rhythmus offenbart sich in sehr schneller Folge und mancher wiederum nur in sehr langsamen, aber um so weiteren Ausschlägen.

Aber auch im Gesetz des Rhythmus offenbart sich die absolute Perfektion der Schöpfung. Auch hier gibt es keinen Zufall.

Für jeden und alles schlägt das Pendel einmal zur rechten und dann wieder zwangsläufig zur linken Seite zurück, auch wenn das nicht immer gleich erkennbar ist.

Wenn wir z.B. den Tod als absolutes Ende betrachten würden, versuchten wir damit nichts anderes, als das Pendel auf einer Seite der Polarität anzuhalten. Aber der Tod ist kein Ende, er ist lediglich eine Wandlung von einem Seinszustand in einen anderen. Dem Tod folgt wieder neues Leben. Im ewigen Rhythmus wird geboren und gestorben. So, wie im Absterben der Vegetation im Herbst bereits ihr Erwachen im kommenden Frühling enthalten ist. Dies ist das dauernde Kommen und Gehen, das Entstehen und Vergehen, das Ein- und Ausfließen alles Geschaffenen. Das Pendel bleibt nicht stehen.

Die geistigen Gesetze greifen wie die Zahnräder eines Uhrwerks ineinander.

Kein Gesetz ist konträr zum anderen. Es hat lediglich einen anderen Schwerpunkt, es ergänzt, es rundet ab, es macht komplett. Das Einzige, was von allem Wechsel unberührt bleibt, ist die Quelle selbst, ist die Ursache der Schöpfung, ist Geist.

Auch wir sind geistig, auch wir sind ein Aspekt dieser Quelle. Der Kern unseres Wesens ist geistiger Natur und damit unbegrenzt.

Ich sage dies so oft, weil ich weiß, dass unser Ego-Ich immer wieder versuchen wird, diese Erkenntnis zu verdrängen. Aber wenn wir uns diese wunderbare Feststellung immer wieder bewusst machen, hat unser Ego-Ich keine Chance.

Obwohl wir mit der Kenntnis der geistigen Gesetze ein Stück der *absoluten Wahrheit* erkannt haben, werden wir hoffentlich die Weisheit besitzen, die uns umgebende *relative Wahrheit* zu akzeptieren und nicht dagegen anzulaufen. Sie erinnern sich des Beispiels der absoluten und der relativen Wahrheit eines Amboss.

Es fällt uns leichter, die relative Wahrheit zu akzeptieren, wenn wir die Gesetzmäßigkeiten der absoluten Wahrheit kennen, sie akzeptieren und auch klugerweise zur Grundlage unseres Handelns machen.

Dadurch werden wir weniger an den falschen Stellen kämpfen und unter Nutzung der Gesetze die geistigen Ursachen exakt für das setzen, was wir erreichen wollen.

Natürlich werden wir darin auch die hohe Kunst des Handelns durch Nichthandeln mit einbeziehen. Dies ist eine der schwierigsten Übungen, weil auch dabei wieder unser Ego-Ich völlig anderer Meinung ist. Nichthandeln? Wo kämen wir denn da hin?

Wir müssen bei der Technik der bewussten geistigen Ursachensetzung nicht immer aktiv sein.

Wir können Raum lassen, können in Ruhe und Gelassenheit zusehen, wie die Ursachen, die wir gesetzt haben, ihre Früchte zu tragen beginnen.

Sind wir ungeduldig, mischen wir uns dauernd ein, korrigieren wir fortlaufend hier und da, können die Früchte sich nicht in Ruhe entwickeln. Es ist, wie wenn wir einen Baum zwischen seiner Blüte, Fruchtentwicklung und -reife immer wieder verpflanzen. Wir werden wohl nichts ernten.

Wollen wir uns nunmehr der praktischen Nutzanwendung des Prinzips des Rhythmus zuwenden: Zunächst müssen wir auch aus diesem Gesetz wieder eine Erkenntnis ziehen, zu der wir schon an anderer Stelle gelangt sind:

Es ist vollkommen aussichtslos, irgendetwas unverändert lassen zu wollen.

Ob wir z.B. unsere Privilegien absichern wollen, ob es sich um etwas handelt, was wir besitzen und nicht mehr hergeben wollen, oder ob wir unsere Beziehung zu einem Menschen unverändert lassen wollen, unser Andenken sichern wollen oder was auch immer: *Es wird uns nicht gelingen*. Es wäre gegen das Gesetz des Rhythmus.

Aber obwohl dies so völlig klar und logisch ist, wird doch unentwegt versucht, so etwas wie eine Ausnahmeregelung zu erreichen. Im Größten wie im Kleinsten. Unendlich viel Leid und absolut sinnloser Energieverlust entstehen allein durch die Missachtung dieser einfachen Gesetzmäßigkeiten.

Das Anhaften ist die größte Quelle absolut überflüssigen Leids.

Es ist dabei vollkommen gleichgültig, woran wir anhaften. An einer Idee, einer Sache, einem Besitz, an unseren Kindern, unseren Vorstellung von uns selbst oder was auch immer. Da sich alles verändert, da das Pendel des Rhythmus zur einen wie zur anderen Seite hin ausschlägt, wird sich auch das verändern, an dem wir anhaften.

So erleiden wir zwangsläufig schmerzliche Erfahrungen, die wir dadurch vermeiden können, dass wir den Augenblick bewusst genießen, aber nicht versuchen, diesen Augenblick unverändert bestehen zu lassen. Auch wenn wir kämpfen, klammern und alles mögliche versuchen, um etwas unverändert zu lassen, es wird uns trotzdem nie gelingen.

Ich erlebe solch durchaus vermeidbares Leid in seiner krassesten Form immer wieder bei Menschen, die mit Partnerschaftsproblemen zu mir kommen. Sie fühlen sich ungerecht behandelt, fragen immer wieder, was sie denn falsch gemacht haben, womit sie das denn nun verdient haben, da sie doch wirklich bereit waren, alles zu tun, und auch immer alles getan haben, damit es so bleiben konnte, wie es war. Sie können nicht verstehen, dass nichts so bleibt, wie es ist, und dies nichts mit Schuld oder Nichtschuld, Wollen oder Nichtwollen zu tun hat.

Wir können uns unendlich viel Leid ersparen, wenn wir die Möglichkeit des Auseinanderdriftens zweier Menschen im Fluss der Schöpfung ebenso akzeptieren, wie wir die Möglichkeit des Zueinanderdriftens so gerne akzeptiert haben.

Die eine Auswirkung des Prinzips des Rhythmus betrachten wir als Glück und die andere Auswirkung des gleichen Prinzips als Unglück. Dies sind Bewertungen aus dem Kino unseres Ego-Ichs, das festhalten möchte, das den *mein*-Anspruch stellt und, wenn es sich nicht durchzusetzen kann, in die Opferrolle schlüpft und den sterbenden Schwan spielt. Was wir spontan als Unglück empfanden, kann sich mit einigem Zeitabstand als Glück erweisen. Auch hier schlägt das Pendel.

Sie wissen, welchen Rat ich Ihnen für solche Situationen gebe: *galanisieren, nicht identifizieren, draufschauen, draußen bleiben, liebevoll an die Hand nehmen.*

Woanders läuft ein erfreulicheres Spiel und das Pendel *muss* zu dieser anderen Seite zurückschwingen, wenn wir es nicht unnötig auf der leidvollen Seite festhalten. Setzen wir also unsere Ursache *bewusst* auf die andere Seite der

Polarität. Im Prinzip des Rhythmus liegt der zwangsläufige Ausgleich, liegt Kompensation.

„Auch das wird vorübergehen." Das, was wir verlieren, wird durch das, was wir gewinnen, wieder ausgeglichen.

Aber oft sind wir für diesen Ausgleich nicht erreichbar. Wir hängen noch an dem, was sich zwangsläufig verabschiedet hat. Wir klammern, halten fest, und solange wir etwas festhalten, haben wir die Hände nicht frei, etwas anderes zu greifen. Das Pendel schwingt zwar gesetzmäßig in die andere Richtung, aber dort ist niemand erreichbar. Dort hat niemand die Hände offen.

Wirklich loslassen, das Gesetz des Rhythmus wie auch alle anderen Gesetze akzeptieren, ist vor allem eine Frage des Urvertrauens. Aber die entsprechende Formel haben Sie ja bereits in Ihre Zielsetzung eingebaut. Schauen Sie zur Sicherheit noch einmal nach. Ich habe es Ihnen jedenfalls so vorgeschlagen.

Das, was sich verabschiedet, schafft den notwendigen Platz für das, was kommt.

Es kann nichts Neues kommen, solange das Alte bleibt. Würde es bleiben, wäre die Wandlung und damit die Entwicklung gebremst.

Für unser Ego-Ich ist eine solche Denkweise eine totale Herausforderung, denn schließlich will es selbst die Instanz sein, die absolut und letztverbindlich feststellt, was für uns gut und richtig ist. Aber wie wir festgestellt haben, stellt es diesen Anspruch aus den sehr engen Begrenzungen seiner Erkenntnisfähigkeit.

Dies ist ein Dauerkonflikt innerhalb unserer Gesamtheit aus *Geist und Körper.* Dies ist die Polarität *in* uns und darin ist wiederum das Prinzip des Rhythmus wirksam. Alle Gesetze greifen ineinander.

Auch „in uns" schwingt das Pendel von der Seite des Ego-Ichs zur Seite unseres geistigen Ichs.

Meist ist in der Lebensmitte eines Menschen ein deutlicher Ausschlag des Pendels auf die geistige Seite zu beobachten, und dies ist keinesfalls erstaunlich.

Vom Schul- und Berufsstart weg war die Ego-Seite das Maß aller Dinge. Etwas sein, etwas aufbauen, etwas werden, etwas haben, anerkannt sein, gut dastehen usw. In der Lebensmitte ist das Angestrebte dann entweder erreicht, schon überholt oder scheint nicht mehr erreichbar.

Nun fragen wir uns, was die bisherigen Strampeleien für einen Sinn hatten, ob das das Leben war oder ob da noch etwas anderes kommt. Dies ist der Ausschlag des Pendels zur geistigen Seite. Nichts geschieht zufällig.

Die leider übliche Bezeichnung Midlifecrisis für diesen typischen Pendelausschlag in der Lebensmitte zeigt das totale Missverstehen dieses Geschehens. Das, was als Krise bezeichnet wird, ist in Wahrheit eine Chance. Da es aber als Krise gesehen wird, wird es zunächst einmal gründlich vertuscht – wer kann sich schon eine Krise leisten – und anschließend wird mit allen Mitteln versucht, in die so genannte Normalität zurückzufinden. Wie schade, die Chance bleibt dadurch ungenutzt.

Nicht immer ist die Wirkung eines Pendelausschlags ebenso zwangsläufig wie der Ausschlag selbst zwangsläufiger Natur ist. Dies muss ich wohl etwas genauer erklären.

Wir können der Wirkung eines Pendelausschlags weitgehend entgehen, indem wir unsere geistige Kraft auf der anderen Seite der Polarität verankern. Wir können auch hier durch die Anwendung eines höheren Gesetzes die Wirkung des niedrigeren Gesetzes beeinflussen.

Sowohl das Prinzip der Geistigkeit der Schöpfung als auch das Prinzip der Polarität stehen über dem Prinzip des Rhythmus. Wir können diese höheren Gesetze gegen das niedrigere Gesetz des Rhythmus stellen und uns so seiner unmittelbaren Auswirkung entziehen.

Stellen wir uns einmal das einfache Bild vor, dass wir auf einer Schaukel sitzen, die im Rhythmus hin und her schwingt. Eine einfache Kinderschaukel, wie sie auf jedem Spielplatz anzutreffen ist.

Bisher haben wir alle Schwünge mitgemacht, denn wir saßen fest auf dem Schaukelbrett und wurden hin und her getragen. Jedes Mitgehen oder sogar Beschleunigen des Ausschlags auf eine Seite wirkte wie ein zusätzlicher Antrieb für den Rückschwung auf die Gegenseite.

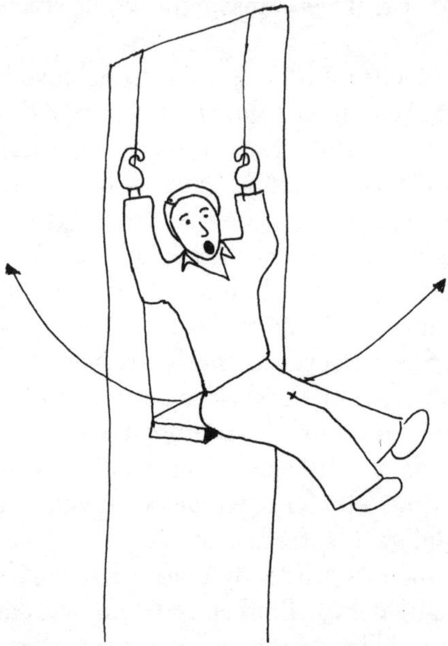

Nun werden wir, wenn die Schaukel auf eine Seite schwingt, zu der wir nicht hin wollen, uns am Querbalken oder an den Seilen, die wir in der Hand haben, hochziehen, die Schaukel alleine unter uns durchschwingen lassen und erst dann wieder aufsitzen, wenn sie auf unsere Seite zurückkommt. Etwa so:

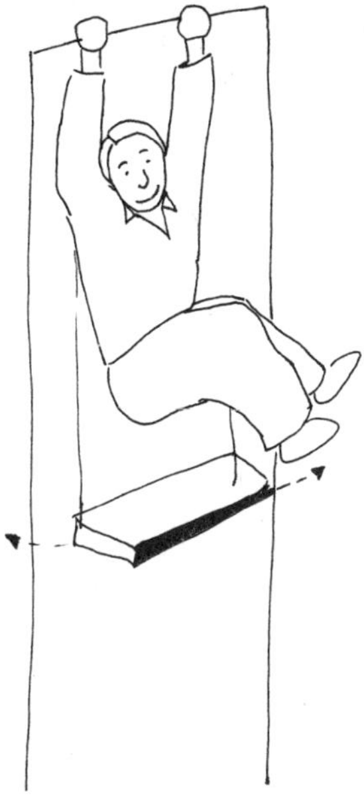

Dadurch, dass die Schaukel nun ohne unser Gewicht auf die ungewollte Seite schwingt, wird ihr Ausschlag jedes Mal etwas kürzer und die Pendelei von einem Extrem zum anderen verflacht allmählich. Die Pendelausschläge werden kürzer und kürzer, bis die Schaukel in der Mitte bleibt.

Nun ist das Bild der Schaukel sicher ohne Schwierigkeiten zu verstehen. Aber wie setze ich so etwas in gelebtes Leben um? Lassen Sie mich dies an folgendem Beispiel erklären.

Nehmen wir einmal an, es ging Ihnen in der jüngsten Vergangenheit recht gut. Sie besaßen selbst eine recht erfolgreiche Firma oder einen angesehenen Job, der Sie gut leben ließ, und auch Ihr privates Leben war recht zufriedenstellend.

Durch irgendwelche Umstände verlieren Sie nun Ihre Firma oder Ihren Job. Das Pendel ist zur anderen Seite ausgeschlagen. Entscheidend ist nun ganz allein, wie Sie damit umgehen. Dazu haben Sie zwei Möglichkeiten.

1. Sie bejammern Ihren Verlust, Sie beklagen die Ungerechtigkeit, die Ihnen wiederfahren ist, Sie schwören Rache, Sie erklären, dass Sie nun so gut wie arm sind und alles aufgeben müssen, Sie werden missmutig und unausstehlich, sodass auch Ihre bisher noch gute Partnerschaft in Mitleidenschaft gezogen wird.

Mit diesem Verhalten sind Sie der Wirkung des Pendelausschlags voll erlegen.

2. Sie akzeptieren den Verlust, Sie sichten und fassen zusammen, was geblieben ist, machen sich bewusst, dass dieser Verlust nichts mit Ihrem eigenen Wert zu tun hat, verankern Ihre geistige Energie auf der entgegengesetzten Seite der Polarität, nehmen Ihre gute Beziehung als eine wunderbare Basis, etwas Neues anzufangen, setzen die richtigen geistigen Ursachen und warten auf den Rückschlag des Pendels zur gewünschten Seite.

Mit diesem Verhalten sind Sie der Wirkung des Ausschlags weitgehend entgangen.

Das erste Verhalten enthält alle Fehler, die Sie nur machen können. Bejammern und Beklagen wirken als Verstärker des Verlustes. Der Wunsch nach Rache erzeugt ein Energiefeld, das ganz gewiss nicht das anzieht, was Sie gerade jetzt dringend gebrauchen würden. Mit dem Gefühl, dass Sie nun arm sind und alles aufgeben müssen, betreiben Sie eine geistige Ursachensetzung auf der völlig falschen Seite. Mit der Gefährdung des privaten Bereichs entziehen Sie sich zusätzlich die wichtigste Basis.

Das zweite Verhalten bewirkt das genaue Gegenteil. Sie richten Ihre Energie nicht auf das, was Sie verlassen hat, sondern auf das, was Ihnen geblieben ist. Sie setzen dabei die richtigen geistigen Ursachen, fühlen sich keineswegs arm oder gar weniger wert, nutzen und pflegen Ihre Beziehung als wertvolle Basis und können in Ruhe auf den Rückschlag der Schaukel warten. Sie kann gar nicht auf einer Seite stehen bleiben.

Dies ist ein Stück gelebter Meisterschaft.

VII Das Prinzip des Geschlechts

Wollen wir uns nun dem letzten der sieben geistigen Gesetze, wie sie in den Hermetischen Prinzipien aufgezeichnet sind, zuwenden. Dieses Prinzip lautet:

> In allem ist Geschlecht. Alles hat männliche und weibliche Prinzipien. Geschlecht offenbart sich auf allen Ebenen.

Die Bezeichnung *Geschlecht* wird hier nicht im Sinne von Sexus gebraucht. Wenn das so wäre, würden wir ohne große Schwierigkeiten die Übersetzung dieses Prinzips auf der menschlichen Ebene entdecken können, denn in nicht wenigen Köpfen scheint es sich tatsächlich nur noch ums Geschlecht zu drehen. Aber so einfach wird uns das Verstehen dieses Prinzips nicht gemacht.

Das Prinzip des Geschlechts ist ebenso eng an das Gesetz der Polarität angelehnt, wie wir es beim Gesetz des Rhythmus festgestellt haben. Es verdeutlicht die unabdingbare Form der Zweipoligkeit, die für jeden Schöpfungsprozess notwendig ist.

Die Polarität, die mit dem Prinzip des Geschlechts gemeint ist, ist die *Zweipoligkeit von Positiv und Negativ*, wie wir sie z.B. auch auf der Ebene der Elektrizität kennen. Das Prinzip unterschiedlich aufgeladener Pole gilt ebenfalls auf allen Ebenen. Selbst das kleinste Atom besteht aus negativ und aus positiv geladenen Teilchen, die erst miteinander das Atom bilden, aus dem dann wiederum die verschiedensten Formen der Materie entstehen.

„Wie im Größten, so im Kleinsten". Erst das Zusammenwirken von Positiv und Negativ, von männlichen und weiblichen Energien bringt neue Formationen hervor.

Erst wenn männliche und weibliche Prinzipien sich vereinigen, entsteht Schöpfung.

Eine Seite allein, ohne den befruchtenden Aspekt der anderen Seite, wäre Stillstand, wäre Nichtbewegung. Einige Religionen sprechen deshalb vom Schöpfer als *Muttervater,* in dem beide Prinzipien gleichermaßen enthalten sind.

Die praktische Nutzanwendung dieses Prinzips für unser tägliches Leben scheint auf den ersten Blick etwas schwierig, ist es aber keinesfalls.

Wenn wir Geist als den Ursprung aller Dinge sehen und in diesem Geist beide Prinzipien vereinigt sind (es gibt keinen männlichen oder weiblichen Geist), dann muss dies auch in uns, die wir ja im Kern geistige Wesen sind, ebenso sein, oder der Grundsatz „wie im Größten, so im Kleinsten" würde nicht stimmen.

Auch in uns Menschen, gleichgültig welchen Geschlechts wir sind, sind männliche und weibliche Energien gleichermaßen vorhanden.

Auch wenn wir zur Zeit eindeutig als Mann oder als Frau leben, so sind doch beide Pole, ist der männliche und der weibliche Aspekt, gleichermaßen in uns vorhanden. Dies drückt sich auch in unserem Körper aus: Die Brustwarzen des Mannes, die Klitoris der Frau, und auch in unserem recht komplizierten Hormonsystem sind männliche wie weibliche Hormone gleichermaßen vertreten.

Nun haben wir gesagt, dass das Vorhandensein männlicher und weiblicher Aspekte, dass die Zweipoligkeit von Positiv und Negativ, eine unabdingbare Voraussetzung für die Schöpfung sind. Wir müssten also auch als Menschen ein um so reiferes Schöpfungsergebnis bewirken können, je ausgeglichener die Voraussetzungen für die Schöpfung – das Vorhandensein männlicher und weiblicher Aspekte – in uns vorhanden sind und je deutlicher wir beide Aspekte in unsere Schöpfung einfließen lassen.

Wenn eine menschliche Schöpfung ausschließlich zu einer Seite tendiert, also einseitig männlich oder weiblich ist, ist sie nicht in der Balance und kann keinen Bestand haben.

Wir können das sehr oft am Beispiel der so genannten harten Männer sehen, hinter deren mühsam aufrechterhaltener Fassade sich zwangsläufig zwar das Gegenteil verbirgt, aber leider nicht zugelassen wird.

Die Schöpfungen dieser harten Herren sind einseitig und richten dadurch nur Übel an. Sie können niemals Bestand haben, weil die Schöpfung sofort wieder auf Ausgleich drängt.

Zu einem Ausgleich männlicher und weiblicher Aspekte in uns – und damit auch in unseren Schöpfungsergebnissen – können wir gelangen, indem wir zunächst einmal bereit sind, beide Seiten in uns zuzulassen. Wenn wir antrainierte Rollenspiele aufgeben. Wenn wir damit aufhören, den harten Mann oder die arme kleine, schutzbedürftige Frau zu spielen.

Wenn wir männlich und weiblich gleichberechtigt in uns zulassen, kommen wir ins Gleichgewicht.

Dies ist leider nicht durch äußeren Aktionismus wie z.B. der feministischen Bewegung, die ja auch wieder nur einen Pol in den Vordergrund setzt, zu erreichen. Dieses Ziel ist nur durch einen *inneren Wandel* zu erreichen. Das Gesetz heißt: wie *innen*, so außen und nicht wie außen – so innen.

Es sind bedauernswerte Missverständnisse, wenn Frauen wie Männer sein wollen oder umgekehrt. Das eine ist so unfrei, ist ebenso wenig komplett wie das andere. Wir müssen uns nichts aufsetzen. Wir müssen nur zulassen, was schon in uns ist. Die Schöpfung Mensch muss nicht korrigiert werden. Sie ist komplett.

Es ist keine Lösung, die Rollen zu vertauschen oder mit Macht gleichzuschalten. Die Lösung liegt darin, die einseitige Rollenbetonung aufzugeben.

Wir leben zwar als Mann oder als Frau, aber in einem solchen Leben dürfen und müssen wir trotzdem beide Seiten, unsere männlichen wie unsere weiblichen Aspekte, zulassen. Es darf geweint werden, es darf gelacht werden, wir dürfen Gefühle zeigen, wir dürfen uns ankuscheln, wir dürfen uns öffnen, wir dürfen die ganze Fülle der Schöpfung in uns zulassen, gleichgültig ob wir in einem männlichen oder einem weiblichen Körper leben. Erst dann sind wir komplett, und erst dann leben wir in der Fülle der Schöpfung, die wir uns ja zum Ziel gesetzt haben, und erst dann wird auch das, was wir schöpfen, komplett sein.

Nun wird mancher einwenden, dass dies zwar alles richtig und auch wünschenswert ist, dass es aber leider in unserer heutigen Gesellschaft nicht so leicht ist, dies auch umzusetzen. Im Berufsleben z.B. sei wohl eher ein undurchdringliches Pokerface als das Zulassen von Gefühlen von Vorteil. Ich bezweifle, dass dies wirklich so ist. Mir scheint es leider nur das Bild zu sein, das wir bezüglich eines richtigen Verhaltens in unserem Kopf haben.

Es ist unsere Sicht der Dinge, die zu *unserer* Wahrheit geworden ist. Sie wissen, welche Empfehlung nun wieder folgt: draufschauen, Abstand nehmen, galanisieren und in kleinen Schritten umwandeln.

Vielleicht bieten wir unserem Ego-Ich etwas weniger Angriffsfläche, wenn wir dieses Öffnen und Zulassen zunächst einmal auf der privaten Ebene trainieren. Mit unserem Partner, unseren Freunden, unseren Kindern usw.

Üben wir auch hier im Kleinsten, was wir einmal im Größten beherrschen wollen.

Wenn uns die Ebene des Partners, der Freunde usw. auch noch zu gewagt erscheint, fangen wir doch einfach im Umgang mit uns selbst an ... aber fangen wir an und haben wir Geduld.

Gehen wir liebevoll mit uns um. Es geht nicht von heute auf morgen. Wir werden Erfolge und wir werden Misserfolge haben. Das Pendel wird zur einen wie zur anderen Seite ausschlagen.

Ich möchte mit einem Satz von Konfuzius schließen, der da heißt:

„Die größte Heldentat besteht nicht darin, niemals hinzufallen, sondern jedesmal wieder aufzustehen, wenn wir gestürzt sind."

Eine Geschichte, die wahr sein könnte

Zum Ende möchte ich Ihnen noch eine kleine Geschichte erzählen, die schon vor einigen Jahren vor meinem geistigen Auge Gestalt annahm.

Wenn ich heute einem Menschen begegne, sehe ich oft ganz klar eine der Figuren dieser Geschichte in ihm, und vielleicht wird es Ihnen ähnlich ergehen. Vielleicht entdecken Sie sich sogar selbst darin oder Sie erwecken eine ganz neue Figur zum Leben.

Es kamen einmal drei Kinder zu Gott und jedes dieser Kinder beschwerte sich bitterlich darüber, dass es schon so früh hatte sterben müssen. Die drei waren gerade einmal fünf Jahre alt geworden, hätten demnächst zur Schule gehen sollen, und als damit das Leben so richtig anfangen sollte, wie man ihnen gesagt hatte, war es auch schon wieder vorbei.

Sie fanden es einfach ungerecht, dass ausgerechnet sie das Spiel des Lebens nicht richtig hatten spielen dürfen.

In der kurzen Zeit, die sie gelebt hatten, waren sie nicht besser oder schlechter gewesen als alle anderen Kinder auch, ja, eines behauptete sogar, dass es allen Menschen nur Freude gebracht hätte, was Gott milde lächelnd zur Kenntnis nahm.

Ein anderes der Kinder sagte, dass alles recht ungerecht zugegangen sei, dass es dort unten Kinder gegeben habe, die alles bekommen konnten, was sie sich wünschten, und sie, die nun vor ihm stünden, waren immer nur arm. Auch hätten sie in der viel zu kurzen Zeit ihres Lebens nie mit all den Sachen spielen können, mit denen sie so gerne einmal gespielt hätten.

Gott sah die Verzweiflung der drei Kinder, die er so liebte, wie er alle seine Kinder liebt, und es wurde ihm klar, dass er irgendetwas für sie tun musste. So verzweifelt, wie sie da jetzt vor ihm standen, wollte und konnte er sie einfach nicht wegschicken und in seiner unendlichen Weisheit kam ihm eine wunderbare Idee.

Er sagte ihnen, dass jedes von ihnen für eine einzige lange Nacht auf die Erde zurückdürfe und dass jedes von ihnen diese eine Nacht im größten Kaufhaus der Welt verbringen könne. In diesem Kaufhaus würde dann in dieser Nacht für sie absolut alles vorhanden sein, was es auf der Welt da unten gäbe, und sie könnten mit all den herrlichen Dingen tun, was immer ihnen in den Sinn käme. Nichts, aber auch gar nichts würde fehlen.

Alle Autos der Welt seien vorhanden und auch jedes Spielzeug, mit dem irgendwo auf dieser Welt jemals ein Kind gespielt hätte – ganz neu und natürlich original verpackt. Auch für ihr leibliches Wohl sei gesorgt, alle Köstlichkeiten der Welt seien vorhanden, auch alle Kleidungsstücke, die man sich nur ausdenken kann, und sogar die Tresore seien geöffnet, damit sie endlich einmal genügend Geld hätten, obwohl sie in dieser Nacht selbstverständlich nichts zu bezahlen brauchten.

Die Kinder hörten mit großen Ohren zu, und wie alle Kinder wollten sie sogleich losstürmen, aber ein paar Engel hielten sie zurück, denn Gott war noch gar nicht dazu gekommen, den drei Kindern ein paar kleine, aber nicht unwichtige Bedingungen für diesen Ausflug mitzuteilen.

Er sagte ihnen, dass jedes von ihnen an einem anderen Tag, bei Sonnenuntergang und natürlich völlig geheim, von einem seiner erfahrensten Engel in das Kaufhaus eingelassen und dann am nächsten Morgen, bei Sonnenaufgang, wieder abgeholt werden würde. Wenn der Engel sie einließe, würden sie völlig nackt sein, denn es wäre ja alles, was sie jemals brauchen könnten, ausreichend vorhanden, und wenn der Engel sie dann bei Sonnenaufgang wieder abholen würde, müssten sie das Kaufhaus wieder ebenso nackt verlassen, wie sie gekommen seien, denn schließlich sei ja auch im Himmel von allem genügend vorhanden. Darüber könnten sie sich ja wohl wirklich nicht beschweren, und schließlich wolle man sich von dieser Erde nicht auch noch irgendwas einschleppen lassen.

Im Übrigen gelte das gleichermaßen für alle, die jemals dort unten waren. Gott hatte gesprochen und so geschah es dann auch.

Die Kinder waren glücklich und tobten vor Freude durch den ganzen Himmel. Die kleine Bedingung, dass sie von der Erde nichts mitnehmen durften, akzeptierten sie gerne. War im Himmel doch wirklich genug vorhanden und warum sollten sie denen, die noch da unten bleiben mussten, etwas wegnehmen.

Es kam der erste Sonnenuntergang und das erste der Kinder wurde von dem Engel, der dazu auserwählt worden war, in das riesige Kaufhaus Erde gebracht. Der Engel erinnerte noch einmal daran, dass er das Kind beim ersten Sonnenstrahl wieder abholen würde, wünschte ihm eine wunderbare Zeit und verschloss dann sorgfältig die Seitentür des Kaufhauses, durch die sie eingetreten waren, denn schließlich war dies ja kein offizieller Besuch.

Das Kind war überwältigt von dem, was es sah. Gott hatte wirklich nicht zu viel versprochen und seine Augen konnten all das Wunderbare, das es sah, gar nicht auf einmal erfassen.

Als es so überwältigt da stand, merkte es, dass es fröstelte. Es musste wohl Winter sein auf der Erde und es beschloss, sich zunächst einmal etwas anzuziehen. Was das nun war, war ihm völlig egal, es ging ihm nur darum, nicht zu frieren. Es fand auch ganz schnell etwas wunderbar Warmes und Flauschiges und während es sich nur kurz in einem Spiegel betrachtete, sah es in diesem Spiegel den Durchgang zur Esswarenabteilung und sofort spürte es einen großen Hunger.

Schließlich hatte es schon lange nichts mehr gegessen. Die himmlische Speise war zwar nicht schlecht, aber im Moment war ihm etwas Handfestes lieber.

Es ging sofort in diese Abteilung und alle Köstlichkeiten dieser Erde waren vor ihm ausgebreitet. Die herrlichsten Früchte, die wunderbarsten Getränke und Speisen warteten nur darauf, von ihm gekostet zu werden, aber sie waren ihm alle zu unbekannt. Es konnte damit nur sehr wenig anfangen und sehnte sich nach etwas, das es noch von früher her kannte. Es ging weiter und fand auch schließlich, was es suchte. Da war sie endlich, die bayerische Weißwurst. Ein ganzer Kessel voll dieser herrlichen Köstlichkeiten, die das Kind weiß und jungfräulich aus einer wohltemperierten Brühe mit kleinen Fettaugen anschauten.

Früher gab es zu Hause immer nur zwei davon, nur der Vater bekam drei, und nun gehörte ihm dieser Kessel ganz alleine. Was für ein herrliches Geschenk zur rechten Zeit.

Es fand auch ganz in der Nähe die richtigen Brezen und den typischen bayerischen süßen Senf dazu und machte sich unverzüglich an dieses herrliche Mahl. Oh, tat das gut, war das eine Wonne. Es aß eine Wurst nach der anderen und konnte gar nicht mehr aufhören, so gut schmeckte es ihm.

Es konnte und wollte von dieser lang vermissten Köstlichkeit nichts übrig lassen und so kam, was kommen musste, der Kessel war leer und der Bauch war voll.

Das musste, im wahrsten Sinne des Wortes, erst einmal verdaut werden, und da es die entsprechende Müdigkeit in seinen Gliedern verspürte, suchte es sich ganz in der Nähe des Kessels einen gemütlichen Platz, um ein kleines Nickerchen zu halten.

Nachher wollte es sich dann noch alles andere in Ruhe anschauen. Es würde wohl noch genügend Zeit bleiben, und was es erst einmal im Bauch hatte, konnte ihm keiner mehr nehmen.

Es muss sehr tief und lange geschlafen haben und wurde dadurch wach, dass ihm der Engel, der es in das Kaufhaus gebracht hatte, auf die Schulter klopfte, um es wieder abzuholen.

Das Kind erschrak furchtbar und bat den Engel um Aufschub. Ich habe doch noch gar nichts gemacht, außer dass ich ein paar Weißwürste gegessen und geschlafen habe, argumentierte es.

Ich weiß, sagte der Engel. Ich habe dir zugeschaut, aber ich durfte nicht eingreifen. Es war *deine* Nacht, die *dir* von Gott geschenkt wurde, und *du* konntest ganz alleine bestimmen, was *du* daraus machen wolltest.

Das Kind sah nun ein, dass es eine große Chance vertan hatte. Es hatte wirklich nur gegessen und geschlafen. Aber der Engel blieb unerbittlich, folgte seinen göttlichen Anweisungen und brachte es wieder in den Himmel zurück.

*

Beim nächsten Sonnenuntergang wurde das zweite Kind in das irdische Kaufhaus eingelassen und am Anfang verlief sein Besuch fast in der gleichen Weise.

Auch dieses Kind fröstelte, aber es legte großen Wert darauf, etwas wirklich Schickes und auch gleichermaßen Wärmendes zu finden, in dem es sich wohl fühlen konnte. Es probierte viele Dinge aus und war dann ganz zufrieden mit sich und dem Resultat, das es in dem gleichen Spiegel sah, in den auch das erste Kind geblickt hatte.

Auch das zweite Kind entdeckte die Esswarenabteilung und verspürte einen gesunden Appetit. Auch es sah all die vielen Köstlichkeiten und es beschloss, nur von dem etwas zu probieren, was es noch nicht kannte. Auch ganz wenig nur von jedem, denn es wollte ja nur wissen, wie all das schmeckt, und satt würde es dann dabei wohl ganz von alleine werden.

Und so geschah es dann auch. Es probierte hier und da, ging auch manchmal zu dem, was ihm besonders gut geschmeckt hatte, noch einmal zurück, und als es sich gesättigt fühlte, machte es sich daran, die anderen Geheimnisse dieses Kaufhauses zu entdecken.

Es kam aus dem Staunen nicht heraus und am meisten war es von der Spielwarenabteilung fasziniert, in der es sich auf den Boden setzte.

Es spielte mit all den herrlichen Stofftieren, die hier versammelt waren, baute eine große Landschaft auf, in die es diese Tiere hineinsetzte. Auch ein großer Bauernhof fehlte nicht und es fand dazu auch all die Maschinen, Wagen und Geräte, die zu einem solchen Bauernhof gehören.

Es war nach einer Weile so in sein Spiel vertieft, dass unter seiner Hand alles zur Wirklichkeit wurde und es hatte alle Hände voll zu tun, jedes seiner Tiere richtig zu versorgen. Es ging ganz in diesem Spiel auf und vergaß darüber völlig die Zeit, bis es die Berührung des Engels an seiner Schulter spürte.

Es erschrak zunächst und wollte gar nicht gehen. Es hätte sich noch so gerne weiter um seine Tiere gekümmert, aber der Engel versicherte ihm, dass sich nun jemand anderes um die Tiere kümmern werde und dass der ganze Bauernhof bestens versorgt werde.

Es ging nun doch recht gerne und war sehr zufrieden. Es empfand eine tiefe Freude und Dankbarkeit, denn es hatte etwas Wunderbares erfahren dürfen.

*

Es kam die Nacht für das dritte Kind und hier verlief alles ganz anders. Nachdem es eingelassen war, machte es zunächst einmal einen Plan, wie es vorgehen wollte um so wenig wie möglich zu versäumen.

Es wollte absolut *systematisch* vorgehen und die Zeit, die es kosten würde, einen *vernünftigen* Plan zu entwickeln, würde es dann schon wieder reinholen.

Auch das bisschen Frösteln in der Zeit der Planung würde es schon überstehen, denn es war an diesem Abend genau so kalt wie an den Abenden vorher und die Bekleidungsabteilung wollte es erst dann aufsuchen, wenn sie ohnehin auf seinem Weg lag.

Es musste sehr bald feststellen, dass es unmöglich war, einen vernünftigen Plan zu entwickeln, solange es noch keine brauchbare Übersicht über all das hatte, was es erwartete. So beschloss es, zunächst einmal einen Schnelldurchgang durch alle Etagen und Abteilungen zu machen, um sich diesen notwendigen Überblick zu verschaffen.

Und so hetzte es in Windeseile von oben nach unten, von vorne nach hinten und von rechts nach links und dabei wurde ihm deutlich klar, dass das ganze Programm wohl nicht in einer einzigen Nacht unterzubringen sei, gleichgültig, wie perfekt auch immer seine Planung sein würde.

Aber es hatte eine andere Idee. Wie es meinte, sogar eine wunderbare und rettende Idee, die es auch sofort in die Tat umsetzte. Es hatte beschlossen, in der Mitte des Kaufhauses zunächst einmal aus allen Abteilungen das zusammenzutragen, was ihm interessant erschien, und sich dann erst später ausführlich damit zu beschäftigen. So erspare es sich das Hin- und Hergerenne, dachte es, und der kurzen Zeit des Zusammentragens würde dann ein um so größerer Genuss folgen.

Und so fing es an zusammenzutragen, was auch immer ihm interessant erschien, und es entdeckte dabei immer noch mehr Dinge, die es unbedingt haben musste. Vor allem die geöffneten Tresore übten eine unwiderstehliche Anziehungskraft auf dieses Kind aus und es besorgte sich in der Kofferabteilung genügend Koffer, um alles Geld darin zu verstauen.

Wenn es alles zusammengetragen hatte, wollte es sich dann sicherheitshalber auf diese Koffer setzen – man konnte ja nie wissen – und von dort aus alles betrachten.

Der Haufen, den es auf diese Weise in der Mitte des Kaufhauses zusammentrug, wuchs auf eine beträchtliche Höhe und es konnte immer noch nicht aufhören, bis es spürte, dass es von jemandem sanft an der Schulter berührt wurde.

Das Kind erschrak und schaute den Engel entsetzt an. Ich bin noch nicht so weit, sagte es, schau bitte selbst, ich habe nur alles zusammengetragen und bin noch nicht dazu gekommen, mit irgendetwas zu spielen. Ich habe die ganze Zeit wirklich nur gearbeitet und habe jetzt einen Bärenhunger. Nicht einmal zum Essen bin ich gekommen.

Aber der Engel antwortete ihm das Gleiche, was er dem ersten Kind bereits geantwortet hatte.

Ich weiß, sagte er, ich habe dich die ganze Zeit beobachtet, aber ich durfte nicht eingreifen. Es war *deine* Nacht und *du* konntest ganz alleine bestimmen, was *du* mit *deiner* Nacht anfangen wolltest.

Was machen Sie aus Ihrer Nacht?

Stichwortverzeichnis

R

S

T

U

Über den Autor

Matt Galan Abend ist eine der wenigen Persönlichkeiten, die in Wissenschaft und Wirtschaft gleichermaßen zuhause sind. Als Psychologe hat er sich auf die Gebiete der Psychosomatik und Persönlichkeitsentwicklung spezialisiert. Als Unternehmer, Vorstandsvorsitzender und Marketingfachmann machte er sich in der deutschen Wirtschaft einen Namen. Als Coach, Wegbegleiter und Trainier stellt er heute seine Erfahrungen im **Galan Master Training** zur Verfügung.